ミネルヴァ日本評伝選

義経を大将軍として国務せしむべし

藤原秀衡

入間田宣夫著

ミネルヴァ書房

刊行の趣意

「学問は歴史に極まり候ことに候」とは、先哲荻生徂徠のことばである。

歴史のなかにこそ人間の智恵は宿されている。人間の愚かさもそこにはあらわだ。この歴史を探り、歴史に学んでこそ、人間はようやくみずからの正体を知り、いくらかは賢くなることができる。新しい勇気を得て未来に向かうことができる。徂徠はそう言いたかったのだろう。

「ミネルヴァ日本評伝選」は、私たちの直接の先人について、この人間知を学びなおそうという試みである。日本列島の過去に生きた人々の言行を、深く、くわしく探って、そこに現代への批判を聴きとろうとする試みである。日本人ばかりではない。列島の歴史にかかわった多くの異国の人々の声にも耳を傾けよう。

先人たちの書き残した文章をそのひだにまで立ち入って読み、彼らの旅した跡をたどりなおし、彼らのなしとげた事業を広い文脈のなかで注意深く観察しなおす——そのとき、はじめて先人たちはいまの私たちのかたわらによみがえってくる。彼らのなまの声で歴史の智恵を、また人間であることのよろこびと苦しみを、私たちに伝えてくれもするだろう。

この「評伝選」のつらなりのなかから、列島の歴史はおのずからその複雑さと奥ゆきの深さをもって浮かび上がってくるはずだ。これを読むとき、私たちのなかに新たな自信と勇気が湧いてきて、その矜持と勇気をもって「グローバリゼーション」の世紀に立ち向かってゆくことができる——そのような「ミネルヴァ日本評伝選」にしたいと、私たちは願っている。

平成十五年（二〇〇三）九月

上横手雅敬
芳賀　徹

虚空蔵菩薩坐像（本文167，220頁を参照）

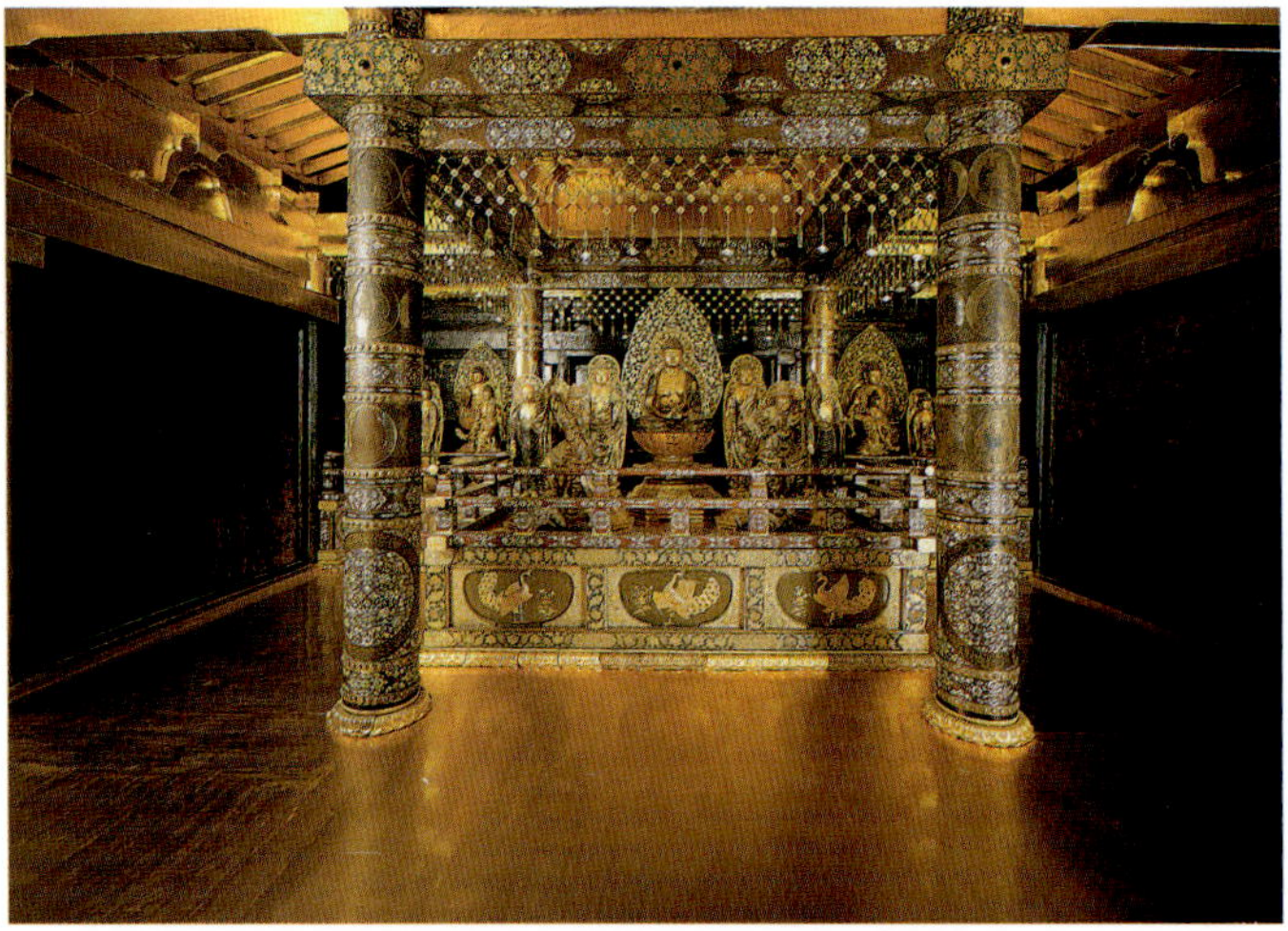

中尊寺金色堂（本文81，120，233頁を参照）

平泉の落日（「全盛期の都市平泉略地図」本文 xiii，118～126頁を参照）

藤原秀衡——義経を大将軍として国務せしむべし

目次

序章　さまざまな人物像 1

目　次

第六章　鎮守府将軍秀衡の登場……161

図版出所一覧

虚空蔵菩薩坐像（郡上市白鳥町石徹白大師講所蔵）……カバー写真、口絵1頁
中尊寺金色堂（中尊寺所蔵）……口絵2頁上
平泉の落日（板垣真誠氏作成）……口絵2頁下
全盛期の都市平泉略地図（著者作成）……xiii
十～十二世紀の東アジア（著者作成）……xiv
『吾妻鏡』文治五年九月廿三日条（国立公文書館所蔵）……5
『吾妻鏡』文治五年九月十七日条（国立公文書館所蔵）……17
毛越寺復元模型（岩手県立博物館所蔵）……18
毛越寺薬師如来坐像（毛越寺所蔵）……19
水豹皮（北海道大学植物園（http://www.hokudai.ac.jp/fsc/bg）所蔵）……24右
鷲羽（仙台市博物館所蔵）……24左
奥羽の荘園分布（遠藤巖氏作成原図を一部修正）……35
平泉藤原氏三代画像（毛越寺所蔵）……70
安倍・清原・藤原三氏関係略系図（著者作成）……73
観自在王院跡（平泉文化遺産センター所蔵）……74
毛越寺・観自在王院跡全域配置図（藤島亥治郎『平泉建築文化研究』吉川弘文館、一九九五年）……87

十二世紀平泉の道路・施設（羽柴直人「平泉の都市景観をめぐって」入間田宣夫・本澤慎輔編『平泉の世界』高志書院、二〇〇二年）……112
車宿跡（平泉文化遺産センター所蔵）……114右
車宿復元想像画（平泉文化遺産センター所蔵）……114左
高屋跡の大型柱穴群（平泉文化遺産センター所蔵）……116上
唐招提寺宝蔵（フォトライブラリー、唐招提寺）……116下
平泉館・加羅御所・無量光院略地図（著者作成）……119右
空からみた柳之御所遺跡周辺（平泉文化遺産センター所蔵）……119左
長大な空堀の発掘（著者撮影）……130
カワラケ（（公財）岩手県文化振興事業団埋蔵文化財センター所蔵）……133上
白磁四耳壺（岩手県教育委員会提供）……133中
常滑三筋壺（平泉文化遺産センター所蔵）……133下右
渥美袈裟襷文壺（平泉文化遺産センター所蔵）……133下左
カワラケの一括廃棄遺構（岩手県教育委員会提供）……134
トイレ関連遺構（平泉文化遺産センター所蔵）……135右
篝木（平泉文化遺産センター所蔵）……135左
平泉館の復元ＣＧ（岩手県教育委員会提供）……138
京都祇園会の行列（『年中行事絵巻』田中家所蔵）……145
接待館遺跡発掘風景（（公財）岩手県文化振興事業団埋蔵文化財センター所蔵）……154

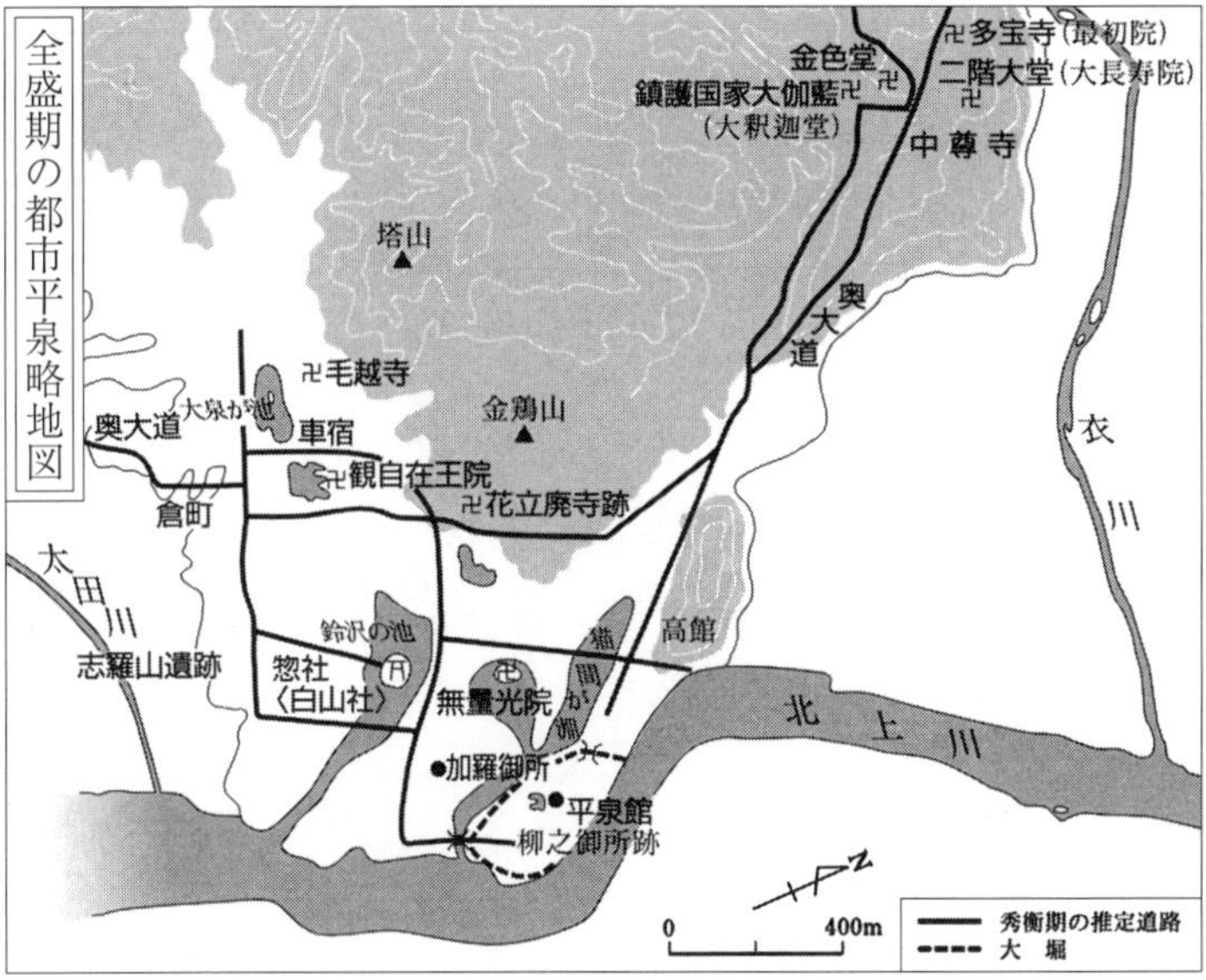
全盛期の都市平泉略地図
多宝寺(最初院)
金色堂
二階大堂(大長寿院)
鎮護国家大伽藍
(大釈迦堂)
中尊寺
塔山
奥大道
毛越寺
大泉が池
奥大道
車宿
金鶏山
観自在王院
花立廃寺跡
倉町
太田川
衣川
高館
鈴沢の池
志羅山遺跡
惣社
〈白山社〉
無量光院
猫間が淵
北上川
加羅御所
平泉館
柳之御所跡
0
400m
N
秀衡期の推定道路
大堀

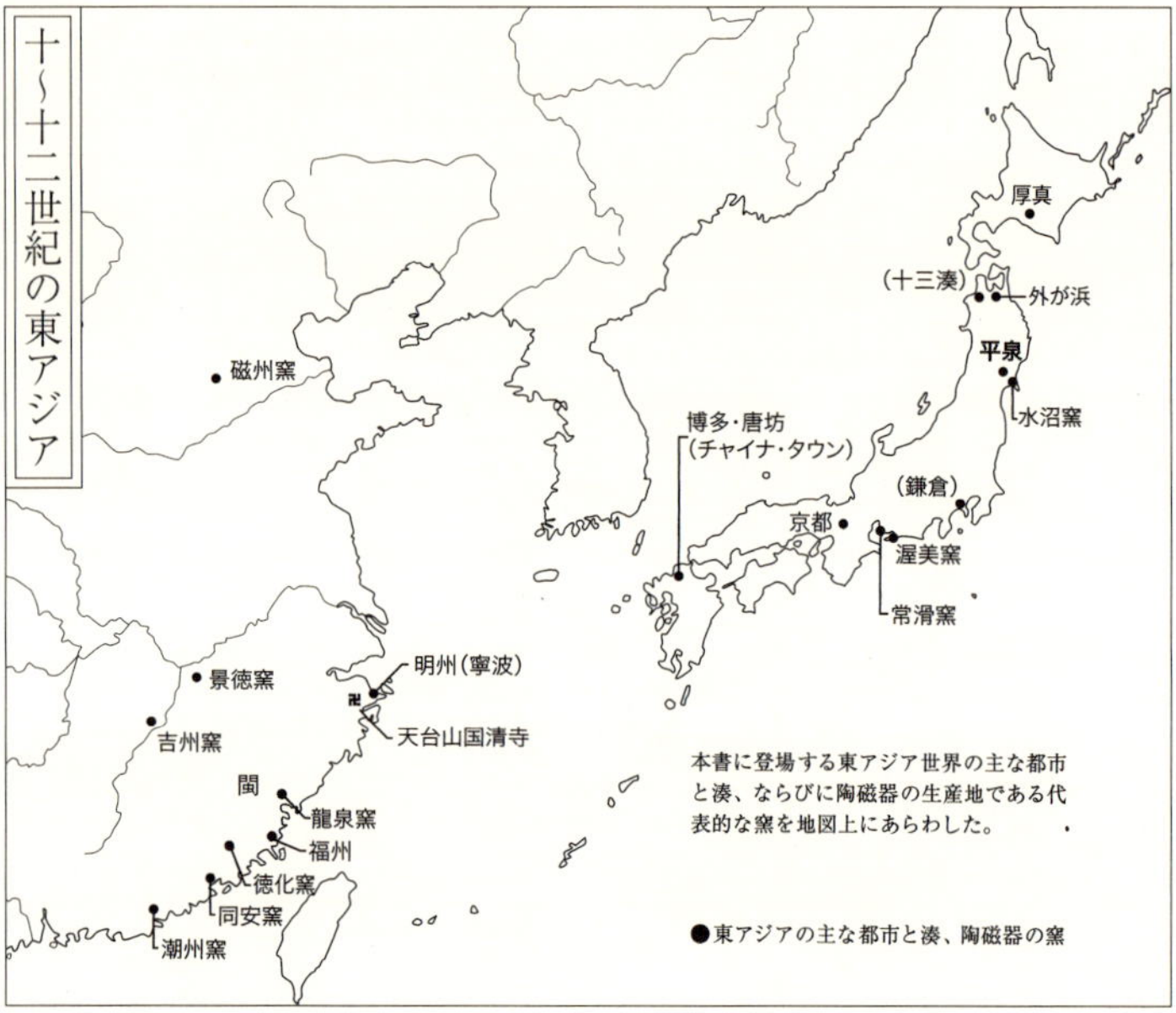
十〜十二世紀の東アジア
磁州窯
厚真
(十三湊)
外が浜
平泉
水沼窯
博多・唐坊
(チャイナ・タウン)
(鎌倉)
京都
渥美窯
常滑窯
明州(寧波)
天台山国清寺
景徳窯
吉州窯
閩
龍泉窯
福州
徳化窯
同安窯
潮州窯
本書に登場する東アジア世界の主な都市と湊、ならびに陶磁器の生産地である代表的な窯を地図上にあらわした。
●東アジアの主な都市と湊、陶磁器の窯

序章　さまざまな人物像

秀衡《ひでひら》は頼朝のライバルとして、日本史の表舞台に登場することになった。すなわち、治承四年（一一八〇）、源《みなもとの》頼朝《よりとも》が関東に挙兵したことによって、その背後を脅かす存在として、奥州の秀衡に対する期待が、京都方面で一挙に高まることになった。

そのようにして、俄かに、京都方面から向けられることになった熱い眼差しを受け止めて、秀衡はどのように対処しようとしたのか。はたまた、頼朝の脅威に向きあって、どのように対処しようとしたのか。さらには、どのように迷い、どのように決断することになったのか。じっくりと、腰を落ち着けて、考えてみることにしたい。

蝦夷の王か、勢徳希世の人か

一躍、時の人になった秀衡である。けれども、その人となりについては、具体的な情報が決定的に不足している。

それもあってか、京都方面では、さまざまな人物像がかたちづくられ、流布されることになった。

保守的な公家の間には、秀衡を含めて、平泉藤原氏歴代の当主を「蝦夷（エミシ）の王」と、すなわち「野蛮人の王」とみなす伝統的なイメージが消えやらず、強固な存在感を保ち続けていた。

たとえば、公家の日記（『玉葉《ぎょくよう》』）には、それよりも早く、嘉応二年（一一七〇）、秀衡が鎮守府将軍に任命されたことに関して、「奥州夷狄《いてき》秀平」とするような差別的な表現があらわにされていた。そのうえに、そのような人物を鎮守府将軍に任命するなどは、「乱世《らんせ》の基《もとい》なり」とする文言さえもが添えられていた。あれから十年。そのような伝統的なイメージが一挙に払拭されるようなことがあったとは考えられない。

それに対して、高野山や東大寺など、仏教界においては、秀衡の評判は上々であった。たとえば、「奥州鎮守府将軍藤原朝臣は、将帥累葉《しょうすいるいよう》の家に生まれ、勢徳希世の人なり。しかるに仁義を性に受け、仏法を心に刻み、殊に真乗の教行を仰ぎて、専ら当山の仏法に帰す」（高野山）。「奥州猛者《もさ》秀平真人《まひと》は、殊に慇懃の志を抽んじて、専ら知識の方便を廻らすなり。真人の忠節によって、奥州の結縁《けちえん》を盡す。これより以降、一天四海、次第に結縁するなり」（東大寺）、などの記録が残されている。

それならば、秀衡は、武家の名門に生まれ、勢徳希世の人にして、信心が厚く、仏教の興隆に尽くした理想的な人物であった、ということにならざるをえない。

公家側にあっても、後白河法皇の周辺では、それに共通するような人物像がかたちづくられていたらしい。さすがに、既存のしがらみにとらわれず、仏教界との連携を大胆に推進してきた院政のトップならではと、痛感しないわけにはいかない。

通常一般の人びとの間でも、さまざまな人物像がかたちづくられていたのに違いない。

たとえば、奥州の産金である。その産金にもとづく秀衡の財力は、朝廷や有力寺社にたいする寄進（財政支援）や、中尊寺金色堂に象徴される黄金文化の輝きによって、万人の認めるところになっていた。

そういえば、平家によって焼打ちにあった東大寺大仏殿の再鋳にさいして、「滅金料《めっきん》」として「施入《せにゅう》」（寄進）に応じた人びとのうち、頼朝については黄金千両。それに対して、「秀平」については黄金五千両であったと記されている（『玉葉』）。それればかりではない。秀衡に対しては、さらに、そのうえに、「沙金《さきん》三万両」を追加すべきことが要請されている（同）。この一件だけでも、頼朝に数倍する秀衡の財力が察知されるであろうか。

さらにいえば、奥州の産金は、博多湊のチャイナ・タウン（唐坊《とうぼう》）を経由して、大陸方面に流出していった。その結果、「黄金の国ジパング」の伝説がかたちづくられ、金色堂のイメージが膨らまされるなかでジパングの王宮の描写がかたちづくられることにもなった（『東方見聞録』）。それならば、秀衡は「黄金の国ジパング」の王だったということにもなりかねない。

いずれにしても、さまざまな人物像がかたちづくられていたことには、間違いがない。けれども、それらの人物像のいちいちについて、それぞれの背景にまで遡って、具体的に検証するという作業が、きちんと行われてきたのかといえば、かならずしもそうとは言い切れない。ましてや、それらの人物像の相互関係などに踏み込んで考えられてきたとは、とても言い切れない。したがって、今回はその辺りに注意しながら、地道な作業に取り組んでみることにしたい。

さらにいえば、さまざまな人物像とはいっても、京都方面でかたちづくられたものが多かった。けれども、そのように外側かつ遠くからの眼差しによる人物像だけに頼っているわけにはいかない。すなわち、それとは対照的に、内側かつ近くからの眼差しによる人物像がかたちづくられることはなかったのであろうか。

豊前介実俊の証言

そこで、登場するのが、秀衡のブレーンとして側近に侍っていた豊前介実俊《ぶぜんのすけさねとし》の証言である。すなわち、平泉藤原氏滅亡の後は、鎌倉殿頼朝の奉行人として召し抱えられることになる人物の証言でもある。もとはといえば、秀衡によって京都からスカウトされてきた中央官庁出身のエリート、ないしは人間コンピュータとでもいうべき能吏の証言でもある。これほどに、確かなものはない。

その実俊の口から、頼朝に向けて、清衡《きよひら》・基衡《もとひら》・秀衡、三代の歴史が物語られることになったのは、平泉を攻め落とした後、頼朝がそろそろ奥州統治の構想策定に取りかかろうかとするあたり、具体的には、秀衡の建立になる無量光院の壮麗きわまりのない伽藍の視察に頼朝が赴いた途次であった。その歴史の証言が、鎌倉幕府の歴史書、『吾妻鏡《あづまかがみ》』にしっかりと書き止められている（文治五年九月廿三日条）。

清衡は、継父武貞《たけさだ》卒去後、奥六郡《おくろくぐん》（伊沢・和賀・江刺・稗抜・志和・岩井《（平）》）を伝領す。去康保年中、江

刺郡豊田館《たち》を岩井郡平泉に移して、宿館《しゅくかん》となす。卅三年を歴て卒去す。両国（陸奥・出羽）に、一万余の村あり。村毎に、伽藍を建て、仏性《ぶっしょう》燈油田を寄附す。基衡は、果福父に軼《す》ぎて、両国を管領《かんれい》す。また、卅三年の後、夭亡《ようぼう》す。

秀衡は、父の譲りを得て、絶えたるを継ぎ、廃れたるを興す。将軍の宣旨を蒙りて以降、官禄父祖を越え、栄耀子弟に及ぶ。また、卅三年を送りて、卒去す。已上、三代九十九年の間に、造立するところの堂塔、幾千万宇を知らず。

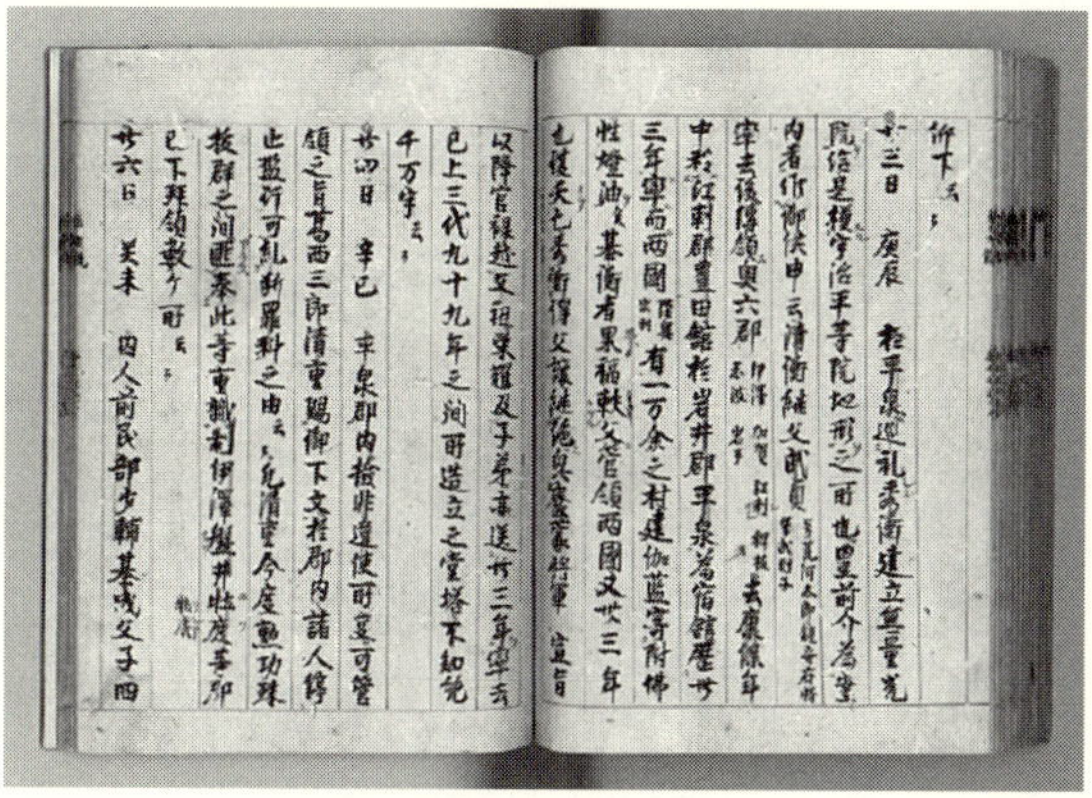

『吾妻鏡』文治５年９月23日条

とある（原漢文を読み下す）。

この証言によって、清衡・基衡・秀衡の三代にわたって仏教立国の路線が継承されるなかで、「幾千万宇を知らず」とされるような夥しい堂塔が造立されることになった。しかも、その路線の土台は、清衡によってかたちづくられた。そのことが明らかである。

そのうえで、秀衡については、「父の譲りを得て、絶えたるを継ぎ、廃れたるを興す」と記されていた。なんとなく分からないでもない。

けれども、具体的に考えてみると、分からないことばかりである。「絶えたるを継ぎ」とは、何のことを指しているのか。同じく、「廃れたるを興す」とは、何のことなのか。

いいかえるならば、秀衡が「父の譲りを得」た後に、父の業績から何を継承して、何をプラスすることがあったのか。さっぱり分からない。

「将軍の宣旨を蒙りて以降、官禄父祖を越え、栄耀子弟に及ぶ」と記されている辺りからは、秀衡が鎮守府将軍に任命される嘉応二年（一一七〇）を画期として、目覚ましい勢力の伸長がみられたことが察知される。けれども、その具体的な様相については、分からないことばかりである。どのような分野において、ないしはどのような局面において、目覚ましい勢力の伸長があったのか。分からない。

そういえば、「基衡は、果福父に軼ぎて、両国を管領す」と記されていることについても、分からない。「果福父に軼ぎて」とは、いかなる分野、いかなる局面において、何が「父に軼ぎて」いるというのか。陸奥・出羽「両国を管領す」と記されていることにしても、父による両国関与のありかたに何をプラスしたというのか。

さらにいうならば、陸奥・出羽「両国を管領す」と記されていること、それ自体が問題である。それによれば、秀衡の全盛期における奥羽両国「管領」の実質が、基衡によってかたちづくられていたということにならざるをえない。けれども、そのようなことが本当にいえるのかどうか。疑問である。

清衡が「奥六郡を伝領す」と記されていることについても、また然り。それによれば、奥六郡の領主権が、安倍から清原へ、そして藤原へ、という「伝領」のプロセスを辿って、秀衡にまで継承されてきた、ということにならざるをえない。けれども、胆沢城鎮守府の在庁官人のトップたるべき安倍氏の時代から、奥六郡の領主権のようなものが形成されていたとすることには、時代錯誤を感じないわけにはいかない（入間田『藤原清衡』ほか）。

総じて、実俊の証言には、秀衡の全盛期における達成を、基衡・清衡期にまで、さらには清原・安倍期にまで遡及させて、その歴史的な正統性をアピールしようとする武家好みの志向性が卓越していた。それによって、通時的な連続性を強調するあまり、それぞれの時期における達成のありかたを具体的に語ろうとする姿勢を欠落させる結果に陥っていた。といわなければならない。

そのように、秀衡の全盛期における達成を、それ以前の時期にまで遡及させるという志向性は、近代の歴史学においても抜きがたく、研究者の目を曇らせてきた。大いに反省しなければならない。

したがって、ここいらあたりで、清衡の業績を土台にして、基衡は何をプラスすることになったのか。そして基衡の業績に、秀衡は何をプラスすることになったのか。秀衡の側から遡って考え直してみることが必要になってくるのではあるまいか。

いいかえるならば、清衡・基衡・秀衡の三代、それぞれについて、固有の課題と達成のありかたを、秀衡の側から遡って、具体的には、秀衡が頼朝のライバルとして日本史の檜舞台に登場する辺りから遡って考え直してみることが必要になってくるのではあるまいか。

なかでも、秀衡の代については、鎮守府将軍就任、陸奥守就任ほか、いくつかの画期に着目しながら、より一層に踏み込んで、考え直してみることが必要なのではあるまいか。さらには、源平争乱期における未曽有の達成の意義について、改めて考え直してみることが必要になってくるのではあるまいか。

しかも、かれらの直面した課題と達成のありかたを考えるのにさいしては、外側からの客観的な観察には止まらず、かれらの心情にまで分け入って、すなわちかれらの喜怒哀楽の感情に寄り添い、迷いと決断の瞬間に立ちあうようなレベルにまで踏み込んでみることが必要なのではあるまいか。

その感情の起伏や迷いと決断のありさまを、秀衡の側近に侍《はべ》っていた実俊は、必ずや、目の当たりにする体験をくり返していたのに違いない。すなわち、実俊の証言の土台には、それらの臨場感にあふれる体験の数々があったのに違いない。それを、なんとかして甦らせ、追体験してみようとする試みが求められているのではあるまいか。

近代の歴史学でも

振り返ってみれば、近代の歴史学においても、さまざまな人物像がかたちづくられてきた。けれども、その多くは、秀衡の生存中に、京都方面からの眼差しによって、すなわち外側かつ遠くからの眼差しによってかたちづくられていた人物像の大枠から大きく外れるものではない。

たとえば、「蝦夷（エミシ）の王」とするような人物像との関連において、「外国としての辺境的事実」を一身に体現する、具体的には「俘囚長《ふしゅうちょう》」の系譜に連なる古代「在地族長制」的な性格が強調されたり（高橋富雄『奥州藤原氏四代』ほか）、はたまた「将師累葉の家に生まれ」「猛者」とされたような人物像の関連において、源・平の武将らに共通する中世的な性格が強調されたりなどすることがあった。たとえば後者については、平泉藤原氏は「有力な国衙《こくが》・大宰府の在庁官人・武士」と変わりのない存在だった、と、大石直正氏によって記されている（「中世の黎明」）。

さらに、さらに目を凝らしてみるならば、それらの論議のうち、「蝦夷の王」との関連におけるそれには、秀衡の政権を奥州ならではの特別の存在、すなわち、「日本国」のルールの圏外に蟠踞《ばんきょ》する、なにかしら途方もない存在であったとするような観念が根底に横たわっていた。

それに対して、「将師累葉の家に生まれ」「猛者」とされたような人物像の関連におけるそれには、諸国の豪族ら（武士団のリーダー）に共通する普遍的な存在、すなわち「日本国」のルールの圏内に身を置いて、さまざまな摩擦や軋轢に遭遇しながらも、試行錯誤を重ねて、ルールの実質的な変革をもたらした諸国の軍事首長らに共通する普遍的な存在であったとするような観念が根底に横たわっていた。

すなわち、秀衡存生の当時における人物像のなりたちにまで遡るような二つの観念の対立が、近代に至っても解消されることなく、学界における議論の対立を生み出していた。そのことに、気づくことにならざるをえない。

さらにいえば、そのような二つの観念の対立は、秀衡存生の当時に止まらず、平泉藤原氏の先輩ともいうべき安倍・清原氏の段階にまで遡るものであった。たとえば、前九年合戦の大立者、安倍頼良《よりよし》

（のちに頼時）は、「東夷《とうい》」「俘囚」「酋長」（『百錬抄』『陸奥話記』ほか）と呼ばれる一方で、「兵《つわもの》」と呼ばれて、あの平将門や源頼義らにならぶような人物として物語られていた（『今昔物語集』巻三一）。大石氏によっても、指摘されている通りである。さらにいえば、地元では、諸国の在庁官人の幹部クラスになぞらえて、頼良が「安大夫《あんだゆう》」と呼ばれることさえもあった（『陸奥話記』ほか）。

たとえば、最近に公刊された斉藤利男氏の著書『平泉――北方王国の夢』にしても、そのような流れの埒《らち》外ではありえない。

日本国の内か、外か

たとえば、「日本国」の外にあった「蝦夷の地」としての伝統に根ざして、「日本国の一地方」とはならなかった北奥の地。「日本国の枠組を超えた『北方王国』ともいえる独立的な権力」。その「外国」としての「独立」性を維持するために採用された、京都や関東との「外交の中立路線」「奥羽モンロー主義」ほかの表現によって、それが明らかである。すなわち、二つのうち、前者の観念に、斉藤氏が従っていることが明らかである。

ところが、源平争乱の結果、頼朝が目の前に出てきて、平泉の「外交権」を奪い、鎌倉政権の管轄下に編入しようとする。ここに至って、秀衡は伝統的路線の転換に踏み切る。義経を大将軍とし、自らは奥羽統治を担う新たな政権構想をかためる。

それは、「奥羽モンロー主義」の放棄であり、これまで避けてきた「日本国」の政治抗争への参加であるとする文言が、それに続いて記されている。

けれども、斉藤氏のように、そのような突然の方向転換があったとすることには、違和感を禁じえない。それ以前から、そのような方向性が存在していたのではあるまいか。すなわち、その直前まで、「奥羽モンロー主義」が維持されていたとすることには無理があるのではあるまいか。さらにいえば、そのような「奥羽モンロー主義」とよばれるような実質が存在していたとすること、それ自体にも無理があるのではないか。いいかえれば、「日本国」の外にあった特別の存在として、それほどまでに、平泉政権を特別な存在として評価すること、それ自体にも無理があるのではないか。

さらにいえば、頼朝による奥州攻めを、「最後の蝦夷征伐」「最後の征夷戦争」というべきものとする斉藤氏の指摘についても、すなわち、頼朝の奥州「征伐」を、奈良・平安以来の「蝦夷征伐」の延長として位置づけて、「我が国に於ける最後の民族的戦役」とする喜田貞吉氏の再来を想わせるような指摘についても、そのままには受け止めることができない。

たしかに、中央の側には、「蝦夷」や「征伐」のキーワードにあらわされるような観念が存在していたかもしれない。したがって、「一面の真理」として受け止めることはできるかもしれない。けれども、平泉の側からすればどうか。そもそも、平泉の側には、「日本国の外」にあるとするような自己認識が存在していたのかどうか。大きな問題である。

そのように、外側の存在にはあらず、どちらかといえば、内側の存在として、すなわち諸国の豪族らに共通する普遍的な存在として、「平泉政権」の成り立ちにまで遡って、具体的には本来の御館《みたち》たるべき国司に準じる存在として「平泉の御館」と呼ばれることになった清衡の当初にまで立ち返って見詰め直すことが必要なのではあるまいか。

たとえば、中央政府の代理人たるべき国司との確執、中央集権的な国郡統治方式との間における摩擦・軋轢の発生など、清衡・基衡・秀衡らが判断に迷わされた局面の多くは、「日本国」の内側における普遍的な事態として、諸国の豪族らにも共通してみられたのではあるまいか。

そして、源平争乱のどさくさにさいして、自力をもってする広域的かつ軍事的な地域政権の立ち上げへという思い切った方向転換を迫られることになったことについても、秀衡だけの特例にはあらず、「日本国」の内側における普遍的な事態として、広やかな視野をもって見直すことができるのではあるまいか。

さらにいえば、中央と地方、首都と農村の間における対話と交流の気運の高まりのなかで台頭してきたハイブリッドな新人類たるべきことからしても、ないしは東アジア世界につながる列島規模における交易の展開のなかで台頭してきた国際派たるべきことからしても、本質的には、諸国の軍事首長らに共通する基盤のうえに、平泉藤原氏は立脚していた。といえるのではあるまいか（入間田『藤原清衡』）。

ふりかえってみれば、あれほどまでに「外国としての辺境的事実」や、「俘囚長」の系譜に連なる古代「在地族長制」的な性格を強調していた高橋富雄氏にあっても、後年に及んでは、「藤原氏による平泉の都市は、地方豪族が建設した政治都市としては最初のものである。それは、平氏の六波羅政権、源氏の鎌倉幕府に先んじて、武門が政権を開く先駆をなし、鎌倉が奈良や京都のような中央都市に代わって地方に成長を開く先がけをなした」、などとする指摘が前面に押し出されるようになっていた。さらには、「東北の在地土豪から身を起こして」、「中央の、とくに源氏による東北支配に対して、正面から対決するものとしての反骨の構え」などとする際立った表現さえも、押し出されるようになっていた。それにたいして、「藤原氏が、歴史的に『蝦夷』の系譜に連なることは明瞭である」とするような指摘は、建前としては維持されているものの、かなりの留保が施されているうえに、控えめの位置づけに止められていることは否めない（「奥州藤原氏の栄光と落日」）。

その高橋氏が後年において到達した地平を踏まえながら、あわせて秀衡の全盛期における達成を、基衡・清衡、さらには清原・安倍の昔にまで遡及させようとするような志向性に対峙しながら、もう一歩だけ先に踏み出さそうとするのである。これが、本書における基本的なスタンスにほかならない。

これまで、秀衡らの一族は、京都藤原氏との対比において、奥州藤原氏とよばれることが多かった。けれども、かれらの一族を、奥州の内側から近接の目線をもって見つめ直そうとするからには、そのような外側からの遠隔の目線をもってする物言いに自足しているわけにはいかない。そのために、本書では、一歩を踏み込んで、平泉藤原氏とする呼称を採用させていただいている。ご理解を願いたい。最近では、若手研究者の間にも、この呼称を用いる流れが生まれている。心強いことである。

第一章　立ちはだかる大きな壁

1　毛越寺の造営をめぐって

中尊寺金色堂にて、藤原清衡が死去したのは、大治三年（一一二八）は秋七月十六日のことであった。

そして、「御曹司《おんぞうし》」と呼ばれた次男の基衡が、兄の「小館《こだち》」惟常《これつね》との「二子合戦《にしかっせん》」に勝ち抜いて、清衡の後継者としての地位を確立したのは、その翌々年のことであった。そのとき、基衡は二七歳。その子の秀衡は九歳であった。

すなわち、平泉藤原氏初代の当主、清衡によって始められた仏教立国の事業は、二代目の当主たるべき基衡によって継承されて、さらなるレベル・アップが目指されたことになった。

その基衡による仏教立国の事業といえば、「千部一日頓写経《とんしゃきょう》」のプロジェクトである。そのうえに、毛越寺《もうつうじ》の造営である。いずれも、長期にわたる歳月と莫大な財力を費やした大事業であった。そのうち、前者については、入間田『藤原清衡』において詳しく記している。したがって、今回は、毛越寺の造営に限って、立ち入って考えてみることにしたい。

その毛越寺造営の事業を、その始まりの段階から、父親の側近にあって、秀衡は見守り、長じた後には、意見を述べるなどしていた。

それらのプロセスにおいて、基衡は、そして秀衡は、いかなる問題に遭遇し、またいかなる判断を迫られることになったのであろうか。

寺塔已下注文

四代目の当主、泰衡の没落後、都市平泉の復興を陳情すべく、中尊寺ほかの僧侶らによって、鎌倉殿頼朝のもとに差し出された「寺塔已下注文《じとういかちゅうもん》」（『吾妻鏡』文治五年九月十七日条に収める）には、その件についての詳細な記録がふくまれていた。それによって、思案をめぐらしてみたい。

毛越寺は、「堂塔四十余宇、禅坊五百余宇」、すなわち主要な建物が四十余宇、僧侶の居室が五百余宇という壮大な規模を誇っていた。清衡の造営になる中尊寺について記された「寺塔四十余宇、禅坊三百余宇」を上回る、威風堂々の大伽藍であった。いまならば、主要な校舎・研究棟などが四十余棟、教授の研究室が五百余室からなる有名大学のキャンパスにくらべることができるであろうか。

その「金堂《こんどう》」（本堂）は「円隆寺《えんりゅうじ》」と名づけられて、「薬師丈六《じょうろく》の本仏」（本尊）、ならびに「十二神将」が安置されていた。そのほか、講堂・常行堂《じょうぎょうどう》・二階惣門・鐘楼・経蔵《きょうぞう》、それに吉祥堂《きっしょうどう》・千《せん》手《じゅ》堂・鎮守社など、七堂伽藍の名に恥じることのない堂塔が建ちならんでいた。

そのうち、吉祥堂本仏の吉祥天像は、洛陽《らくよう》（京都）補陀落寺《ふだらくじ》本尊の写し（コピー）であった。けれども、「生身仏《しょうしんぶつ》」なりと信じられて、厳重に秘蔵されていた。具体的には、丈六の観音像を特別に仕立て、その胎内に本仏を格納するという工夫が凝らされていた。あまりのなまめかしさゆえに、人目をはばかるというような意味あいもあったのかもしれない。

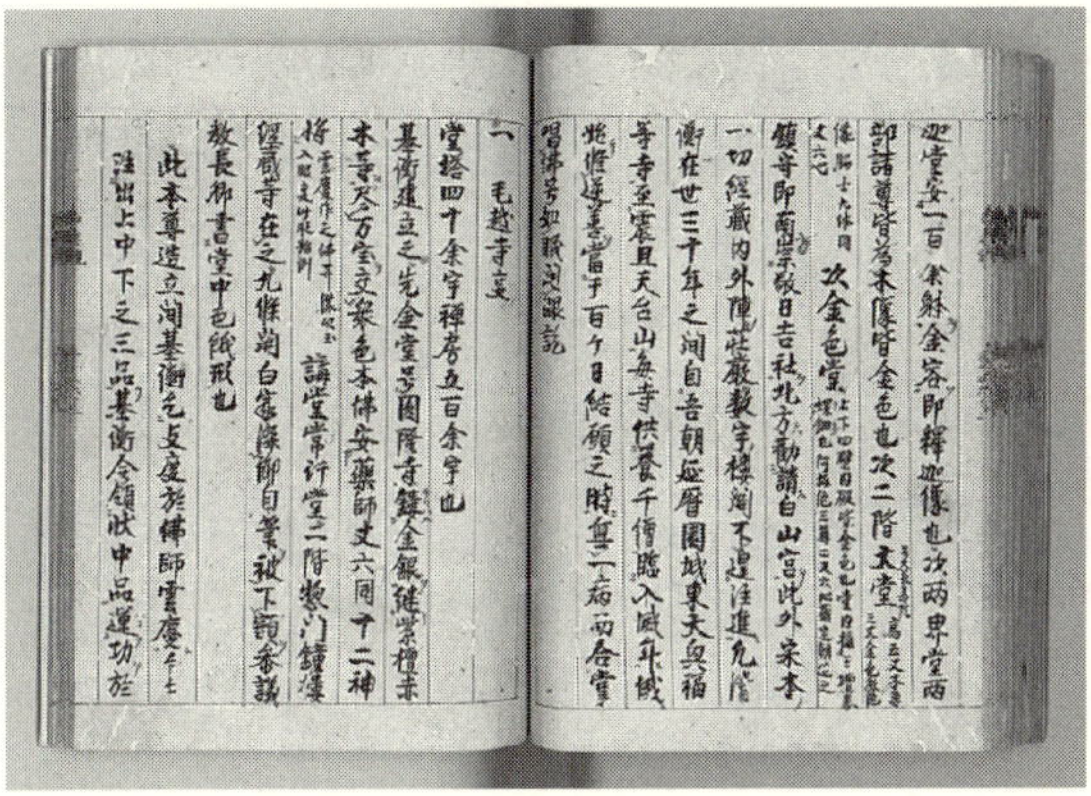

『吾妻鏡』文治5年9月17日条

そして、丈六観音像の周りには、「木造廿八部衆」が群立していた。それらの群像にも、金銀が鏤《ちりば》められていた。

毛越寺のプラン（伽藍配置）は、「国王の氏寺《うじでら》」と讃えられた京都白河法勝寺のそれに倣ったものとされている。金堂（本堂）から鳥の翼のように張り出した東・西廊、それぞれの先端部に経蔵と鐘楼を設けることによって、コの字形の広庭（儀礼空間）をかたちづくり、さらに、その前面に大池を配置するという佇《たたず》まいからすれば、確かに、その通りである。

その金堂「円隆寺」の造作には、「金銀を鏤め、紫《し》

毛越寺復元模型

檀《たん》・赤木《あかぎ》を継ぎ、万宝を尽くし、衆色を交える」という最高水準の技法が駆使されている。腕利きの職人らが京都方面から招き寄せられていたのに違いない。その「荘厳」のありさまは、「吾朝無双」なり。すなわち日本にならぶものなし、と讃えられている（『吾妻鏡』嘉禄二年十一月八日条）。

正面に掲げられた寺額には、「九条関白家」（藤原忠通《ただみち》）によって、「円隆寺」の文字が大書されていた。そして、堂中を飾る「色紙形」には、「参議教長《のりなが》卿」（藤原）、すなわち「中尊寺供養願文」の清書を担当の「右中弁朝隆《ともたか》」卿（藤原）にならび称せられた能書によって、流麗な文字が書き込まれていた。いずれについても、莫大な礼物《れいもつ》によって、依頼されたものに違いない。

その金堂の中央に安置された本尊「薬師丈六」仏には、「玉《ぎょく》をもって眼《め》に入れる」、すなわち玉眼《ぎょくがん》を用いるという最先端の技法が採用されていた。「此時、始めての例なり」と記されている通りである。京都方面にて、製作の途中から話題になったほどに、すばらしいできばえの仏像であった。

その当時、京都方面では、真言密教色の濃い大日如来《だいにちにょらい》などが本尊とされることが多かった。それなのに、その規範に従うことなく、法華経《ほけきょう》＝天台宗色の濃い本尊が選ばれている辺りには、清衡による仏教立国の根本精神を継承しようとする強烈な意志があらわされていたのに違いない。遠藤基郎氏によっても、着目されている通りである（「基衡の苦悩」）。

その本尊仏が、平泉にまで到来するまでには、紆余曲折の経過があったと記されていた。

本尊仏と寺額をめぐるエピソード

すなわち、その本尊仏のできばえが話題になって、その風聞が鳥羽法皇の耳にまで達する。そのために、できあがったばかりの仏像が、法皇の御覧に供せられることになった。そこで、風聞の通り。比類なき上等の出来じゃ。洛外に持ち出すなど、もってのほか。京中に止め置くべし。との叡断である。

毛越寺薬師如来坐像

その知らせに、基衡は、心神度《ど》を失い、持仏堂《じぶつどう》に閉じ籠ったきりで、水醤を絶って、七日七晩にわたり祈り続ける。その時、秀衡もまた、父親に同じく、惑乱の心境に陥れられたのに違いない。

つぎには、九条関白殿下に陳情して、天気《ていけ》を伺う。すなわち法皇の機嫌を伺っていただくことになった。それによって、ようやくにして、仏像を洛外に持ち出して、毛越寺本堂に安置することができた。

けれども、鳥羽法皇によって本尊仏の持ち出しを禁止されたことは、一時的なことに終わったとはいえども、ショックであった。基衡そして秀衡は、京方面に立ちはだかる壁の大きさを、改めて噛みしめざるをえなかった。

そういえば、金堂に掲げられた寺額に、「九条関白家」（忠通）の執筆を依頼するにさいしても、スムーズには行かなかった経過が記録されていた（『今鏡』『古事談』）。

すなわち、白河法皇の第四皇子、覚法《かくほう》法親王所縁の「仁和寺《にんなじ》」（御室《おむろ》）の特別のチャンネルを通じて、一旦は、依頼に応じてもらうことができた。けれども、後になって、「おく（奥）のえびす（夷）のもとひら（基衡）といふがてら（寺）なり」とする風聞が関白の耳に入ってしまった。そのために、寺額を返すべしとする使者（「御厩舎人菊方《みうまやとねりきくかた》」）が平泉に遣わされることになった。基衡としては、そう簡単に応じるわけにはいかない。返せの返せないの大騒動の寸前にまで立ち至った。

その時に、基衡の妻が囁《ささ》いた。「そのようなしれごと（痴れ事）をいうものではありません。返さなければ、大変なことになりますよ」と、その一言がなければ、本当に大変なことになっていたのに違いない。

さらにいえば、その返却された寺額は、使者によって、三つに打ち割られて、京都に持ち帰られた。その使者は「心やたけ（猛）かりけん」、「えびすまでも、なびき奉りける」とて、大喝采を浴びることになった。

けれども、円隆寺の落慶供養にさいして、その瞬間だけでも、その寺額を掲げて、その盛儀に花を添えることができた。それだけでも満足であると、基衡は自らに言い聞かせるようなことがあったのかもしれない。

ただし、高橋富雄氏のように、「実際に忠通がそれ（寺額）を取り返せたかどうか疑問である」とするような見立てがなかったわけでもない（『奥州藤原氏四代』）。実際には、基衡側による「黄金の魔性」を駆使する「秘計」（贈賄）によって、沙汰止みに終わってしまったというのである。けれども、「京都への報告、その御用作家たちによる記録には、『三ニ破テ持帰参』ということにならねばならない」とも指摘されていた。すなわち、内実はともかく、表向きには寺額は打ち割られたうえで、忠通のもとに返却されたのだとする穿《うが》った見立てである。あるいは、その通りかもしれない。

ここまで書いてきたところで、誉田慶信氏の論考「院政期平泉の仏会《ぶつえ》と表象に関する歴史学的研究」に接した。そこでは、「寺院表象としての額」「寺号の決定と円隆寺」「円隆寺額・色紙形に見る藤原基衡の外交戦略」ほかの項目に分かちて、それらのエピソードについて、より一層に踏み込んだ考察が展開されている。参照していただきたい。

清衡によって始められた仏教立国の事業によって、平泉に向けられた差別的な視線には、それなりの穏やかさが加味されるようになっていた。けれども、京方面におけるマイナス感情は、いまだに冷めやらず。その解消に至るまでの道のりの遠大なるを、覚悟しないわけにはいかない。それが、本尊仏や寺額の件に関して表明された法皇や関白の容易ならざる意向に直面しなければならなかった、基衡・秀衡父子の心境だったのに違いない。

仏師雲慶に送り届けられた山海珍物の数々

そればかりではない。それらの「仏菩薩像」の制作にあたった仏師（「雲慶」）との交渉過程についても、興味深いエピソードが記されていた。

すなわち、基衡が京都方面の仏師（「雲慶」）に依頼したところ、上・中・下のランクのうち、どれになさいますかという問いかけが戻ってきた。基衡は即座に、中のランクでと応えた。が、それにあわせて、早速に莫大な礼物を送りつけた。その礼物は、種類といい、数量といい、上のランクでもお釣りがくるようなレベルに達していた。

たとえば、円金百両、鷲羽百尻、七間々中径の水豹《あざらし》皮六十余枚、安達絹千疋、希婦細布《けふのせばぬの》二千端、糠部駿馬《ぬかのぶのしゅんめ》五十疋、白布《はくふ》三千端、信夫毛地摺《しのぶもじずり》千端ほか、山海珍物の数々であった。それらの品々を京進するべく、人馬の行列が山道に連なり、三年にわたって途絶えることがなかった。さらには、「別《べつ》禄《ろく》」（ボーナス）と称して、生美絹を積んだ船三艘が差し向けられることになった。

仏師が欣喜雀躍に及んだことは、いうまでもない。そのあまりに、練絹《ねりぎぬ》も欲しいなとする冗談が出た。その知らせに驚かされた基衡側は早速に、練絹の船三艘を差し向けることになった。

そのような交渉過程がなかったならば、あれほどのできばえの本尊仏の製作は望むべくもなかったのかもしれない。

仏師（「雲慶」）、その人の素性については、これまで謎とされてきた。あの有名な運慶《うんけい》にしては、時期が早すぎるからである。けれども、青年時代の運慶が、その製作チームの一員として加わっていた。それを奇貨として、あの有名な運慶の作なり、と中尊寺の僧らが申し上げたのだとすれば、どうであろうか。それによって、鎌倉殿の気持に訴えようとしたのだとすれば、どうであろうか。それならば、「雲慶」は、「運慶」のことなりとする可能性があるのではないか。もしかすると、円隆寺建立の時期が基衡の後期、すなわち一二世紀の四〇年代、しかも、その半ばを過ぎる辺りに、佳境を迎えつつあったとするならば、その可能性ありといえるのではないか。川島茂裕氏の教えの通りである。ただし、運慶の作なりと申し上げたのは、真実にはあらず。鎌倉殿の気持に訴えるための、単なる方便であった可能性もないわけではない。

この仏師（「雲慶」）との交渉過程に関わるエピソードほどに、示唆に富むものはない。たとえば、京都方面の仏師のもとに送り届けられた品々のうち、鷲羽・水豹皮などは、夷《えぞ》が島方面（いまは北海道）の特産（ブランド）であった。鷲羽は、天皇の親衛隊が携える矢羽として珍重された。一個体の鷲から一四本の尾羽が採れる。その一四本を束にして、一尻と数える。水豹皮は、同じく親衛隊の乗馬を飾る障泥《あおり》に用いられた。

それによって、清衡による金色阿弥陀像図絵の笠卒塔婆造立に象徴される、奥大道のインフラ整備が進められて、夷が島方面にわたる海路までもが、その延長線上にかたちづくられていたことが、明らかである。

安達絹・信夫毛地（文字）摺、鹿角《かづの》の希婦細布などはもちろんのこと、円金（ビー玉状に丸められた金）や白布（麻）などの特産もまた、そのインフラによって、京進されていったのに違いない。

そのうえに、生美絹や練絹を運んだ海路は、京都方面には止まらず、瀬戸内海を経由して、博多湊

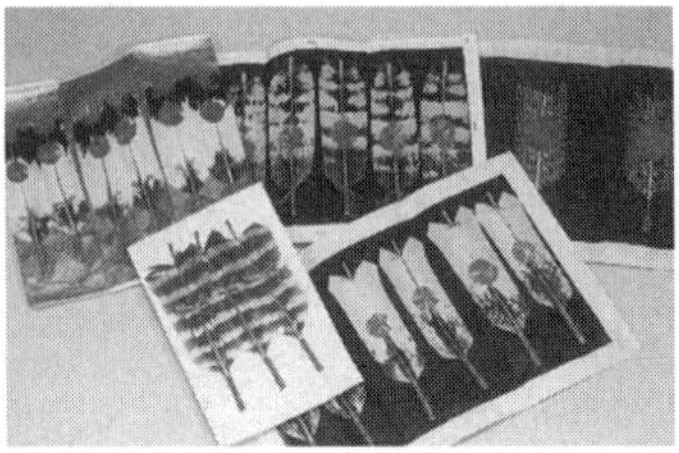

鷲羽（仙台藩旧蔵）

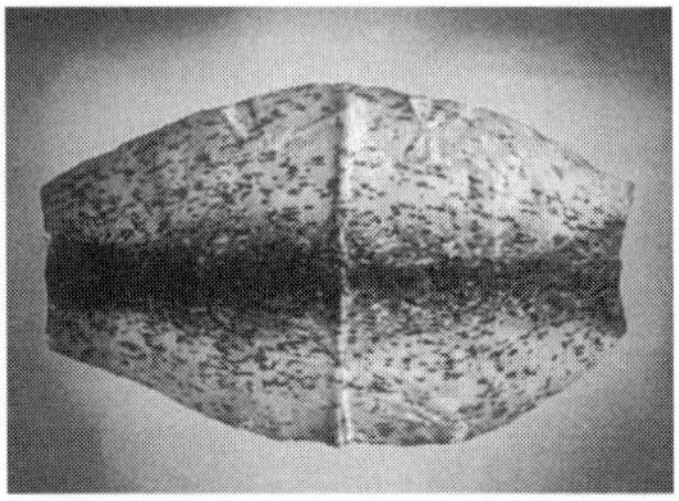

水豹皮

のチャイナ・タウンにまで伸びて、奥州の産金を運ぶのにあわせて、中国渡来の白磁ほかのブランドを将来（輸入）する役割を果たしていたのに違いない。

それにしても、大変な物入りであった。大変な気遣いであった。上・中・下のうち、中で願いますと、遠慮した返答の傍ら、上のレベルを大きく超越する礼物に及ぶ。さらには、練絹も欲しいとする仏師の冗談に対しては、「悔驚」の気持にうながされて、早速に、練絹を満載した船三艘を仕立て、京都に送り届ける。など、尋常ならざる気遣いの連続であった。法皇・関白や参議クラスの貴顕はもとより、仏師までにも、そこまでの気遣いをしめさなければ、毛越寺の造営を完遂することはかなわない。基衡・秀衡の父子には、悲壮とまで表現されるような覚悟が存在していたのに違いない。

これまで、その雲慶に関わるエピソードについては、「基衡の豪富がどのように大きなもので、それがどのくらい大きな政治力として組織されていたか」、「この物語はあますところ伝えているのである」と記されてきた（高橋富雄「奥州藤原氏の栄光と落日」）。たしかに、その通りかもしれない。けれども、そこには、大変な気遣いが求められていた。それを忘れてはならない。

さらにいえば、さまざまな職種のスタッフを、京都方面から呼び寄せる必要も存在していた。そのうち、舞楽《ぶがく》のイベントに不可欠の「楽人《がくじん》」の呼び寄せについての記録が残されていた。

楽人と舞人

すなわち、右近衛府生《うこのえふしょう》の三宅成正は、天皇の親衛隊のうち、軍楽隊ともいうべき部署に勤務する「楽人」であった。舞楽のイベントにさいしては、笛吹のパートを引き受けていた。その成正が、基衡にスカウトされて、平泉にやってきたのは、天養元年（一一四四）のことであった（『楽所補任』）。同じく、左近衛府生の狛《こま》則友が、平泉に到来したのは、久安三年（一一四七）のことであった（同）。かれらのうち、成正については、トラブルがあって出勤停止を命じられていた最中にスカウトされてきたものらしい。したがって、出勤停止処分が解けた後には、京都に舞い戻って、関白九条忠通の造営になる法性寺《ほっしょうじ》御堂の完成を祝うイベントに「出仕」することになった。

それに対して、則友については、「其後、不出仕」と記されているように、京都に戻ることなく、平泉に定住することになった。その時、則友は六一歳であった。そのあたりには、すなわち久安三年（一一四七）のあたりには、最初の金堂たるべき円隆寺の建立が佳境に達して、その落慶供養イベントを開催する準備状態がかたちづくられていた。ただし、則友についていえば、そのイベントが終わった後も、平泉に滞在して、舞楽スタッフの養成に尽力することになったのに違いない。

考古学的には、「十二世紀第3四半期前半ごろ」、すなわち一一五〇〜一一五七年（基衡死去）に、円隆寺の建立は位置づけられている（八重樫忠郎「平泉・毛越寺境内の新知見」）。それならば、一一四七年のあたりに、落慶供養に向けた準備状態がかたちづくられていたとしても、不思議ではない。

都市平泉の全盛期、すなわち秀衡の時期には、「舞人卅六人」「楽人三十六人」のスタッフが完備されていて、中尊・毛越寺ほかにおける舞楽のイベントに出仕していたことが知られる（「寺塔已下注文」）。鎌倉期に及んでも、「出羽陸奥散在居住伶人《れいじん》（楽人）等」が、中尊寺一切経会《いっさいきょうえ》のイベントに「参勤」していたことが記録されていた（中尊寺文書嘉元三年三月 日衆徒等重訴状）。その費用支弁のために、「伊沢郡成河」の「所役」（年貢）が計上されていたことも知られる。同じく、「平泉舞人左近又太郎」が、「一分給主」として「伊沢郡」内の田地を知行していたこともあった（同徳治二年十月十六日鎌倉幕府寺社奉行書下）。

いずれにしても、「舞人卅六人」「楽人三十六人」のスタッフを完備することは、大変なことであった。そのためには、左右の近衛府所管の楽所からの人員の引き抜きから始めなければならない。つぎには、かれらを師匠として、後進を育成しなければならない。かれらの生活の面倒も見なければならない。けれども、その最初の一歩でさえも、楽所における出勤簿による管理体制があって、容易には引き抜けそうにない。そのような種類の壁にも、基衡・秀衡の父子は直面せざるをえなかったのである。

2　泣いて季春の首を斬る

康治元年（一一四二）のあたり、父親の基衡は三九歳。秀衡はといえば、二一歳のことであった。

信夫郡司佐藤季春

そのあたりには、平泉藤原氏の勢力は、奥州の南半部にまで拡大する志向性をあらわにし始めていた。

わけても、信夫郡《しのぶ》（いまは福島市内）では、平泉藤原氏の代理人ともいうべき佐藤季春《すえはる》が、「郡司」として万端を取りしきって、国司の派遣する役人の立ち入りを阻止するような勢いをあらわにしていた。歴代の国司は、いかんともなしがたく、腕を拱《こまね》いているばかりだった。

新任国司藤原師綱

そこに新任の国司として登場したのが、藤原師綱《もろつな》である。かれには、白河法皇の近臣としてのキャリアが具えられていた。「白川院に仕えけるが、させる才幹はなかりけれども、ひとえに奉公をさきとして、私をかえりみぬ忠臣なるによって、近く召つかわれり」（原文の表記を現代仮名遣いに直す）、と記されている通りである。すなわち、奉公一筋の真直ぐな人柄であった。逆にいえば、政治的な思惑や駆け引きなどには馴染まない堅物《かたぶつ》中の堅物であった。

「そのしるし（験）にや有けん」と記されているように、その「忠臣」ぶりが評価されたことによるものであろうか、白河法皇の没後ではあるが、陸奥守の大役を賜るというに想いもかけない幸運に恵まれることになった。

新任の陸奥守として、多賀《たが》国府の主人公となった師綱は、やる気満々。早速に、基衡による「一国押領《おうりょう》」の状態を払拭して、「国司の威」を回復すべく、京都に奏上、「宣旨《せんじ》」を賜って「国中公田の検注」、すなわち国を挙げての検地（田地の測量）のために、諸方面に役人を派遣することになった。

ところが、季春の信夫郡では、役人の立ち入りを拒んで、「宣旨」をひけらかしても動じる気配がない。そのために、国司の側では、軍勢をもって立ち入りを強行しようとしたからたまらない。たちまちに、合戦に及んで、国司側に多数の負傷者が発生することになった。

康治元年の秋、そろそろ稲刈りに取りかかろうというあたりのことであったろうか。それならば、京都へ奏上して宣旨を申し賜るなど、態勢固めに要した期間を勘案するならば、陸奥守としての師綱赴任の時期は、それよりも一～二年を遡るあたりのことであったろうか。

鎌倉時代の編纂になる説話集『古事談』（第四）や『十訓抄』（第十）によりながら、引き続いて、事件の経過を見守って行くことにしたい。

違勅の咎

つぎには、怒り心頭に達した国司師綱が、平泉にまで使者を派遣して、「宣旨」に背いて乱暴狼藉をはたらいた「違勅《いちょく》の咎《とが》」を難詰するとともに、責任者の首の差し出しを要求する場面である。

新任の国司が、これほどに猛々《たけだけ》しく、強硬に立ち向かってくるとは、……。想定外の事態である。「違勅の咎」ありということにされて、京都にまで報告され、公的な裁定が下されてしまったのでは、基衡といえども無事ではいられない。国家的な処罰を免れない。困った基衡は、季春を呼び寄せて、「いかがすべきか」と語りあうことになった。

その会話のなかで、季春が言い放った。ご主人さまは知らなかったのだ。ということにするほかにはありません。わたくしの一存でやりました。ということにして、わたくしの首を切って差し出してください。それならば、さすがの国司も、納得してくれることでしょう。

と、季春が語る言葉に、基衡は打ちのめされて、言葉を発することができなかった。だが、そのほかに、どんな方途があるというのか。結局のところ、基衡は涙ながらに、季春の提案を受け入れて、その旨を国司の側に申し入れることになった。

肥満美麗のイケメン

そのつぎには、国司の遣わした「実検使」の目前にて、季春の首を斬る場面である。「実検使」の大役を担った「検非違使所《けびいしどころ》書生（目代）」が見すえるなかで、平泉館《ひらいずみのたち》の広庭に引き出された季春の年齢は、四〇歳あまり。「肥満美麗」のイケメンであった。その出で立ちは、「遠雁《とおかり》」の絵柄《がら》を染め出した水干《すいかん》に小袴という、ダンディーそのものの姿であった。「肥満」についてコメントするならば、恰幅《かっぷく》の良いセレブの表現である。いまのような、マイナス・イメージには該当しない。

「打物《うちもの》」（長刀）を手にした二十人あまりの兵が、季春を取り囲む。基衡に従う屈強の者どもである。その なかから、「ケセン（気仙）弥太郎」が抜け出して、季春の首を切（斬）りにかかる。

その時、季春が叫ぶ。切り損なうなよ。ところで、刀はなんという名前だね。切り手の弥太郎が、すかさず応える。鬼次郎《おにじろう》大夫作の大津越《おおつごえ》だ。それを聞いた季春は、にっこりと笑って、それならば安心だ。切れ味抜群の名刀のことだ、切り損なうことはあるまい。痛いと感じる間もなく、おさらばだな、と応える。

季春ばかりか、かれの子息・舎弟らも含めて、五人の首が国司のもとに届けられることになる。それによって、基衡は、九死に一生を得ることになる。と、いうことで、一件落着である。

大津越

鬼次郎大夫といえば、みちのくに舞草《もくさ》刀《とう》の鍛冶ありと聞こえた鬼王丸の仲間だったのに違いない。大津越の名前は、背骨もろともに引っかからずにスムーズに断ち切れることに由来する、と記されていた（『古事談』）。さらには、奥六郡から山北《せんぼく》三郡方面に越える峠道、すなわち大津越（いまは湯沢市）に由来すると解説されてもいた。そのうえで、切れ味抜群の名刀を鍛えるのは難しく、山岳重畳の難路を越えるのにも匹敵するというような意味あいで、その名前がつけられた、と解説されてもいた（福永酔剣『日本刀大百科事典』雄山閣出版、一九九三年）。確かに、その通りかもしれない。ただし、『古事談』の書きぶりからすれば、大津越の名前が選ばれたのは、その名前の峠道が、引っかかることなく（難渋することなく）、スムーズに通過できる稀有のルートであったことによるものかもしれない。いずれにしても、大津越の名声が、四隣に鳴り響いていたことには変わりがない。これまでは、鬼次郎大夫について、昆次郎大夫かとするような読み方もおこなわれて、紛らわしかった。けれども、『日本刀大百科事典』の記載によって、それを正すことができた。その記載のありかを知りえたのは、小岩弘明氏の教えによる。記して感謝したい。

3　荘園の看板に架け替える

後見の家柄

そもそも、季春は、「代々伝われる後見《うしろみ》なる上、乳母子《めのとご》なり」と記されているように、基衡にとっては、身内のなかの身内。家族同然の家来であった。授乳してくれた乳母の息子が季春だということは、基衡にとっては、兄弟同然。そのうえに、先代の清衡の代からの「後見」の家柄の息子、すなわち主人の側近くに控えて万端の世話を焼いてくれる家柄の息子だということになれば、これ以上に頼りになるものはない。

さらにいえば、「後見」の役割のなかには、主人の危機に際して、矢面《やおもて》に飛び出して、身代わりになって、主人をたすける、という究極のパフォーマンスが含まれていた。季春が、主人の罪を被って、おのが首の差し出を申しでたのも、そのような「後見」の役割を自認していればこそのことであった。

基衡にとっては、杖とも柱とも頼む掛け替えのない、兄弟同然の家来のことである。なんとしても、助けたい。そのために、国司に申し入れて、実検使の派遣を要請するかたわらで、基衡は妻女に命じて、「よき馬どもを先として、おほくの金・鷲の羽・絹・布（麻）やうの財物」（ないしは「沙金一万両」とも）を持参させ、季春の命乞いをさせることになった。

わたくしの一存で参りました。というセリフに始まる女人ならではの懇請ぶりに、目代はグラッときて、国司へ取り次いでくれることになった。

だが、堅物の国司は、聞き入れない。それどころか、大いに腹を立て、「季春、国民の身にて、かくほどの僻事《ひがごと》をし出たる、公家に背き、宰吏をあなづりて、その科（とが）すでに謀反《むほん》にわたる」と言い放った。まったくの逆効果であった。

季春の首を泣いて切らざるをえなかったことは、基衡・秀衡の父子に、痛恨の想いにあわせて、厳しい現状認識を抱かせることになった。

国司による取りしきりの建前に、風穴を開ける。それによって、平泉による実質的な取りしきりの新風を吹き込む。そのためには、どのような方策を選択するべきものか。身代わりになって斬首された季春のためにも、リベンジをめざさないわけにはいかない。そのような大きな課題に、基衡らは直面させられることになった。

免税特区

そのためには、国―郡の機構を通じて国税を徴収するという通常一般の行政ルールには馴染まない免税特区のような地域をつくりだして、国司の監督権が及びにくい状態を生みだすようにするしかない。その免税特区の設立のためには、国司の頭越しに、京都方面における諸大寺・法皇・摂関家ほか、権門勢家に陳情して、それらの権門勢家における仏事ほか、国家的かつ公共的な用途に充当するということで、国税に相当する分量の産物を振り向けるようにするしかない。それならば、国税を支払う義務を免れて、国司の監督に従うべき建前を解除することができるのに違いない。

というのが、悩んだ末に見出した唯一の解答であった。というようなわけで、基衡は、早速に、信夫郡を免税特区に切り替えるべく、すなわち郡の看板を外して、荘園の看板に架け替えるべく、京都方面に使者を派遣して、国司の頭越しに、然るべき権門勢家に渡りをつけることになった。

その結果、誕生することになったのが、信夫荘《しのぶのしょう》という免税特区の存在であった。そのさいに荘園領主として国税相当分の産物を振り向けられるようになった権門勢家の名前は、いずれとも、明らかにしがたい。だが、いずれにしても、国司の側にとって、常識的には歓迎すべからざる事態であったことには変わりがない。けれども、京都方面からの特命ということで、不承不承のオーケーを、師綱に代わる後任の国司は迫られることになったのかもしれない。

信夫荘の看板に架け替えられることによって、信夫「郡司」にはあらず、信夫荘司（＝庄司）を、ないしは「大荘司」（＝大庄司）の略称を、佐藤氏は名乗ることになった。『十訓抄』ほかの物語には、郡司にあわせて、最初から、「大庄司」ほかの名乗りを用いていたように記されているが、それは、後代に成立した物語にならではの錯誤によるものであった。その「大庄司」を、「犬庄司」と書き誤っていることについても、また然りである。同じく、「地頭」を名乗っていたかのように記されていることについても、鎌倉時代になってから用いられるようになった名乗りとの混同を指摘することができるであろうか。

通常一般の諸郡では

信夫郡における免税特区の設立、すなわち信夫荘への看板の架け替えは、南奥方面における基衡による実効支配の始まりを告げる象徴的な出来事になった。

だが、それは、信夫佐藤氏という特別の存在が、すなわち平泉藤原氏に直属の家臣にして、かつ分身ともいうべき特別の存在があればこその、例外的な出来事であった。南奥における通常一般の諸郡では、佐藤氏のような存在は求めるべくもない。そのために、荘園への看板の架け替えによる国司の立ち入りの阻止どころか、実効支配に乗り出す端緒を見いだすことさえも困難な初期的な状態にあった。

基衡・秀衡の父子にしてみれば、信夫郡における局地的な達成に満足するどころではない。南奥方面における実効支配拡大の前に大きく立ちはだかる壁の存在に、切歯扼腕の想いを禁じえなかったのに違いない。

「例外的な」といえば、そのように、基衡が国司の下風に立たされこと、それ自体が「例外的」であるとするのが、逆にいえば、通常かつ全局的には、基衡が国司を凌駕するような実質がかたちづくられていたとするのが、これまでの通説であった。たとえば、高橋氏による指摘、「基衡による奥州押領体制ができあがってしまっているなかで、こういう例外的なこともあった」、「歴史の基調としては、基衡の支配がどのようにかたく、その財力がどのように大きかったかを物語る挿話として理解されねばならぬ」などを参照されたい（「奥州藤原氏の栄光と落日」）。

たしかに、その挿話には、基衡が「一国を押領して、国司の威無きが如し」、ないしは基衡が「在《ざい》国司《こくし》だった」とするような表現が見えていた。それを、鵜呑みにするならば、高橋氏のような理解が成り立たないこともない。けれども、そのような表現は、宮内卿師綱の「忠節」（活躍）を際立たせ

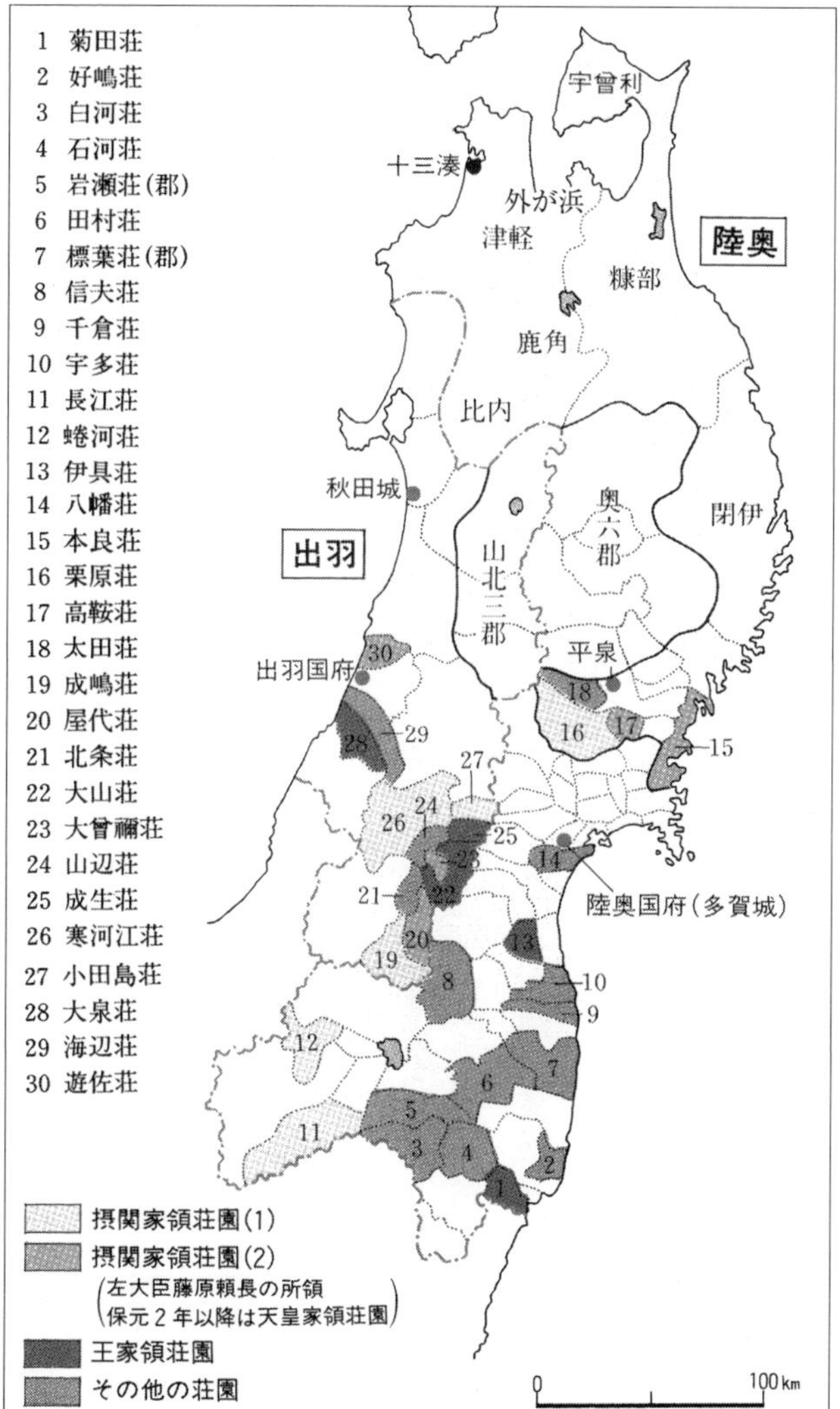
1 菊田荘
2 好嶋荘
3 白河荘
4 石河荘
5 岩瀬荘(郡)
6 田村荘
7 標葉荘(郡)
8 信夫荘
9 千倉荘
10 宇多荘
11 長江荘
12 蜷河荘
13 伊具荘
14 八幡荘
15 本良荘
16 栗原荘
17 高鞍荘
18 太田荘
19 成嶋荘
20 屋代荘
21 北条荘
22 大山荘
23 大曾禰荘
24 山辺荘
25 成生荘
26 寒河江荘
27 小田島荘
28 大泉荘
29 海辺荘
30 遊佐荘
宇曾利
十三湊
外が浜
津軽
陸奥
糠部
鹿角
比内
秋田城
奥六郡
閉伊
出羽
山北三郡
平泉
出羽国府
陸奥国府(多賀城)
摂関家領荘園(1)
摂関家領荘園(2)
(左大臣藤原頼長の所領
保元2年以降は天皇家領荘園)
王家領荘園
その他の荘園
0
100km

奥羽の荘園分布

るために、すなわち師綱の敵役《かたき》たるべき基衡の権勢がどのように大きかったかを誇張するために、鎌倉期になってから案出された虚構なのであった。そこのところを見誤ってはならない。史料批判の基本を見失ってはならない。

南奥方面ばかりではない。陸奥国司の膝元たるべき府中域《ふちゅう》（いまは多賀城市）、そして府中に近接の諸郡からなる中間地帯においても、同様であった。

さらには、出羽国司の膝元たるべき府中域、そして近隣の諸郡についても、それに准じて考えられるであろうか。

けれども、府中域から距離を隔てた諸郡には、逆にいえば平泉に近い諸郡には、平泉の威風を早くに及ぼすことができた。そのために、現地の有力者を語らって、実効支配に乗り出すのにあわせて、荘園の看板への架け替えにまで進むことができた。

だが、それとて、多数派にはあらず。中間地帯においてさえも、荘園の看板に架け替えるのではなく、依然として、国司の取りしきりに服する諸郡の方が多かったのである。さらにいえば、南奥方面にいたっては、平泉藤原氏にはあらず、ライバルともいうべき他の勢力が介在することによって、荘園の看板への架け替えが推進されたことも、少なくなかったのである。たとえば、奥羽における荘園の分布図をみていただきたい。平泉藤原氏の関わる荘園は少数派だったことが一目瞭然であろうか。

それだけに、平泉の威風を及ぼすことによって、荘園の看板への架け替えが早くにできた諸郡のケースは、基衡父子にとって、将来の発展のための踏み台として、特別に貴重な存在として意識されることになった。

だからといって、それらの荘園における実効支配が、なんの問題にも遭遇することなくスムーズに推進されたということでは、決してない。

4　悪左府頼長と渡りあう

たとえば、高鞍《たかくら》（倉）荘（いまは一関市内）や本良《もとよし》荘（いまは気仙沼市・南三陸町内）は、平泉に程近く、府中域からは遠く、基衡にはあらず、清衡の代から免税特区としての実質がかたちづくられていた。同じく、出羽国南半部における大曽祢《おおそね》荘（いまは山形市内）や屋代《やしろ》荘（いまは山形県高畠町）なども、府中域から遠いという地政学的な条件に恵まれて、清衡の代からの免税特区になっていたらしい。遊佐荘（山形県遊佐町）だけは、府中域から遠いという条件には合致していない。なにかしら、特別の事情があったのかもしれない。

摂関家領荘園の看板

それらの五荘には、摂関家藤原氏領の看板が掲げられて、国司の立ち入りを拒んでいた。それぞれの現地には、平泉に連携する有力者が「庄司」などとして、取りしきりを委ねられて、年貢を京進する役割をはたしていた。信夫荘における佐藤氏に准じた役割分担である。そして、清衡・基衡らの役割といえば、かれら現地の有力者を統率して、年貢の京進を円滑ならしめるのにあわせて、年貢関連のトラブル処理の仲介にあたるというものであった。

平泉による実効支配といっても、単純なものではない。そのように複雑な人脈の組み合わせによって、かたちづくられていたのである。

それらの五荘のうち、高鞍荘の年貢について、荘園領主たるべき関白藤原忠実《ただざね》から基衡に対して、増額を要求する使者が派遣されてきたのは、久安四年（一一四八）を遡るあたりであった。その内容とは、金五十両・布（麻）千段（反）・馬三疋に増額せよというものであった。本来の年貢額（「本数」）たるべき、金十両・布二百段・細布十段・馬二疋に比べれば、大幅に過ぎる増額である。基衡は、それに従わない。

年貢の増額をめぐって

ところが、荘園領主の地位を、関白忠実から息子の左大臣頼長《よりなが》が譲り受けることになった翌年、久安五年のあたりからは、年貢増額の要求がエスカレートして、五荘のすべてにわたるレベルにまで及ぶことになった。

基衡が承諾しなかったことは、もちろんである。簡単に承諾してしまったのでは、現地の有力者ほかに合せる顔がない。

そのために、京・平泉の間で、複雑な折衝がくり返され、使者が往復また往復するということになった。そのプロセスが、頼長の日記『台記』に克明に記録されている。それによって、トレースしてみることにしたい。

頼長は要求する。高鞍荘の年貢については、父親の提示額の通りにせよ。本良荘については、金五十両・布二百段・馬四疋。大曽祢荘については、布七百段・馬二疋。屋代荘については、布二百段・

漆二斗・馬三疋。そして遊佐荘については、金十両・鷲羽十尻・馬二匹。にそれぞれ増額せよと。

いずれも、「本数」を大幅に上回る増額要求であった。基衡が聞き入れるわけはない。すごすごと帰京した使者に代わって、改めて使者が遣わされることになった。それでも、埒《らち》が明かない。

基衡が「本数」分の年貢を京進するも、頼長側が受け取りを拒否するという膠着状態がかたちづくられることになった。

そして、三年を経過した仁平二年（一一五二）には、基衡側から逆提案が投げかけられることになった。高鞍荘については、金十両・布三百段・細布十段・御馬三疋。本良荘については、金二十両・布五十段・御馬三疋。大曽祢荘については、布二百段・水豹皮五枚・御馬二疋。屋代荘については、布百五十段・漆一斗五升・御馬三疋。そして遊佐荘については、金十両・鷲羽五尻・御馬一疋。にということでは、いかがですか。それ以上の増額には応じられませんというわけである。

それに対して、頼長は重ねて要求する。本良・屋代・遊佐の三荘については、基衡の言い分を受け入れることにする。だが、高鞍・大曽祢荘については、受け入れられない。「田多地広」の土地柄だと聞く。その割には、増額幅は大きくない。なにがなんでも高鞍荘については、金廿五両・布五百段・馬三疋を。大曽祢荘については、布三百段・馬二匹を京進せよと。逆提案に対する逆々提案の応酬である。

年内には、なしのつぶてだったが、翌年九月に及んで、その逆々提案にもとづいた員数の年貢が、それも三年分が一括して京進されることになった。頼長側からの当初の要求に比べれば、半数程度に減額の年貢であった。その程度が落としどころだとする基衡側の判断があったのに違いない。

これにて、一件落着。悪左府の評判に違わない強硬派かつ天下の大物貴族を相手にしての難交渉であった。それにもかかわらず、なんとか、それら五荘の実効支配を守り抜くことができた。基衡の顔に、安堵の表情が浮かんだ。基衡五〇歳。秀衡三二歳は秋九月のことであった。

妥協の産物

ただし、頼長の側にも、それなりの満足感が漂っていた。その間に、頼長の取り巻きの間には、硬軟取り混ぜたさまざまな交渉方針が取り沙汰されていたらしい。そのうちで、要求額に満たない年貢の受け取りを拒否するなど、最強硬の方針を採用したのが、頼長なのであった。その強硬策が、それなりの成果をあげたということで、それなりの満足感をもって、受け止められることになったのである。

その取り巻きによる取り沙汰の最中には、中国北方の異民族たるべき「匈奴《きょうど》」に譬《たと》えて、基衡を誹謗するような発言もあったらしい。それだけに、基衡にとっては、厳しさも一入《ひとしお》の交渉だったのに違いない。

同じく、「奥竈《おくがま》に阿諛《あゆ》する」、すなわち頼長の奥方のあたりに取り入って財物を捧げることによって、局面打開を図るという基衡側の裏技に対して警戒すべし、とするような発言もあったらしい。基衡による裏技の行使は、それほどに知れ渡っていたのかもしれない。その通り。基衡側にしてみれば、またしても女人を通じた秘計（贈賄工作）が必要とされる局面であった。とも、いえないではない。ただし、その裏技が本当に行使されるようなことがあったのか、どうか。分からない。

　しかしながら、よくよく考えてみれば、それらの五荘における交渉結果に満足しているだけでは済まされない。これからも、摂関家側からする無理難題がもちかけられないという保証はない。摂関家領荘園の看板を借りて国司の立ち入りを阻止できたかと想えば、今度は摂関家側からの介入である。基衡父子にとっては、試練に継ぐ試練の連続であった。

　この間の交渉について、これまでは、基衡による優位性を読み取るというのが通説であった。たとえば、高橋氏によって、「基衡にとっては、いたくもかゆくもない額について、これだけ渋い交渉をしているのだ。奥羽の全領について、平泉側の全余剰生産の独占体制がもう確立しつつあることが、ここでは逆に裏書きされている」、「頼長はおこぼれを喜んでいるにすぎない」と指摘されている（「奥州藤原氏の栄光と落日」）。けれども、具体的にみれば、基衡にとって、それほどに楽観できるような情勢でなかったことは、明らかといわなければならない。

　と、ここまで書いてきたところで、遠藤基郎「基衡の苦悩」の論考に接した。そこには、「北の覇者の一言で片づけてしまうには、彼（基衡）をめぐる政治的環境は厳しいものであり、さまざまな苦悩があったと思われる。後継者争い、陸奥国司との確執、源為義《ためよし》の影、そして京都政界の対立への対応などの困難があった」、とする文言が、しっかりと書き止められていた。すなわち、「両国管領」「一国押領」などの文字に捉われることによって、ないしは秀衡の全盛期における達成を遡及させることによって、基衡の取りしきりを過大に評価するような伝統的な考えかたが、すなわち鎌倉期における説話類に始まって、近代における歴史学にまで継承されるような志向性が、きれいさっぱり、払拭されている。その確実なあらわれを見て取ることができた。これほどに、頼もしいことはない。

第二章　偉大な祖父、清衡の国づくりを振り返って

1　仏教立国の道なかばにして

なぜに、それほどまでに、さまざまな問題に、基衡・秀衡の父子は遭遇しなければならなかったのであろうか。毛越寺の造営にさいしても、信夫佐藤氏の悲劇にさいしても、さらには高鞍荘ほか、摂関家領五荘の年貢増額問題にさいしても、京都方面ならびに陸奥国府（多賀城）方面との交渉はスムーズにはあらず。難渋を極めた。財力に物を言わせるばかりではなく、女人のはたらき（裏技）を駆使するという方策をもってしても、容易には軟化させることができない、難しい交渉の連続であった。

偉大な祖父、清衡によって始められた仏教立国の大事業は、それなりの成果をあげていた。それによって、清衡の声望は、みちのく世界の全域に行きわたって、なん人といえども抗しがたいとされる

ようなレベルに達していた。

それなのに、なぜに、そのような難題に、基衡・秀衡の父子は遭遇しなければならなかったのであろうか。それが問題である。

そのなぞを解くためには、清衡によって始められた仏教立国の事業展開の内実にまで踏み込んで考え直してみなければならない。

一基の塔・多宝寺ならびに奥大道の笠卒都婆列

たとえば、白河関から外が浜（いまは青森市）にいたる奥大道《おくだいどう》の長大な幹線ルートの中間点に、すなわち奥州の中心に位置する関山《かんざん》丘陵の頂上に、一基の塔ならびに「多宝寺」（中尊寺最初院、多宝・釈迦如来を安置）を建立する。あわせて、奥大道の長大な幹線ルートの沿道に、金色の阿弥陀仏像を図絵した笠卒都《かさそと》（塔）婆《ば》を五千本あまり、一町（一〇八メートル）毎に立て並べたことについて（「寺塔已下注文」）。

東洋のバイブルとも称される法華経《ほけきょう》には、地中から湧出した壮麗かつ巨大な宝塔上にて、多宝如来に並座した釈迦如来が、三千世界の衆生《しゅじょう》に向けて説法するというハイライトの場面が描き出されていた。そのハイライトの場面をあらわす堂塔を、そして法華経を奉納する一基の塔を、奥州の中心に建立するというのだから、尋常ではない。すなわち、それによって、奥州世界における法華経に則った「仏国土《ぶっこくど》」の建設を、清衡はアピールするつもりだったのに違いない。高橋富雄「中尊寺と法華経」、入間田『藤原清衡』ほかを参照するまでもない。

そして、奥大道における金色阿弥陀像図絵の笠卒都婆列の造立についても、また然り。それによって、奥州世界における「仏国土」建設のアピールは、より一層、具体的なものとして受け止められることになったのに違いない。

ただし、白河関から外が浜にいたる奥大道の長大な幹線ルートの沿道における笠卒都婆列の造立は、多賀城の国司や沿道の有力者による同意なくしては、スムーズに進めることができない。多くの困難が予想された。

けれども、それは、宗教目的かつ公共目的の寄進行為にほかならない。それならば、国司によって咎めだてされることなく、また沿道の有力者によって邪魔だてされることもなく、スムーズに進めることができるのではあるまいか。

その期待通りに、清衡は事業を推進できることになった。その画期的な事業の成功によって、そのアピール効果によって、清衡の声望が飛躍的に高まったことは、疑うべくもない。

だが、それによって、奥大道の路線のすべてに、清衡の実質的な取りしきりが及ぶことになったなどとすることは、なかなか、できそうにもない。わけても、中間地帯や南奥のエリアにいたっては、なおさらである。すなわち、これまでの通り、国司による取りしきりの建前が、そう簡単に覆されたのだとすることは、なかなか、考えられそうにない。沿道の諸豪族による関与にしても、また然りである。

そういえば、高野山の参詣道に立て並べられた町石塔婆にしても、有力な鎌倉御家人らの寄進によるものだったとはいえども、それによってかれらの名声が高まるというアピール効果があったとはいえども、かれらによる取りしきりの実質がもたらされたのだとは言いがたい。

これまでの考察においては（入間田『藤原清衡』ほか）、そのあたりの事情を深く考えることなく、通説的な見立てにしたがって、長大にわたる金色笠卒塔婆列の造立によって、清衡による奥大道の取りしきり（実効支配）の実質が直ちにもたらされたかのように記すことがあった。さらには、奥州の全域にわたる軍事・警察権を清衡が公認されるまでになっていたからこその金色笠卒塔婆列の造立であったかのように記すこともなかったわけではない。大いに反省しなければならない。

中尊寺鎮護国家大伽藍

つぎには、白河法皇から御願寺の金看板をいただいて、中尊寺鎮護国家大伽藍を造営し、僧衆千五百人あまりを招いた前代未聞のビッグ・イベントを挙行したことについて（「中尊寺供養願文」）。

その本堂に安置されたのは、「丈六皆金色釋迦三尊像各一体」であった。すなわち、大日如来など、真言密教色の濃い本尊にはあらず。あくまでも、法華経に則った本尊なのであった。それによっても、京都方面における規範に捉われることなく、あくまでも法華経＝天台宗の教義に即して、国づくりに邁進しようとする清衡の決意が明らかである。

その本尊のまわりには、「脇仕侍者が次第に圍繞す」と記されているように、百体の小釈迦像が取り巻いていたことも知られる。

そして、造営の趣旨たるべき「鎮護国家」の具体的な内容としては、白河法皇・崇徳天皇・鳥羽上皇を始めとする天皇家の人びとから、「三公九卿」「武職文官」（「文武百官」）、さらには「五畿七道萬姓兆民」にいたるすべての人ひとが、「みな治世を楽しみ、おのおの長生を誇る」ことである。とする文言が願文中に連ねられていた。

ならびに、「法皇の上寿を添えるのにあわせて、「弟子《ていし》」(清衡自身)が「久しく恩徳の海に浴し」(現世利益)、「身後必ず安養の郷に詣でる」べきことを(極楽往生)、さらには「鉄圍砂界《てっちさかい》」に生きる「胎卵湿化《たいらんしつけ》」に、「勝れた利益」があまねく及ぼされるべきことを(法界衆生平等利益)、希求する文言が連ねられていた。

その造営事業の成功によって、すなわち、法皇以下、すべての人びとの安寧と長生を希求する偉大な仏教的なリーダーとしての清衡の人物像を、国内外に向かって発信することができた。

あわせて、御願寺の金看板をひけらかして、白河法皇との連携をアピールすることほかの効果によって、従五位下相当の陸奥守を、正六位上の清衡が凌駕するような声望を勝ち得ることができた。そのことには間違いがない。

けれども、通常一般の国政において、国司による取りしきりを公然と無視するようなことは、できるはずもなかった。国家的な統治のルールに対して公然と違反するようなことは、できるはずもなかった。のちに基衡らが遭遇することになった信夫佐藤氏の悲劇は、そのなによりもの証明であった。

したがって、父親経清のように陸奥国府の幹部職員たるべき「大夫《だゆう》」の尊称にはあらず。陸奥守の尊称たるべき「御館《みたち》」に准じて、「平泉の御館」の尊称をもって遇せられるようになっていた清衡ではあれども、まだまだ、陸奥守には匹敵すべくもない局面が横たわっていた。

陸奥守に代わって、みちのく世界の全域にわたる取りしきり（実効支配）を実現するためには、まだまだ、乗り越えてゆかなければならない課題が山積していた。いずれをとっても、通常一般の行政ルールに従っていたのでは、とうてい成し遂げられそうにもない課題ばかりであった。

そのためにこそ、清衡は、宗教目的・公共目的の事業展開をアピールすることによって声望を高めるのにあわせて、南都・北嶺の諸大寺、さらには白河法皇ほか、京都方面との太いパイプを生かすことによって、実質的な取りしきり（実効支配）の及ぶ範囲を拡大し、例外的かつ局地的な勝利を獲得しようとしたのであった。

それなのに、中尊寺鎮護国家大伽藍の造営によって、陸奥守に対する恒常的かつ全局的な勝利を獲得することができたとするような記載に及んだことは（入間田『藤原清衡』）、間違いであった。鎮護国家大伽藍造営の意義を強調するなかでの筆の走りとはいいながら、大いに反省しなければならない。

一万余村の伽藍・仏性燈油田

さらには、清衡が「陸奥・出羽両国における一万余の村に、その村毎に、伽藍を建て、仏性燈油田を寄附」したとされること（『吾妻鏡』文治五年九月廿三日条）について。

なにしろ、秀衡の側近に仕えた能吏、人間コンピュータともいうべき豊前介《ぶぜんのすけ》実俊《さねとし》の口をついて出たエピソードのことである。すなわち、鎌倉殿頼朝の無量光院視察にさいして物語られた平泉藤原氏三代の歴史のなかでも、ひときわ関心が寄せられてきた有名なエピソードのことである。それが、まったくの虚報だったとは考えられない。その清衡による仏教立国事業のシンボルともいう施策のすべてが、計画倒れに終わってしまったとは、のちに紹介するような事例からしても断定しがたい。

だが、それが事実であったとしても、それによって、清衡による村々の実効支配が達成されたなどと、即断してしまうことは許されない。すなわち、伽藍の建立ならびに仏性燈油田の寄附という宗教レベルでの施策によって、村々における在来の有力者による取りしきりを否定して、清衡ペースのそれに一挙に転換させることができたとするような評価には馴染まない。そのような村毎の施策が可能とされるためには、必ずや、在来の有力者との折衝が繰り返されるなかで、それなりの合意形成が模索されることになったのに違いない。

それなのに、伽藍の建立ならびに仏性燈油田の寄附という宗教レベルでの施策によって、仏教による村づくりがストレートに進捗していたとするかのような記載に及んだことは（同）、間違いであった。中尊寺経蔵別当領たるべき磐井郡骨寺村のケースが、その最先端をゆく施策だったことは疑うべくもない。だが、多くの村々における国づくりが、それほどに深いレベルに及んでいたとすることには慎重でなければならない。

2　ただ一つの選択肢

清衡にしてみれば、まずは、宗教レベルからの施策からという選択肢のほかには、採るべきなにものも存在してはいなかった。そのようにして、内外の支持率をアップさせ、政治的な環境を好転させる。そのなかで、京都方面との摩擦を緩和する。あわせて国司による取りしきりの建前に風穴を開ける、ならびに既存の抵抗勢力たるべき諸豪族の気持を和らげる。という施策のほかには、採るべきなにものも存在していなかった。すなわち、それらの施策がなければ、がんじがらめの古代的な規制に風穴を開けて、中世の新風を吹き込むことができなかった。ということだったのに違いない。

仏教のグローバル・スタンダード

そのさいに、仏教のスタンダードが選ばれたのは、ほかでもない。十世紀の始め、世界帝国・唐が滅亡してからこのかた、東アジア世界では、仏教がグローバル・スタンダードとしての役割を担うようになっていた。あわせて、みちのくの世界においてさえも、仏教の広がりが顕著になりつつあった。それほどまでに人びとの自覚が高まりつつあった。ということでもある。それならば、仏教のスタンダードに即した事業の展開こそが、公共の目的にかなったものとして歓迎されて、内外の支持率のアップが、さらには民心の掌握が果たされるのに違いない。そういうことだったのではあるまいか。これまでにも、指摘してきた通りである。

宗教的・超法規的なチャンネル

それも、これも、天皇をトップとする通常一般の国家形態にはあらず。上皇（院）という超法規的な存在をトップとする、いわば何でもありの国家形態たるべき院政が登場していればこそ、可能とされるべき施策の数々であった。わけても、出家した法皇によって、院政が取りしきられるばあいには、さらには仏教がらみの案件ともなれば、これまでの公卿僉議《せんぎ》の常識は、法皇の非常識。逆に法皇の常識は、公卿僉議の非常識。という状態に立ちいたった。すなわち、法皇ならば、通常一般のルールに外れるような施策に対しても、ゴーサインを出すことができたのであった。

たとえば、中尊寺鎮護国家大伽藍の建立ほか、通常一般ではありえない施策は、白河法皇のゴーサインがなければ押し通すことができなかったのに違いない。基衡の代には、九条関白忠通に毛越寺の看板を書いてもらうために、仁和寺「御室《おむろ》」のトップたるべき白河法皇の息子による仲介を依頼することがあった。その仲介がなければ、紆余曲折の経過を余儀なくされたとしても、九条関白揮毫の看板をいただくことは、できなかったのに違いない。

逆にいえば、それらの御願寺建立ほかの事業展開を目指す過程があったればこそ、さらには国内外の諸大寺における千僧供養イベントの開催などをめざす過程があったればこそ、寺社権門と連携することができた。さらには白河法皇との意思疎通をかたちづくることができた。とすることも許されるのかもしれない。

宗教による民心の掌握、宗教的施策による公共性のアピール、それなくして、実効支配の達成は難しい。宗教が先行する。その後から、政治・経済がついてくる。ということがあったのかもしれない。すなわち、政治・経済のレベルにおける実効支配が先行して、宗教レベルにおける施策がついてくるという教条的かつ固定的な観念には馴染まない事態があったのかもしれない。

さらにいえば、そのような宗教レベルにおける施策の積重ねをもって、「文弱に流れる」などとして、マイナスに評価するような大時代かつ武張った観念にも、馴染まない事態があったのかもしれない。

いずれにしても、そのような宗教がらみの、すなわち超法規的なチャンネルをかたちづくることを抜きにしては、古代国家の規制の網を掻い潜り、旧慣に泥《なず》む貴族社会の声に抗しつつ、国司の取りしきりに風穴を開けて、主従制を宗とする武家好みの新しい社会システムを創出することは、清衡・基衡・秀衡がどんなにがんばったとしても、とうてい、不可能であったのに違いない。それどころか、法皇に接近することさえも、とうてい、不可能であったのに違いない。

それなのに、宗教的かつ超法規的なチャンネルをかたちづくろうとする動機は平泉側にはあらず。法皇側にあったとするような見立てが、すなわち、法皇の側に、「北の押さえ」などとして、平泉藤原氏を育成しようとする積極的な意志ありとするような見立てが、学界をにぎわせたことがなきにしもあらず。けれども、その根拠には乏しい。そのようなチャンネルの形成は、法皇側にはあらず。平泉側からする、財力そのほかをもってする、なりふりかまわぬアプローチが繰り返されるなかで、試行錯誤的かつ結果的にもたらされたものにほかならない。勘違いしてはいけない。

とするならば、清衡によって始められた仏教立国の事業展開が、みちのく世界の全域にわたる実効支配の確立に、ストレートにつながるものではなかった。そのことには、なんの不思議もない。

いかにすれば、南奥方面にまで、さらには中間地帯にまで、実効支配を拡大することができるのか。その大きな課題に、基衡・秀衡父子が、いやおうなしに、直面せざるをえないことになった所以である。

局地的・一時的な達成

その課題解決に向けた格好の実験場が、信夫郡ならびに摂関家領荘園のケースなのであった。それらのケースにおいては、季春の首を差し出す。ある程度の年貢の増額を受け入れる。などのマイナスはあったものの、それなりの達成をみることができた。

しかしながら、それらのケースにおける達成は、あくまでも、局地的かつ一時的なものに過ぎなかった。どうすれば、それを拡張して、全局的かつ恒常的なレベルにまでもってゆくことができるのか。すなわち、国司や摂関家の干渉を排除して、あわせて既存の抵抗勢力を味方に組み込むことによって、実効支配の及ぶ範囲を広げることができるのか。基衡・秀衡父子が、難しい判断を迫られることになった所以である。

3　奥六郡・山北三郡・北奥から、中間地帯を経て南奥へ

仏教立国の事業展開にあわせて、主従制的な人間関係の構築によって、清衡による実質的な取りしきり（実効支配）が形成された地帯が、まったく、なかったというわけではない。

奥六郡主

たとえば、奥六郡の本来的な地盤においては、すなわち北上川中流域に横たわる胆沢・江刺・和賀・稗貫・紫波・岩手の六郡においては、「奥六郡の主《あるじ》」（『奥州後三年記』）と記されるまでのレベルに到達している。

それより以前、安倍氏の時代には、「安大夫《あんだゆう》」の尊称にて、胆沢城鎮守府の在庁官人のトップとしての、すなわち地域における官僚組織のトップとしての公的な地位を世襲したうえに、内外の有力者との婚姻関係を重ねあわせたようなかたちでの権力が形成されていた。だが、それは強力な主従制のもとに、域内の全域的な取りしきり（実効支配）にあたるとは言いがたいレベルのものであった。すなわち、既存の抵抗勢力を一掃して、「奥六郡の主」の地位を固めたなどとは、お世辞にも言いがたいレベルのものであった。

それに対して、前九年合戦（一〇五一〜六二）の後、安倍氏に代わって清原氏が乗り込んでくる、さらには後三年合戦（一〇八三〜八七）を経て清衡が取って代わるという経過のなかで形成された平泉藤原氏の権力には、強力な主従制のもと、奥六郡内の全域的な取りしきりの実質が具えられることにな

った。戦乱の最中に、既存の抵抗勢力は一掃されてしまっていた。清衡みずからが切り取った占領地ならではの特別の発言権が確立されてもいた。その端的な表現が、「奥六郡の主」の言葉だったのである。

その言葉は、平泉藤原氏の本来的な立場を物語る武家好みのキーワードとして、清衡周辺はもちろんのこと、鎌倉殿源頼朝によって、秀衡に対して投げかけられることにさえなる。のちにも、見るとおりである。

それならば、郡から荘園への看板の架け替えという手段を弄するまでもない。奥六郡の全域にわたって、国司の立ち入りを阻止する態勢ができあがっているのだから、いまさら、荘園設立など、お呼びでない。ということであったのに違いない。

ただし、安倍氏が「奥六郡の主」の地位を、律令国家の側によって、すなわち公家側によって、公認されていたとする学説がないではない。だが、公家側の建前では、天皇のほかに、「主」と称される存在はありえない。国司も、郡司も、天皇によって任命される役人（官僚）に過ぎない。かれらを「主」と呼ぶならば、日本国の全域を統治すべき官僚制的システムのトップ（「主」）たるべき天皇の地位を否定することにほかならないというような根本的な事情があったことを忘れてはならない。

『奥州後三年記』には、「武則が子孫、六郡の主となれり、それよりさきには、貞任・宗任が先祖、六郡の主にてはありけるなり」と、記されていた。確かに、安倍氏の時代から、そして清原氏の時代から、「奥六郡の主」だったと読み取れるような記載である。だが、『後三年記』の記載は、清衡によって奥六郡の主従制的な取りしきりが達成された時点において、安倍・清原の昔を振り返るようなかたちで生みだされたものであった（野中哲照『後三年記の成立』）。したがって、安倍氏が「奥六郡の主」だったとされているのは、清衡による達成を過去にまで遡らせて正統化しようとする、武家好みの言説にほかならない。清原氏については、ともかくとして、安倍氏については、絶対に「奥六郡の主」だったとすることはできない。

それとは対照的に、安倍氏について、「東夷の酋長」などとする公家好みの差別的な言説もあって、これまでに多くの研究者を惑わせてきた。繰り返し指摘してきた通りである。

したがって、これからは、武家、公家、いずれの側からする言説にも、惑わされることがあってはならない。くれぐれも、ご用心である。

山北三郡から北奥一帯にかけて

奥六郡ばかりではない。山北《せんぼく》三郡のこともあった。雄物川上流域に展開する雄勝・平鹿・山本の三郡は（いまは秋田県横手市ほか）、いわずと知れた清原氏の本来的な地盤のことである。この地域においても、後三年合戦を経て清衡の天下になったあたりには、既存の抵抗勢力が一掃されて、清衡による実効支配が達成されることになったのに違いない。ここにおいても、荘園が設立されなかったことは、言うまでもない。

さらには、あの延久二年北奥合戦（一〇七〇）によって日本国の版図に取り込まれた新開地たるべき広大な北奥の一帯（いまは岩手県北・秋田県北東部から青森県の全域にわたる）である。そこにおいても、清原真衡、そして清衡による実効支配が及ぼされることになったのに違いない。前回に詳しく記している通りである（『藤原清衡』）。同じく、荘園が設立されなかったことについても、また然りである。

南奥そして国府域の辺りでは

しかしながら、それらの実効支配が及ぼされた地帯より遥かに横たわる南奥方面においては、前九年・後三年合戦ほかの戦乱の圏外に置かれていて、既存の諸豪族を切りしたがえる機会に恵まれることがなく、かれらによる取りしきりの実質が維持されていたものと考えられる。すなわち、清衡による占領地にあらざる南奥方面では、清衡による超法規的な発言権が認められることもなく、国司による取りしきりの法的な建前が維持されていたものと考えられる。

そのような事情は、陸奥国司の膝元たるべき国府域はもちろんのこと、その周辺に展開する諸郡からなる中間地帯（いまは宮城県域）においても、同じく。ということであったのに違いない。同じく、出羽国司の膝下たるべき出羽国南半部（いまは山形県）についても、それに準じて考えられるであろうか。

いくら平泉の「御館」などといっても、国司の膝元たるべき国府域に対して、清衡が、そして基衡が干渉の手を伸ばすなどのことは、できない相談だったのに違いない。ましてや、国府域にまで手勢を差し向けるなどのことにおいてをや。そんなことをすれば、それこそ、信夫の悲劇の二の舞で、国司側の猛反発を惹起して、基衡自身の首を差し出さなければいけない。ということになったのに違いない。

小館が立て籠もった「国館」

そういえば、清衡が死去した翌々年、大治五年（一一三〇）に、その跡目争いのなか、長男の「小館《こだち》」（惟常《これつね》）が立て籠もる「国館《くにのたち》」に、弟の「御曹司《おんぞうし》」基衡の軍勢が攻めよせて、さらには越後国に逃れた長男の一族を殺害するという事件が発生していた（『長秋記』）。その長男が立て籠もった「国館《くにのたち》」を、多賀城にあった国司の館《たち》などとする憶測が絶えない。

だが、そのようなことはありえない。長男は、早くに独立して、父親の「館」に程近い場所（平泉の内、具体的には花立の辺りか）に「小館」を構えていた。その「小館」に立て籠もったところに、基衡の軍勢に攻めよせてきたということであったのに違いない。

弟の基衡が「御曹司」と呼ばれていたのは、いまだ独立の年齢に達せず、父親の「館《たち》」に同居するくらしに、すなわち「曹司」住まいの状態にあったからなのに違いない。

そのような対照的なくらしの兄弟の間に、父親の跡目争いが発生すれば、父親の側近にあった弟の方が、圧倒的に有利であったのに違いない。前にも指摘している通りである（入間田『藤原清衡』ほか）。

それなのに、「国館」の文字づらに惹かれて、多賀城の国司館に逃げ込んだ。それを基衡が攻めた。などと憶測することには、納得がいかない。逃げ込む方も無茶ならば、攻め寄せる方も無茶だ。どのように考えても、ありえない。

そもそも、「国館」の文字は、一件落着の後、基衡による跡目相続を公家側に認めてもらうべく、清衡の後家が、すなわち兄弟の母親が京上して、事件のいきさつを「上奏」したさいに、かの女の口から発せられた言葉によるものであった。より正確には、かの女の言葉を書き止めた公家側の記録によるものであった。それならば、京都の側から振り返って、長男の住まいした「小館」が「国もとの館」、すなわち「国館」と表記されたとしても、不思議でも、何でもない。ということだったのである。

それにしても、かの女のはたらきには、目覚ましいものがあった。持参の「珍宝」を方々に捧げて、基衡の跡目相続の認証（安堵）を取りつけるべく、陳情をくり返した。わけても、検非違使の別当を通じて、鳥羽院（上皇）のもとにも、「珍宝」が捧げられた。というのだから、尋常ではない。川島茂裕氏の教えにしたがって（「藤原清衡の妻たち」）、以前にも、記してある通りである（入間田『藤原清衡』）。

ただし、その陳情のくり返しのなかで、検非違使の属僚として上洛中だった常陸国豪族、佐竹義成《よしなり》（業）との接点がかたちづくられて、かの女は義成のもとに再嫁することになる。かの女の実家が、同じく常陸国の豪族、大掾《だいじょう》平氏だったことからすれば、不思議でも、何でもない。けれども、平泉に残された基衡らにとっては、想ってもみない事態であった。

もしかすると、そのような兄弟げんかによる、しかも弟による兄の殺害による跡目相続については、世間の評判が芳しくない。国司の認証を取りつけることが難しい、というようなことがあったのかもしれない。そのために、かの女みずからが京上して、公家のトップにはたらきかけるという非常手段が採用されることになったのではあるまいか。

基衡のばあいだけではない。跡目相続をめぐる兄弟げんかは、武家社会における通有のできごとであった。たとえ、跡目相続に勝ち抜くことができたとしても、世間の評判を気にしないわけにはいかない。そのうえに、公武の権力者による認証（「継ぎ目の安堵」）を取りつけるために、さまざまな交渉を繰り返さなければならない。というような事情にあったことを忘れてはいけない。

かの女のはたらきといい、信夫佐藤氏の悲劇における基衡妻のはたらきといい、女丈夫の妻に、平泉藤原歴代の当主は恵まれていた。かの女らの裏技のはたらきがなければ、がんじがらめの規制に風穴を開けて、中世の新風を吹き込むなどのことは、スムーズにいかなかったのかもしれない。この時期における「女人《にょにん》の沙汰」の果たした重要な役割に関する大石直正・川島氏の指摘に、あらためて学び直さなければならない。

4　新任国司藤原基成の登場

けれども、その間に、陸奥国府の辺りには、大きな変化が生じていた。すなわち、信夫佐藤一族の悲劇を惹起させた国司藤原師綱が、大膳大夫の職に任じられ、京都に呼び戻された後に、藤原基成《もとなり》が交替の国司として着任することになった。その間もなくに、鎮守府将軍の地位も、基成は兼ねることになった。官位も、従五位上に昇ることになった。康治二年（一一四三）のことである。

基成は、摂関家流藤原氏の側にはあらず。院の近臣として台頭してきた新興勢力の側に属していた。たとえば、白河法皇の近臣として権勢を振るい、「夜の関白」の異名をとった藤原（葉室）顕隆《あきたか》は、基成の曾祖父にあたっている。同じく、法皇の近臣として、堀河天皇の乳母子として権勢を振るった藤原基隆《もとたか》は、基成の祖父にあたっている。さらには、後白河天皇に引き立てられた後に、平治の乱の張本になった藤原信頼もまた、基成の腹違いの兄にあたっている。

新興貴族の大立者

かれら新興勢力の側に属する人びとは、時流に敏感で、平家との縁組でさえも、厭《いと》うことがなかった。というよりは、むしろ、平家の人びともまた、かれら新興勢力の一分派として位置づけられるような存在だった。とする方があたっているのかもしれない。

かれらは、また、国政の取りしきりに関しても、院の御願寺における仏事開催の費用捻出を目的とする王家領荘園の設立に積極的に関与するなど、既存のルールに捉われることなく、院の意向に従った施策の数々をどしどし推進することになった。摂関家流藤原氏の側に属する人びとによる、すなわち正統かつ保守をもって任ずる人々による違和感の表明などがあったとしても、なんのその、というような勢いであった。もしかすると、奥州の人びとを「蝦夷」呼ばわりをするような旧習にも、かれらは泥むことが少なかったのかもしれない。

たとえば、基成の腹違いの兄の信頼については、「本来は大国受領《ずりょう》系の院近臣の出身」なれども、「武士的な性格を帯び、武士を組織しようと」した点において、「貴族と武士との中間的な存在」だったとするようなコメントさえも提示されていた（元木泰雄「藤原信頼・成親――平治の乱と鹿ケ谷事件」）。確かに、その通りかもしれない。

基成が陸奥守として在任したのは、康治二年（一一四三）から仁平三年（一一五三）まで、すなわち一〇年にも及ぼうかという長期間であった。基成その人は、その後、民部少輔に補任され、京都政界に復帰することになった。けれども、基成の甥（隆親）、異母弟（信説）、叔父（雅隆）、従兄弟（源国雅）、それに信頼らが、入れ替わり、立ち替わり、陸奥守に補任されて、平治元年（一一五九）の信頼乱逆の直前にまで及んでいる。

それならば、基成による陸奥国政の実質的な取りしきりは、一〇年には止まらず、一五年もの長期間に及んでいる。ということにもならざるをえない。すべては、岡田清一「奥州藤原氏と奥羽」、保立道久（『義経の登場』ほか）の両論考による指摘の通りであった。

その新興貴族の大物たるべき基成の登場は、基衡・秀衡父子にとって、政治的な環境における劇的な改善をもたらしてくれた。あの堅物国司の師綱によって、泣いて季春の首を切るという憂き目に遭遇させられたことにくらべれば、天地ほどの違いであった。

安達郡から安達保へ

たとえば、仁平元年（一一五一）には、南奥は安達郡《あだち》（いまは二本松市ほか）にて、「郡」の看板から、「保《ほ》」のそれに架け替える企てが実行されている。

具体的には、安達郡を縄張りとする「本領主」が、みずからの権益を確保すべく、太政官厨家《だいじょうかんちゅうけ》の史生《ししょう》（職員）、惟宗定兼《これむねさだかね》に取り入って（ないしは定兼側からの誘いに乗じて）、陸奥守藤原基成に口利きをしてもらい、官厨家が必要とする縑《かとり》（目を緻密に固く織った平織りの絹布）を京進するための「保」を設立する企てが実行されている。

そうなれば、縑京進の費用に相当する分量の官物は免除されて、陸奥国府に納める必要がない。すなわち、国司の取りしきりに従う必要がない。ということになってしまう。ただし、「保」（正確には、「便補保《べんぽ》」という）の設立は、恒久的な措置にはあらず。建前としては、便宜的かつ暫定的な措置であった。荘園の設立とは、そこのところが違っている。

「本領主」たるべき豪族にとっては、狙いに違わぬ、好都合の政治的な環境の形成である。その豪族は、実名は不詳なれども、「国拒捍使《こかんし》」（官物《かんもつ》の納入を拒む者から強制的に徴収するために派遣される官人）の役職にあったことが知られる。それなのに、そのような実質的な脱税行為に及んだというのだから、驚きである。

遠藤基郎氏の指摘によれば、「国拒捍使」の正体は、あの信夫荘司季春に同じく、平泉藤原氏系列の人物であった可能性が極めて高い。想像を逞しくして、基衡その人であったと想定することすらできる（「基衡の苦悩」）。その通りかもしれない。

陸奥守たるべき基成にしても、また然り。便宜的かつ暫定的とする建前とはいえども、そのような実質的な脱税行為を、さらにいえば郡の一部にはあらず。郡そのものの分離・独立を承認するという決定に及んだというのだから、尋常ではない。あの堅物の前任国司師綱が耳にしたならば、卒倒することになったのに違いない。

そのような尋常ならざる決定に至るまでに、官厨家のトップたるべき小槻《おずき》氏の側から、基成に対して、いかほどの政治的なはたらきかけが行われたのか。はたまた、いかほどの金品の提供がなされたのか。想像も及ばない。

後には、安達「保」が安達「庄」に、すなわち荘園の看板に架け替えて、便宜的かつ暫定的な免税措置から、恒久的なそれに進化させる企てが実行されることになる。具体的には、「保」の設立にさいして、口利きのはたらきを担った史生の定兼が「滅亡」（失職）した後に、「本領主」によって作成された「本券」（権利書）が、官厨家のトップたるべき小槻《おずき》氏（のちに壬生《みぶ》氏）の掌中に帰することになる。それによって、小槻氏は代々にわたって、「地主職」の地位にあって、安達「保」の直接的な取りしきりにあたることになる。そして、「保」から「庄」への看板の架け替えという最終的な目標が達成されたのは、鎌倉期は建保六年（一二一八）のことであった（「壬生家文書」）。そのさいにも、陸奥国司側に対する各種のはたらきかけが必要とされと考えられるが、定かにはし難い。

いずれにしても、安達「郡」から安達「保」へ、さらには安達「庄」へという看板の架け替えにさいして、最初にして、かつ決定的な役割を、陸奥守基成が果たしていたことには、間違いがない。

それならば、同じく南奥は信夫郡における荘園への看板の架け替えにさいしても、基成が決定的な役割を果たしていたのではあるまいか。すなわち、信夫佐藤一族の悲劇に対するリベンジが可能になったのは、基成があればこそ。とすることができるのではあるまいか。さらにいえば、そのあたりに南奥で盛行する郡から荘園への看板の架け替えについても、基成の関与あり。とすることができるのではあるまいか。

これまでは、そのような基成の果たした役割について、着目されないままに打ち過ぎてきた。けれども、後々、秀衡の最高政治顧問として基成が遇せられるようになる素地は、そのような役割を果たすなかでかたちづくられたのに違いない。

好都合の政治的な環境

そのような既存のルールに捉われないタイプの新任国司の登場は、基衡・秀衡の父子にとって、すなわち、南奥方面における、ないしは中間地帯における実効支配の拡充を目指す父子にとって、これまでにないほどに好都合の政治的な環境をもたらすことになった。

そのために、基衡・秀衡の父子と新任国司の基成との間には、前代とは打って変わって、友好的そのものの関係がかたちづくられることになった。

それならば、立ちはだかる大きな壁に風穴を開ける方途を見いだすことができるかもしれない。ようやくにして、父子の行く手に、明るい光が射してきた。

そのあたりには、毛越寺の造営が進められ、「十二世紀第3四半期前半ごろ」における落慶供養イベントの予定が意識され始めていた。その取り組みにさいしても、基成の助言・アドバイスが求められることがあったのかもしれない（遠藤基郎「基衡の苦悩」）。

さらにいえば、高鞍荘を始めとする五荘の年貢増額をめぐる、悪左府頼長との渡りあいにさいして、あれほどまでに、基衡ががんばることができた背景にも、陸奥守基成の助言・アドバイスがあったのかもしれない。

基衡の死去

基衡が死去したのは保元二年（一一五七）。行年は五四歳だったとされている。森嘉兵衛「中尊寺遺体の文献的考証」ほかによって推定されている通りである。

基衡の最期は突然に訪れたものだったらしい。秀衡の側近にあって万端の取りしきりに当たっていた能吏（豊前介実俊）の物語った言葉として、「夭亡《ようぼう》」の文字が残されていることからしても、それに違いない。

その突然の死去によって、息子の秀衡が心神をかき乱されたであろうことは、いうまでもない。これからは、当主たるべき自分が、全責任を担ってゆかなければならない。そのような緊張感に、秀衡が身震いするようなこともなかったとはいえない。

けれども、秀衡は三六歳。それなりの年齢に達していた。さらには、若年の頃より、信夫佐藤一族の悲劇、摂関家領荘園年貢増額の問題など、難局に対処する父親の姿に親しく接してきた。父親との意見交換に及ぶことさえも、なかったとはいえない。

それならば、大丈夫。十分にやってゆける。そのような確信のようなものも、同時に湧きあがってきたのに違いない。

振り返ってみれば、同じく、秀衡側近の能吏によって、「果福、父に軼《す》ぎて、両国を管領《かんれい》す」と物語られたように、父親清衡によって始められた仏教立国の事業を継承する。あわせて主従制のネットワークを拡張する。それによって、奥六郡・山北三郡そして北奥方面における本来的な縄張りから、南方に打って出て、奥羽両国の全域に及ぶ「管領」（実効支配）を達成する。そのことを、基衡は目指したのであった。けれども、「両国を管領す」と手放しで物語られるようなレベルには、到達することができなかった。それまでに到達する中途で、「夭亡」するのやむなきに陥ったのであった。なんとしても、その無念を晴らさなければならない。

それにつけても、偉大なる祖父、清衡によって始められた仏教立国ほかの事業について、その本質的な意義を改めて振り返ってみないわけにはいかない。秀衡には、そのような決意のようなものが、湧きあがってきたのにも違いない。

第三章　平泉三代の御館、秀衡の登場

1　ハイブリッドな新人類の系譜

秀衡の誕生

秀衡が生まれたのは、保安三年（一一二二）。中尊寺金色堂建立に先立つこと、二年のあたりであった。すなわち、祖父清衡が六七歳、父親基衡が一九歳のあたりであった。秀衡が死去する文治三年（一一八七）には、六六歳だったとされることからする逆算によるものである（『結城系図』『参考源平盛衰記』）。森嘉兵衛氏のほか（「中尊寺遺体の文献的考証」）、高橋富雄氏によっても支持されるなどして（『奥州藤原氏四代』）、ほぼ定説化している判断である。

そして、父親基衡が一九歳のあたりの生誕とする判断については、保元二年（一一五七）、基衡が五四歳で死去したとされていることからする逆算によっている。

そして、大治三年（一一二八）には、その金色堂にて、祖父清衡が大往生を遂げることになった。

平泉藤原氏三代画像（左下の出家入道姿が秀衡）

その時、秀衡は七歳。今風に、満年齢で数えれば、わずかに六歳。

したがって、祖父が始めた仏教立国ほかの事業について、その本質的な意義について、秀衡が想いを致すような条件にはなかったのに違いない。

けれども、父親からは折に触れて聞かされていたのに違いない。そのうえに、鎮護国家大伽藍を始めとする中尊寺の堂塔群、わけても祖父の眠る金色堂の佇まいを目前にするならば、おのずからにして、「仏国土」（浄土）の建設にかけた清衡の願いを体感することができたのに違いない。

亘理権大夫経清

そもそも、秀衡の祖父、清衡の生れはといえば、陸奥国府の幹部職員として赴任してきた亘理《わたり》権《ごんの》大夫《だゆう》藤原経清《つねきよ》を父親に、そして胆沢城鎮守府職員のトップに座る安倍頼良《よりよし》の女子を母親にする組みあわせによるものであった。

その父親の経清は、あの平将門《まさかど》を討ち取った英雄、「田原藤太《とうた》」（藤原秀郷《ひでさと》）の血筋に属していた。さらに遡れば、京都貴族の藤原氏の先祖にまで辿りつく。ただし、経清の父親、頼遠《よりとお》のあたりには、下総国住人、「五郡太大夫」と記されるなど、関東諸国における幹部クラスの在庁官人としてのくらしだったらしい。その関東方面出身の経清が、陸奥国に赴任してきたのは、新任の陸奥守に人物を見込まれ、スカウトされたことによるものだったのに違いない。『尊卑分脈』の情報にしたがえば、そのようなことにならざるをえない。ほかにも、秀郷の寄進になる三井寺《みいでら》（園城寺）の洪鐘に関わる記録（『寺門伝記補録』）が残されていて、秀郷……頼遠・経清・清衡と連なる血脈が確かめられるであろうか。

それに対して、母親は、鎮守府職員のトップにして現地採用組の大物、「安大夫」頼良を父親として生まれた。安倍氏についても、数代以前に遡れば、京都方面から鎮守府に赴任してきた先祖が、地元有力者の女婿に迎えられて、地元の人になった。というような経過がなかったわけではない。けれども、頼良のあたりには、風土に馴染みきって、地元人の風貌をあらわにしていた。

その経清が、安倍頼良の女子と結ばれることになったのは、頼良による懇請があったからなのに違いない。経清にしても、奥州に「土着」して、勢力を蓄える絶好の機会として受け止められることがあったのに違いない。

そのように、京都風と地元風、異質の世界に身を置いた両親から生まれた清衡のことである。おのずからにして、二つの世界の双方を見通すことができる、ハイブリッドな新人類ならではの広やかな眼差しに、清衡は恵まれることになった。

そのハイブリッドな新人類ならではの広やかな眼差しがあればこそ、仏教立国という前人未到の世界戦略をもって根本の指針とすることが、可能とされることになった。前回にも記している通りである（入間田『藤原清衡』）。

それならば、秀衡とて、現状に止まってはいられない。若年の頃より、慣れ親しんできた父親の流儀を継承・発展させていくうえでも、いま改めて、祖父清衡の時代にまで遡って、そのハイブリッドな新人類ならではの広やかな眼差しに想いを致さないわけにはいかない。

2　秀衡の母

観自在王院

つぎには、秀衡の母親について。かの女については、安倍宗任《むねとう》の女子とする記載が残されていた。具体的には、基衡の建立になる毛越寺に隣接する敷地に、観自在王院《かんじざいおういん》の大小の阿弥陀堂を建立した人物として記載されている（「寺塔已下注文」）。

その阿弥陀仏をご本尊さまとする、三間四面の本格的な伽藍の建立を、かの女が思い立ったのは、基衡死後の冥福を祈るためであったとされる。それならば、建立の時期は、保元二年（一一五七）をさほどに降らない辺りだったのに違いない。

その大阿弥陀堂の「仏壇」には、銀が。「高欄」には磨金が。それぞれに用いられている。鎌倉期に降ってからの記録には、「本尊弥陀之三尊、仏壇者一丈五尺、高欄托洗金、鏡欄云是也」とも記されている。同じく、内陣の造作については、「組入天井、金為毘多打、柱一本四万貫、四本十六万貫也」と記されてもいる。

それにならびあわせるようにして建立された「小阿弥陀堂」にも、贅《ぜい》が凝らされている。その「障子色紙形」は、当代きっての能筆とうたわれた「参議教長卿」に執筆を依頼して、はるばる京都から取り寄せてきたものであった。堂内には、「基衡北方」が「花会《はなえ》」のイベントに着用した装束・鏡などが納められてもいた。

わけても、大阿弥陀堂の四壁（東・西・南・北）に描き出された「洛陽霊地名所」の数々には、驚嘆せざるをえない。その内容はといえば、石清水《いわしみず》八幡宮の放生会、賀茂祭、鞍馬寺、醍醐の桜会、宇治平等院、嵯峨（清涼寺）、清水寺《きよみず》など、いまでも京都観光の定番とされているものばかりである。そのうち、石清水や清水寺などには、殺生罪からの救済を。わけても清水寺には、妻による夫の滅罪を。それぞれに祈願する純真な気持ちが込められていた。長岡龍作氏によるコメントの通りである。たが、それには止まらず、音に聞く京都の「洛陽霊地名所」のあり

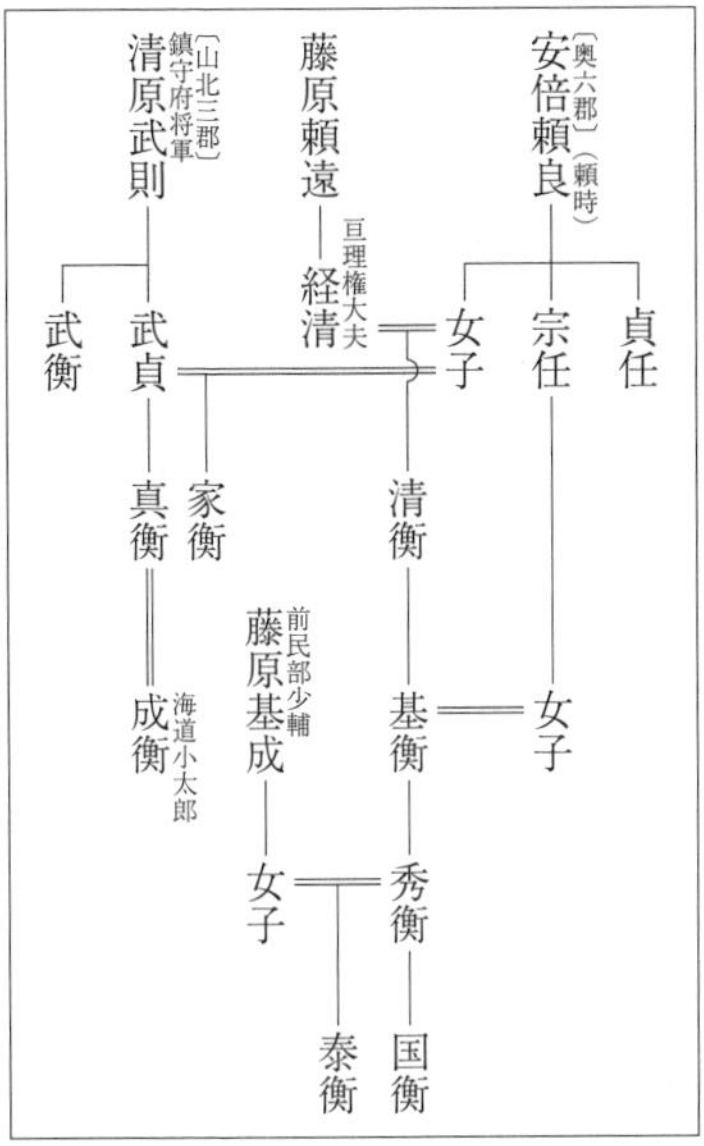

安倍・清原・藤原三氏関係略系図

観自在王院跡

さまを、眼前に示すことによって、みちのくの住人の憧れに応える。いまならば、世界遺産の写真展のような役割を果たしてもいたのかもしれない。それによって、施主の威信がますます高まることになったのかもしれない。

さらには、大阿弥陀堂本尊後壁の絵画にも注目すべきであろうか。そこには、「阿弥陀因位《いんに》の昔」、すなわち法蔵比丘が王位を捨て出家したのちに成仏して、阿弥陀と称せられることになったとするエピソードの核心部分が、描き出されていた。あわせて、「妻子・珍宝・王位」を捨て、「戒・施・不放逸」を保つべしとする有名な偈《げ》文《もん》が墨書されていた。これまた、長岡氏の指摘の通り、夫の基衡の成仏を願う未亡人の真心によるものだったのに違いない。

ただし、観自在王院のうち、小阿弥陀堂に設えられた「障子色紙形」に執筆の「参議教長卿」は、保元の乱（一一五六年）に敗れた崇徳上皇側に加担した咎によって失脚している。基衡が死去した前年のことである。それならば、「参議教長卿」に執筆を依頼したのは、それより以前に。すなわち、基衡の生前に、観自在王院の造営は、その妻が夫に伍して企画したものだった。すなわち、基衡妻の女大夫ぶりがますます明らか。ということにもなりかねない。けれども、基衡の死後、その冥福を祈るために、その妻が造営したとする通説を覆すだけの確信には至らない。

観自在王院の建物は失われてしまった。けれども、発掘・調査によって、その遺構が鮮明に甦らされている。さらには、舞鶴が池に象徴される優美な苑池の姿が復元・整備されている。世界文化遺産「平泉――仏国土（浄土）を表す建築・庭園及び考古学的遺跡群」を構成する資産として、観自在王院が登録されることになったのは、伊達ではない。

如意輪講式

秀衡の母については、延暦寺の高僧、澄憲僧都《ちょうけんそうず》のもとに、金・馬を届けさせて、如《にょ》意輪《いりん》観音を「恭敬供養」する修法の本義を教えてもらった。そのために、澄憲は山内に籠ること二七日《にしちにち》（一四日間）、「精誠」を尽くして、「如意輪講式」の巻物を起草することがあったとするエピソードが残されてもいた（『大覚寺聖教目録』）。「能説名才」「四海大唱導」として聞こえることになる天下の高僧のもとに、いかなる伝手《つて》をもって、かの女は接近することができたのであろうか。興味が尽きない。

いずれにしても、「南無帰命頂礼大悲大慈大聖如意輪観自在菩薩」「命終決定　極楽往生　自他法界平等利益」の頌節を唱えつつ、観音の前に額《ぬか》づくかの女の姿が、くり返し目撃された。そのことには間違いがない。

それについては、佐々木邦世氏の論考「よみがえる『信の風光』――秀衡の母請託「如意輪講式」を読む」に詳しい。あわせて、参照していただきたい。

同じく、秀衡の母、すなわち基衡の妻といえば、「違勅」の罪によって、基衡が処罰されられそうになって、その身代わりを買って出た乳母子の信夫庄司佐藤季春の首が刎ねられようとしたさいにも、その命を守るべく、陸奥守のもとに、「沙金一万両」ほか、莫大な礼物を持参し、再三にわたって助命の陳情をくりひろげたことでも知られる。前にも、記している通りである。

賢くやありけん

さらには、九条関白の使者がやってきて、毛越寺金堂のために揮毫の額を返却せよと迫られたさいに、夫の基衡を諫めて、穏便に返却すべく、取り計らったことでもしられる。「め（妻）の心、かしこくやありけん」と記されたのは（『今鏡』）、当然である。

安倍氏の血脈

かの女が、基衡の妻となり、秀衡を生んだのは、保安三年（一一二二）のあたりだった。その時、基衡は一九歳。その父親、清衡は六七歳。さらに、清衡の母はといえば、八〇代の後半ながら、齢を保っていたものとみられる。

その清衡の母（基衡からいえば祖母）の勧めもあって、基衡はかの女を娶ることになったのかもしれない。清衡の代には、安倍氏の女子を娶ることは、願っても、かなわぬ状況にあった。清原氏一族のなかに取り込まれて、清原の女子を娶ることしか許されるべくもなかった。後三年合戦が終わった後でも、安倍氏の女子を娶ることは、周辺の豪族らに不必要な警戒心を抱かせることになりかねない。けれども、基衡の代にまで降れば、人心も落ち着き、それほどの警戒心を抱かせることもなくて済むかもしれない。そのような心算があったのかもしれない。前にも記している通りである。

それにしても、異例の縁組といわざるをえない。滅亡して久しい安倍氏の女子を正妻として娶るなど、尋常ではない。通常ならば、然るべき権勢の家（豪族）から正妻を迎えるべきところである。その理由は、なぜか。

それほどまでに、基衡の祖母（安倍氏）の願いが強かったのか。それとも、基衡の母（清衡の妻）が、二子合戦の直後、基衡の跡目相続を取りつけるべく、上洛したまま、戻ることなく、平泉に不在であったことによって、ことさらに、祖母の発言が大事にされる。というような事情があったのか。分からない。

さらにいえば、そのようにして選ばれた人物を母親として生まれたということは、秀衡の人格形成に、どのような影響を及ぼすことになったのか。これまた、分からない。

いずれにしても、かの女が、その父、宗任が安倍一族の主立《おも》ちとして活躍中に生まれた女子だったと、ストレートに受け止めるわけにはいかない。すなわち、前九年合戦が終った康平五年（一〇六二）より以前に生まれたと受け止めるわけにはいかない。なぜならば、基衡が生まれたのは、前九年合戦が終わってから四〇年余りを経過した長治元年（一一〇四）のあたりだったからである。その四〇年に、女性として成長に要する一五年前後を加えた五五歳前後もの年上になるスーパー姉さん女房というのでは、いくらなんでも、話にならない。これまでも、多くの研究者を悩ませてきた難問である。

けれども、前九年合戦が終わった後に、宗任が伊予国（いまは愛媛県）、さらには太宰府方面（いまは福岡県）に流されてから所生の女子だったするならば、どうであろうか。宗任は、流刑先でも、それなりの存在感を保って、地方政界で重きをなしていたらしい。嘉承三年（一一〇八）に、七七歳で死去したと伝える。それならば、宗任が流刑先で所生の女子があったしても、不思議でも、何でもない。同じく、それならば、たとえ姉さん女房だったしても、基衡の間に、二〇歳を超える年齢差を想定する必要はない。

その流刑先で所生の女子が、平泉に呼寄せられて、基衡の祖母によって養われる。というようなことがあったのではないか。いいかえれば、基衡の祖母の想いには、すなわち自身の実家たるべき安倍氏の血脈をつなげたいとする祖母の想いには、それほどまでに強いものがあった。ということであろうか。

いずれにしても、基衡の妻たるべき宗任所生の女子には、仏の教えに精通する超一流の文化人にして、夫のピンチにさいしては女人ならではの裏技にうって出る。ばあいによっては、夫の非を諌める。というタフな人格が具えられていた。そのことが、明らかである。

それにしても、父親の流刑先の西国に生まれ、平泉に呼寄せられて、基衡の祖母に養われるというかの女の前半生は、安らかな心境ばかりではなかったのに違いない。そのような経験が、かの女を強くしたのかもしれない。

大宮人はいかがいふらん

さらにいえば、かの女の父親たるべき宗任にも、京都の公家に勝るとも劣らない文化人なることを物語るエピソードが伝えられていた。

すなわち、囚われの身になって、京都に連行された宗任は、丈《たけ》が六尺四寸、いまならば一九二センチメートルの偉丈夫であった。「いざや、奥の夷《えびす》を見ん」とて、殿上人が群がってくる。そのひとりが、梅の花を手折って、宗任の目前に差し出して、「これはなにかと見る」（これはなんという花か、分かるかい）と、からかった。それに対して、宗任は即座に和歌をもって応酬する。「わが国の梅の花とは見たれども、大宮人はいかがいふらん」と。すなわち、あなたがたは、梅の花も分からないのかい、というわけである。これには、なみいる貴族らも、まいってしまった。夷というからには、京都の公家文化が分かるはずもないとする先入観を打ち砕かれて、すごすごと退散してしまった。『平家物語』巻十一（剣の巻）に収められた有名なエピソードであった。

そのエピソードのすべてが真実であったとは、いいがたい。たとえば、宗任は入京させられることなく、直ちに伊予国方面に流されたのであった。したがって、大宮人らが大勢で、宗任の容姿を見にきたということは、ありえない。けれども、宗任には、大宮人に勝るとも劣らない教養が具えられていた。その噂が大宮人の間に伝えられるなかで、そのようなエピソードがかたちづくられるようになったと推測することは、十分に可能なのではあるまいか。

いずれにしても、大宮人に勝るとも劣らない文化人としての素養が、秀衡の外祖父たるべき宗任には、そして母親たるべき宗任の女子には、たっぷりと具えられていた。あわせて、祖父の清衡にも、東アジアのグローバル・スタンダードを見すえるだけの広やかの眼差しが具えられていた。そのことには間違いがない。

そのような都鄙にわたる人物往来、そして文化交流のなかで育まれてきたハイブリッドな新人類としての系譜の延長線上に、秀衡はしっかりと位置づけられていた。そのことだけは、間違いがない。そのようなハイブリッドな新人類としての立ち位置を、しっかりと継承しなければ、なにごとも始まらない。

3　まずもって仏事から

清衡によって始められた仏教立国の事業を継承・発展させるのにあわせて、実効支配の及ぶ領域を南方にまで拡大すべく、ハイブリッドな新人類の係累ならではの文化的な素養と広やかな目配りをもって、平泉三代目の御館《みたち》として、試練の人生に、秀衡が乗り出したのは、保元二年（一一五七）のことであった。すなわち、秀衡三六歳のことであった。

振り返ってみれば、秀衡には、父親の側近にあって、さまざまな壁にうち当たって、その一つ一つを乗り越えるべく、試行錯誤かつ喜怒哀楽を共にしてきた三〇年のキャリアがあった。そのうえに、聡明かつ気丈な母親が見守ってくれていた。

たとえば、信夫佐藤一族の悲劇から荘園への看板の架け替えにさいしても、ないしは高鞍荘ほか、摂関家領の五荘の年貢増額をめぐる交渉にさいしても、さらには毛越寺造営をめぐる人・物の差配にさいしても、どれほどの難局に対処しなければならなかったことか。これまでに、見てきた通りである。

そのようなキャリアがあれば、大丈夫かもしれない。けれども、父親のいなくなった身には、どのような難題が降りかかってくるやもしれない。緊張感で、いっぱいの首途《かどで》であった。

基衡の遺体

中尊寺金色堂には、偉大な祖父、清衡の遺体が納められて、平泉の繁栄を見守ってくれていた。当初は、清衡の一身にかかわる施設であった。けれども、その予言の通り、百日後に、奇跡的な入滅を遂げたことによって、清衡は極楽浄土に迎えられることに決定《けつじょう》した。そのために、遺体が腐らない。とする確信のようなものが、人びとの間にひろがった。それによって、清衡の遺体は、平泉の繁栄を見守ってくれる守護神として、信仰されるようになった。

それならば、基衡の遺体も、各別の場所にはあらず、清衡のかたわらに納めるのに如《し》くはない。したがって、金色堂の中央に据えられて清衡の遺体が眠る須弥壇《しゅみだん》の脇に、もうひとつの須弥壇を新設して、基衡の遺体を安置することになった。それが、秀衡による仕事の最初になった。

写経事業の展開

つぎには、父親の追善供養である。毎年の命日はもちろん、折に触れて、法華経の写経事業が展開され、その都度に盛大な法会が挙行されることになったのに違いない。

たとえば、中尊寺経蔵には、秀衡の意向に従って書写された金文字の法華経が残されていた。その八巻目の奥書には、「中尊寺金色堂所天精霊藤原基衡」、「大壇主鎮主（守）府将軍藤原秀衡」の文字が、しっかりと墨書されていた。「講師伝燈大法師」の名も見えていた。法会の取りしきりは、かの僧に任されていたのに違いない。さらには、「安元二年三月十六日」の文字も見えていた。

基衡が死去したのは、保元二年（一一五七）三月十九日とするのが通説になっている。それを踏まえることによって、この安元二年（一一七六）に書写の経巻は、「基衡の十九年忌供養に関係ある追善経とみられ、この十六日は、法華八講四日間の第一日（忌日結願として）を示しているのかもしれない」とする解説が、山本信吉氏によって施されている（「中尊寺経」）。確かに、その通りかもしれない。けれども、この経巻の書写は、基衡追善のために、くり返し行われたであろう法華経写経事業の全体が氷山だったとするならば、その氷山の一角に過ぎない。

父親の基衡も、その父親清衡の追善供養には、ことのほかに熱心であった。たとえば、清衡の十回忌から始められた千部一日頓写経《いちにちとんしゃ》の事業においては、一日の内に法華経（八巻に開結二巻を加える）の書写を成し遂げるべく、数十人の僧衆が集められ、さらには毎回挙行の法会のために、講師ほかの僧衆が招待されるなどのことがあった。それが、一千日、一千回に及んだというのだから、尋常ではない。二十年になんなんとする長期にわたる事業になったのは無理もない。基衡の後半生におけるエネルギーの多くは、その事業のために費やされたのだといっても過言ではない。前回にも、記している通りである（入間田『藤原清衡』）。

だが、追善供養としての法華経の書写だけがすべてではない。それにあわせて、金字一切経五千余巻の写経事業が、秀衡によって推進されていたことにも、目をそらしてはいけない。それらの経巻は、いずれも、銀の回線を施した紺紙に、金字の正楷をもって書写したものであった。すくなくとも、数十人の僧衆の手になるものらしい。それらの見返絵は、優秀な構図をもって知られ、美術的な価値を高く評価されている。いまでも、二千七百余巻が中尊寺経蔵内に伝えられている。

それに対して、祖父清衡の一切経では、金字と銀字が、行毎に用いられていた。そこが、違っている。金字だけを用いる方が、京都方面における常習になっていたので、それに倣ったということであったろうか。

宋版一切経

それらの金字一切経の書写にさいしては、宋版一切経が底本として用いられている。その一切経は、福州開元寺・同東禅寺（福建省）、ならびに湖州思渓村開元寺（浙江省）にて作成された木版本からなっている。それらの木版本が、明州《めいしゅう》吉祥院（同省寧波）の辺りに寄進されて、一セットの一切経に仕立て上げられていたらしい。南宋年号にして、紹興二一年（一一五一）を過ぎた辺りには、一切経としての集成が行われていたらしい。その集成された一切経が、博多のチャイナ・タウンを経由して、平泉に将来《しょうらい》（輸入）されることになったのである。

振り返ってみれば、清衡による仏教立国の事業は、福州に栄えた閩《びん》国王、王審知《しんち》のそれに倣ったものであった。王審知によって、金字・銀字の一切経が書写されて、四セットに及んだことも知られている。前回にも記したとおりである。

その福州において、二百年余の歳月を経て、今回は木版本の一切経が作成される。そして、その欠失部分を、他所作成の木版本で補って、一セットに集成したものが、清衡の孫、秀衡の代に及んで、平泉に将来される。それにしても、不思議な縁である。福州と平泉。あわせて、博多のチャイナ・タウンによる仲介がなければ、その不思議な縁はかたちづくられることができなかった。と、改めて痛感せざるをえない。

鎌倉後期、中尊寺では、その金字一切経五千余巻（「金（紺）紙金泥御経一部」「五百三拾六合之箱」「三方九間七重之棚」に入れる）は、秀衡にはあらず、「基衡書写」なりとする伝説が存在していた。けれども、その底本として用いられた宋版一切経のセットが明州の地にて集成されたのは、どんなに早く見積もっても、一一五一年を遡ることはありえない。そのうえに、明州から博多のチャイナ・タウンを経由して、平泉に将来されるまでの歳月も、見込みに入れなければならない。とするならば、その宋版一切経は、秀衡の代に及んでからの将来。同じく、その宋版一切経を底本にして金字一切経五千余巻が書写されたのは、さらに遅れるといわざるをえない。すべては、山本信吉氏の教えの通りであった（「中尊寺経」）。

4　毛越寺の造営を完成させる

経巻に関わることばかりではない。父親の基衡によって開始された毛越寺の造営を引き継いで、完成の域にまでレベル・アップするという大事な宿題が横たわっていた。

毛越寺の造営は、基衡が当主となってから、二〇年を経たあたりには、佳境を迎えて、その金堂（本堂）たるべき円隆寺の建立を祝う落慶供養のイベントを開催するまでに至っていたらしい。けれども、二つ目の金堂たるべき嘉勝寺《かしょうじ》の建立については、着手をしたものの、完成をみることなく、基衡は急逝するのやむなきに至った。

その嘉勝寺の金堂を完成させるのにあわせて、大泉が池を拡張し、遣水《やりみず》を改修するなど、内外の環境を整えるという大事な宿題が、秀衡に課せられることになった。そのプロセスについては、八重樫忠郎氏によって、考古学的に検証されている通りである（「平泉・毛越寺境内の新知見」）。

その嘉勝寺の本仏もまた、薬師丈六であった。その四壁ならびに三面の扉には、法華経廿八品《ぼん》の名場面が彩画されていた（「寺塔已下注文」）。

それにしても、不思議でならない。通常ならば、金堂の円隆寺があれば、十分なはずである。それなのに、もうひとつの金堂たるべき嘉勝寺の造営が企画されることになったのは、すなわち一つの境内に、いずれも薬師丈六を本仏とする二つの金堂（本堂）がならび建つという異例のスタイルが採用されることになったのは、どのような理由によるものだったのか。まったくといってよいほどに、分からない。

円隆寺と嘉勝寺

その頃、京都方面には、円の文字を冠する寺院が営まれていた。円融寺、円教寺、円乗寺、円宗寺、総称して「四円寺」となす。いずれも仁和寺《にんなじ》の子院で、天皇の後院《ごいん》として尊ばれていた。たとえば、そのうち、延久二年（一〇七〇）に創建の円宗寺は、後三条天皇の御願寺として知られ、国家的な仏事たるべき法華会・最勝会の開催される恒例の場所になっていた。

毛越寺の金堂、円隆寺の名称は、それら「円」の文字に倣って選定されたものだったのに違いない。五味文彦氏によって示唆されている通りである。

そういえば、その額の文字の揮毫を、九条関白に依頼するにさいして、その仲介にあたったのは、「仁和寺」「御室」のトップに座る白河院の第四皇子、覚法法親王なのであった。毛越寺は、京都方面における「四円寺」の延長線上に位置づけられていたのに違いない。

けれども、京都方面では、「四宗寺」の時代に続いて、「六勝寺《ろくしょうじ》」の時代が訪れつつあった。その最初が、承暦元年（一〇七七）、白河天皇の御願寺として建立された法勝寺《ほうしょうじ》なのであった。六勝寺は、その後、堀河・鳥羽、崇徳・近衛天皇、ならびに鳥羽天皇の中宮、待賢門院《たいけんもんいん》にかかる御願寺として、六〇余年にわたって建立され続けた。

嘉勝寺の名称は、それら「勝」の文字に倣って選定されたものだったのに違いない。すなわち、白河・鳥羽院政の時代になって、六勝寺の方が重んじられるようになった流れに即して、「勝」の文字を掲げる、もうひとつの金堂を建立するに如くはない。ということだったのではあるまいか。

このように考えれば、毛越寺の境内に、二つの金堂が並び建つという尋常ならざるスタイルが採用されることになった謎が、解明されることになるのではあるまいか。

円隆寺と嘉勝寺。その二つの金堂がならび建つユニークな景観は、いまに伝えられる礎石の並びによって鮮明に想い描くことができる。そのうえに龍頭鷁首《りょうとうげきしゅ》の舟が浮かべられた大泉池の辺り、さらには曲水《ごくすい》の宴が催された遣水の辺りにも、「浄土庭園」の景観が色濃く保たれている。さすがに、世界文化遺産に登録されただけのことはありと痛感せずにはいられない。

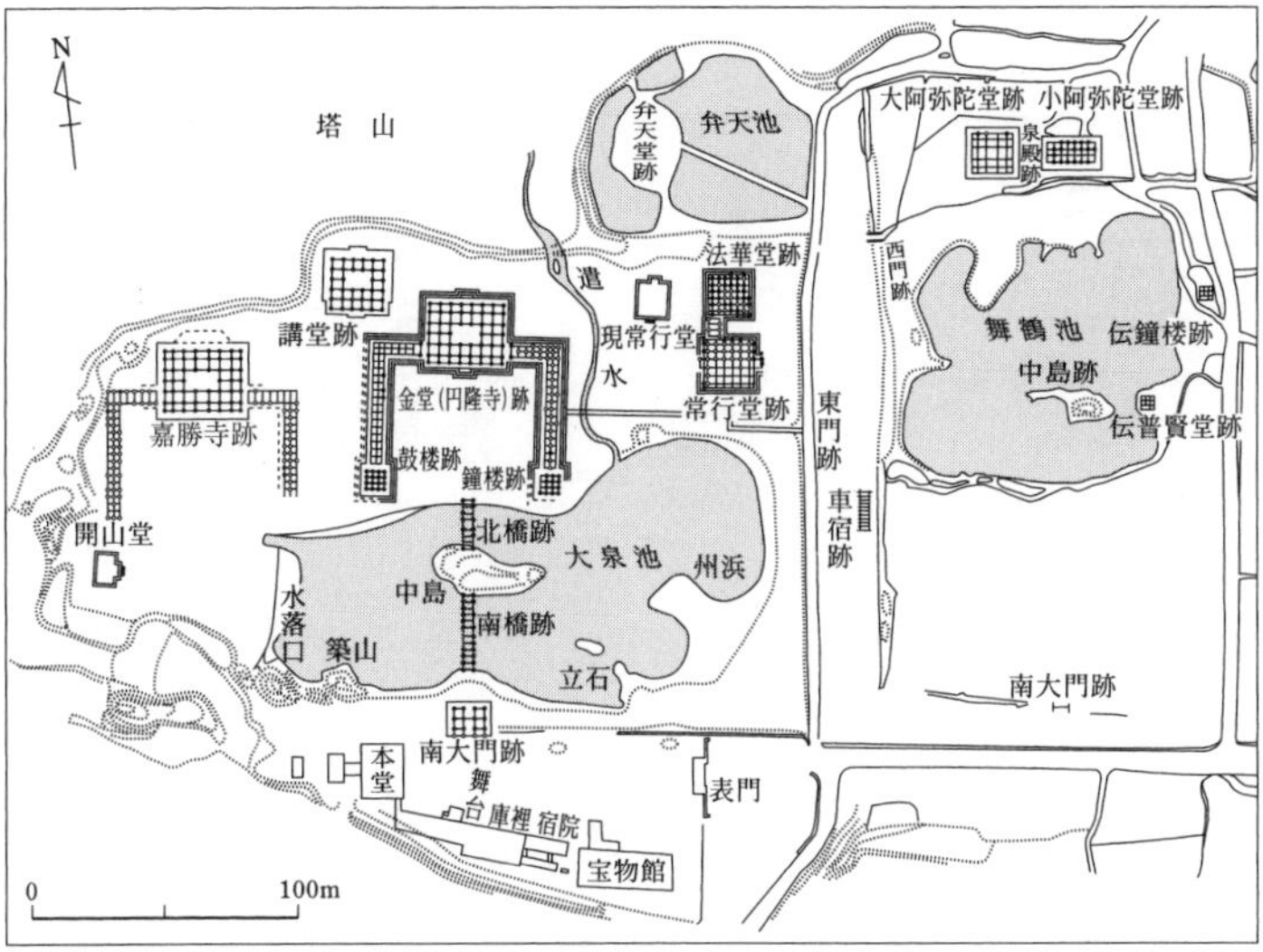

毛越寺・観自在王院跡全域配置図（藤島亥治郎氏原図を一部修正）

並び建つ二つの美術館

もうひとつ、忘れてならないのは、観自在王院の造営である。すなわち、毛越寺の東隣に肩をならべるようにして造営された、大小の阿弥陀堂を擁する伽藍のことである。基衡の未亡人、すなわち秀衡の母の発願であったとするならば、実質においては、秀衡の差配によって進捗させられたのに違いない。それならば、基衡の死後、しばらくの間、毛越寺の辺りには、隣接する二つの伽藍の工事関係者によって、たいそうな賑わいが現出されることになったのに違いない。

その大阿弥陀堂の四壁には、前にも記している通り、「洛陽霊地名所」が図絵されていた。また、その仏後壁には、「阿弥陀因位」のエピソードが図絵されていた。さらに、その小弥陀堂には、天下の名手、「参議教長卿」

執筆になる色紙形が人目を惹いていた（「寺塔已下注文」）。

それに対して、隣接の毛越寺境内に並び建つ円隆寺・嘉勝寺にも、図絵が施されていた。そのうち、嘉勝寺のの四壁・三面扉には、「法華経廿八品大意」が彩画されていた（同）。さらには、観自在王院小弥陀堂に同じく、「参議教長卿」執筆の色紙形が、嘉勝寺にも飾られていた。

それらの共通した意匠のありかたからしても、ふたつの伽藍の密接な関係性が明らかであろうか。毛越寺と観自在王院。それらの伽藍が並び建つありさまは、今風にいうならば、大都市の文化的景観をかたちづくる壮麗な美術館が並び建っているということになるであろうか。

第四章　秀衡を支える人びと

1　基成は最高政治顧問として

保元二年（一一五七）、平泉三代目の御館として、新しい国づくりの事業に乗り出した秀衡三六歳にとって、祖父清衡と父基衡の精霊、そして母の安倍氏の存在は、なによりもの支えであった。だが、それればかりではない。秀衡の岳父たるべき「大殿」藤原基成の存在も忘れてはならない。

秀衡の正妻

振り返ってみれば、父基衡の存命中、基成の女子が秀衡のもとに嫁いできたのは、陸奥守として一〇年に及ぶ在任期間を過ごした基成が、帰京することになった仁平三年（一一五三）か、それより若干年齢を遡るあたりであったろうか。

というのは、かの女が嫁いで、最初に生まれた「小次郎」泰衡は、文治五年（一一八九）奥州合戦にて、三五歳の最期を遂げたと記されていた(『吾妻鏡』)。それならば、泰衡の生れは久寿二年(一一五五)。さらに、かの女の結婚は、その一〜二年+若干年を遡るということにならざるをえない。というわけである。すべては、岡田清一氏による推定の通りであった。

基成としては、自身は帰京したとしても、甥・異母弟・叔父・従兄弟らが、入れ替わり、立ち替わり、陸奥守として在任するならば、あわせて腹違いの兄弟信頼が、京都政界における大物としての地位を上昇させるならば、なんの心配もない。あわせて、女子を秀衡のもとに嫁がせるならば、これまでのように、陸奥国を取りしきる実質的な影響力を保つことができる。とするような判断があったのに違いない。

これまでは、地方豪族の当主が国司の女子を娶るなどのことは、望むべくもない。夢のまた夢であった。たとえば、中尊寺鎮護国家大伽藍供養の願文に記された清衡の官位は、「正六位上」であった。それに対して、陸奥守の官位は「従五位下」が普通であった。一見すれば、わずかな違いのようだが、そうではない。六位と五位との間には、絶望的といってもよいほどの格差があったのだ。したがって、既存のルールに従っている限り、両者の間に、対等な関係にもとづく婚姻関係がかたちづくられるなどのことはありえない。そのために、清衡は常陸国の豪族平清幹《きよもと》の女子を娶る。すなわち、地方豪族同士の縁組に自足する。ということにならざるをえなかったのである。基衡が安倍宗任の女子を娶ったことに関しても、また然りである。

けれども、既存のルールに捉われない新任国司の登場ということになれば、話が違ってくるかもしれない。もしかすると、婚姻関係をかたちづくることができるかもしれない。そのために、基成の歓心に応えるべく、秘計の限りを、基衡側は尽くすことになったのに違いない。基成側にしても、最大の実力者たるべき基衡の側に、女子を嫁がせるならば、絶大なうまみが期待できる。とするような現実的な判断があったのに違いない。

いずれにしても、基成の女子が秀衡のもとに嫁ぐというニュースは、みちのく世界の内外を駆けめぐって、大きな反響を及ぼすことになった。あわせて、新しい時代の到来を人びとに予感させることになった。それを疑うことはできない。

衣川の迎賓館

ところが、平治元年（一一五九）、腹違いの兄弟信頼が、後白河法皇近臣の藤原通憲《みちのり》（信西《しんぜい》入道）と権勢を争った挙句に、源義朝《よしとも》と組んで、乱逆の挙に及んで（平治の乱）、斬殺の憂き目に遭う。基成もまた、連座の罪を得て、奥州に配流される。という想定外の処分を蒙ることになった。保元二年（一一五七）、基衡が急逝するという、これまた想定外の出来事から数えて数年も経ないあたりのことであった。

そのために、基成は、再び奥州の人となって、秀衡のもとに身を寄せることになった。具体的には、都市平泉の郊外は衣川北岸に設営された迎賓館ともいうべき「衣河館《このもがわのたち》」の大邸宅に住まいすることになった。後に立ち入って記す通りである。

秀衡にしても、長期間にわたって頼りにしてきた、そのうえに岳父たるべき基成が、身近にいてくれることになったのだから、大いに歓迎である。父の基衡を失って間もない折から、これほどに、頼りになる人物はない。これからは、あらゆる局面において、基成に相談して、助言を仰がなければならない。

すなわち、基成には、秀衡の最高政治顧問ともいうべき役回りが期待され、「大殿」として、下にも置かぬ処遇が付与されることになった。端的にいえば、基成は、秀衡の「黒幕」になった。

2　豊前介実俊・橘藤五実昌の兄弟

京下りのよそもの

この兄弟もまた、奥州の生れにはあらず。京都方面から来住のよそものであった。けれども、秀衡の側近に仕える奉行人として、あらゆる施策の取りしきりにあたっていた。秀衡のブレーンにして、手足を兼ねるというような存在であった。近臣中の近臣であった。

兄弟が秀衡の側近として仕え始めたのは、「大殿」基成が秀衡の「黒幕」として「衣河館」に住まいするようになってから数年後のことであったろうか。秀衡が鎮守府将軍の地位に昇った嘉応二年（一一七〇）のあたりには、秀衡側近衆の筆頭として、「橘藤《きつとう》四郎（実俊《さねとし》）」「橘□（藤）五（実昌《さねまさ》）」の名前が記されるまでになっていた（「人々給絹日記」）。後にも、解説する通りである。

そして、秀衡が死去する文治三年（一一八七）までの長期間にわたって、さらには後継者の泰衡が平泉館に自ら火を放って北走する文治五年に至るまで、兄弟は奉行人としての仕事を続けていく。

けれども、平泉館に火を放って北走する泰衡に、兄弟が同行することはなかった。親子代々にわたって仕えてきた重恩・譜代の家臣にはあらず、秀衡によってスカウトされてきた新参・よそものの家来には、そこまでする義理はないということであったろうか。

人間コンピュータ

平泉館が炎上したことによって、「奥州羽州両国省帳《しょうちょう》田文《たぶみ》已下文書」が、すなわち奥羽両国の土地・税制にかかわる基本台帳ほか、重要な行政文書のすべてが焼失してしまった。

そこに、鎌倉殿頼朝からの声がかかった。都市平泉に進駐してきた鎌倉殿にとっても、そのような土地・税制にかかわる基本台帳ほかは不可欠の存在であった。それらの文書がなければ、新たな統治に乗り出すにしても、手がかりがない。なんとしても、それらの内容に精通した奉行人を探し出して、くわしく聞きただすほかにはない。というわけである。

鎌倉殿の面前に呼び出された兄弟は、尋問に応えて、記憶だけを頼りに、すらすらと、「両国絵図」を描き出してみせた。あわせて、「諸郡券契《けんけい》」を定める。すなわち、諸郡の土地・税制にかかわる文書類を復元する。という離れ業を演じてみせた。

それらの絵図・文書類には、両国の「郷里田畠、山野河海」のすべてにわたる情報が盛り込まれていた。漏れがあったのは「余目《あまるめ》三所」だけ、すなわち通常の郷里の戸数に満たない狭小の集落の三箇所だけという、完璧に近いものであった。

「人間コンピュータ」ともいうべき兄弟の見事な仕事ぶりには、さすがの頼朝も、感嘆の声を禁じえず、即座に、奉行人として召し抱えることになった（『吾妻鏡』文治五年九月十四日条）。

この有名なエピソードに違わず、実際に、兄弟は鎌倉幕府の奉行人として活躍している。たとえば、建久二年（一一九一）、前右大将家政所《さきのうだいしょうけまんどころ》の「吉書始《きっしょはじめ》」（仕事始）を祝う儀式に、「公事《くじ》奉行人」として、「前豊前介清原実俊」が参列していることが知られる（『同』当年正月十五日条）。

案内者

それればかりではない。かれら兄弟が、鎌倉殿頼朝の奉行人として召し抱えられることが決まった直後のことであった。あの無量光院の大伽藍を、宇治平等院に勝るとも劣らない壮麗な大伽藍を、頼朝が視察のために訪れたさいのことであった。

その「案内者《あないしゃ》」として随行していた豊前介実俊が、頼朝の求めに応じて、清衡・基衡・秀衡の「三代九十九年」にわたる仏教立国の歴史を、滔々《とうとう》と物語り始めた。「両国における一万余の村々」に、「伽藍を建て、仏性燈油田を寄附」する。ないしは両国内に「造立する所の堂塔は、幾千万宇を知らず」。などの文言は、その折に発せられたものであった（『吾妻鏡』文治五年九月廿三日条）。

秀衡側近の奉行人として、三代にわたる仏教立国の事業展開の歴史を知り尽くしている「案内者」豊前介実俊ならではの発言であった。余人をもってしては、絶対になしえない貴重な歴史の証言であった。はじめにも、記してある通りである。

中央官庁の実務官僚

どうやら、かれら兄弟のそもそもの出身は、太政官外記局《だいじょうかんげききょく》の実務を取り仕切る下級貴族たるべき清原氏の一員だったらしい。いまならば、内閣官房か総務省大臣官房の辺りに勤務する実務官僚というところであろうか。

豊前介の官職は、腕利きの実務官僚として、然るべきポジションに、実俊が座っていたことの何よりの証明であった。

その腕利きの実務官僚を、平泉にまでスカウトしてくることに、秀衡は成功していたのであった。そのさいに、大殿基成がもっている京都政界との手蔓《てづる》が十二分に活用されたであろうことは、いうまでもない。

ただし、平泉に迎えられてからも、豊前介の現職にあったということではない。それなのに、豊前介とよばれているのは、通称として用いられていたからなのにちがいない。

そういえば、鎌倉殿頼朝の側近に仕えて、ブレーンとして、奉行人として活躍した、あの大江（はじめは中原）広元のそもそもの勤務先も、太政官外記局の辺りであった。そのうえに、広元もまた、安芸介の官職にあった。

実俊と広元。ともに中央官庁の実務官僚でありながら、平泉と鎌倉に赴く。けれども、後には、ともに、鎌倉幕府の奉行人として勤務する。兄弟分ともいうべき、不思議な間柄である。高橋富雄氏が早くに指摘されている通りである（「『吾妻鏡』と平泉」）。それなのに、これまでは、実俊の知名度は、広元のそれに比して、格段に低いままに推移してきた。これからは、実俊のことにも、目を向けるようにしなければならない。

豊前介清原実俊が「橘藤四郎」、その弟が「橘藤五（郎）」などの異名をもって、平泉で活躍していた理由については、よく分からない。「橘」については、和賀郡橘の地を給与されて、そこを名字の地にしていたことによるとも考えられる。「四郎」「五郎」については、かれらの生まれ順による本来的な呼称であったのに違いない。余計な推測だが、かれらが、太郎・次郎だったならば、平泉の招きに応じることはなかったのかもしれない。けれども、「藤四郎」「藤五（郎）」、すなわち清原の本姓を隠して、いかにも藤原氏の一員であるかのような名乗りを用いていることについては、本当に分からない。いくらなんでも、中央官庁の勤務を想わせる清原の本姓を公然と名乗ることには、憚りが多いということであったろうか。

そういえば、初代清衡側近の奉行人としてスカウトされてきた太政官弁官局《べんかんきょく》の実務官僚小槻良俊《おづきよしとし》が、本来の勤務先を蔑《ないがしろ》にしたとして、朝廷で問題視されたという過去の歴史が存在していた。やはり、憚りが多いということであったろうか。なお、良俊の件については、入間田『藤原清衡』を参照されたい。ただし、そこでは、良俊の本来的な勤務先を外記局とするミスを犯している。訂正して、お詫びを申しあげる。

小林新熊野社

かれら兄弟が、秀衡側近の奉行人として活躍していたことを鮮明にするエピソードが、残されてもいた。すなわち、平泉から一〇キロメートルほど隔てた南方に位置する「長岡郡小林新熊《おばやしいまくまの》野社壇堂舎等」（いまは大崎市内）は、「当国主秀衡法師」が、「豊前介実俊を奉行」として、造営させたものであった。そのうえに、元暦二年（一一八五）には、「郡内荒野三十町」を、秀衡が寄進した。とする記録も残されていた（『吾妻鏡』建暦元年四月二日条）。

両国内に「造立する所の堂塔は、幾千万宇を知らず」などの文言は、嘘偽りにあらざることが、この一事をもってしても明らかといわなければならない。

しかしながら、「大殿」基成、そして豊前介実俊のような「京下り」のよそものばかりではない。それにあわせて、奥州に根差した家臣団のなかにも、側近として頼るべき存在があったことを忘れてはならない。

3 信夫佐藤一族は親近の後見役として

たとえば、そのトップとして、信夫佐藤の一族があげられるであろうか。信夫佐藤の一族は、あの悲劇的な出来事によって、当主の季春を始めとして、子息・舎弟など、五人の首が切られることになった。けれども、残された一族は、したたかに生き抜いて、親近の後見役《こうけんやく》としての立場を守りつづけていた。信夫郡の在地においても、郡の看板から荘園のそれに架け替えるなど、リベンジをはたして、ますますの勢力伸長をめざしていた。

身内のなかの身内

その当時は、主人の側近に控えて、なにから、なにまでの奉公に従う家臣が存在するのが、常であった。主人の危機にさいしては、その後ろから飛び出して、敵の弓矢を受け止める。すなわち身代わりになる、ということから、後見（うしろみ）と呼ばれる。あの季春が、基衡の身代わりとして首を切られたのも、そのような後見としての役割があったればこそといわなければならない。

日常的には、主人の側近にあって、あらゆる相談毎に関わることがあったらしい。主人にとっては、心を許すことができる唯一の存在であった。ある意味では、家族同然。さもなければ、家族以上に親しく頼りになる、身内のなかの身内ともいうべき存在であった。

後見役《こうけんやく》の担い手たるべき男性ばかりではない。一族の女性もまた、主人の家宅に出仕して、乳母《めのと》などとして奉公するのが、常であった。さらには、乳母の娘ほか、未婚の女子もまた、家女房などとして奉公するのが、常であった。

とするならば、主人の若君が、乳母の息子に対して、兄弟同然の感情を抱く。あるいは、家女房として奉公する乳母の娘に対して、親愛の感情を抱く。などのことになったとしても、不思議でも、何でもない。

ただし、後見役の家臣が、どれほどに親近の関係を主人との間にかたちづくっていたとしても、家臣団のなかにおける序列ということでは、下位の立場に置かれていた。主人の同族はもとより、家臣の主立ちなどが、独立の邸宅を構えて、時折に主人宅に出仕して来るのに比べれば、恒常的に主人宅に同居して、下男・下女のように立ちはたらく後見役の家臣は、独立の意志をもった一人前の侍とは見做されにくく、はるかに低い扱いを甘受せざるをえなかった。中世の武家社会において、かれらの担った役割の大きさと、かれらの置かれた下位のステータスとの間には、大きな断絶が横たわっていたのであった。

秀衡の乳母

たとえば、秀衡の乳母として奉公したのも、父基衡のばあいに同じく、信夫佐藤の一族だったらしい。佐藤元治《もとはる》の息子、継信《つぐのぶ》・忠信の兄弟が、「秀衡近親者」と記されていたことは、その端的なあらわれであった（『吾妻鏡』文治二年九月廿二日条）。川島茂裕氏によって、注意されている通りである。

元治は、基衡の身代わりになった季春にとって、舎弟ないしは従兄弟・甥などに相当する人物だったのかもしれない。季春は季治と表記されることもあったのかもしれない。それならば、季治と元治（もとはる）との関係性は、ますます明白なり。ということになるであろうか。

後に及んで、秀衡の制止を振り切って鎌倉に向かう義経をバック・アップすべく、秀衡の分身として、継信・忠信兄弟が同行させられることになるのも、さらには屋島合戦にて義経の身代わりとして弓矢に当たり、継信が討死することになるのも、そのような後見の一族であったればこそ。といわなければならない。

秀衡の最初の妻

そのうえに、秀衡の最初の妻もまた、信夫佐藤の女子だったらしい。秀衡の長男たるべき国衡に関連して、「佐藤三秀員父子」が、その「近親郎等」なりと記されていることが（『吾妻鏡』文治五年八月九日条）、その端的なあらわれである。すなわち、「佐藤三秀員」は、秀衡の最初の妻の父親だったのに違いない。これまた、川島氏によって注意されている通りである（「藤原基衡と秀衡の妻たち」）。

けれども、そのように幼時から慣れ親しんだ妻とのくらしに自足しているわけにはいかない。いずれは、然るべき家柄の女子を迎えて、正妻として立てないわけにはいかない。さもなければ、当主としての面目を保つことはできない。

秀衡が、国司基成の女子を迎えて、正妻に立てる。そして、久寿二年（一一五五）、三四歳にして、次男泰衡をもうける。ということになったのは、そのような流れからすれば、ごくごく、自然の成り行きであった。

けれども、それによって、二〇代までに慣れ親しんできた最初の妻との関係が疎遠になったのかといえば、そうとは断定しがたい。秀衡にとって、正妻たるべき基成の女子は、政略結婚の所産にほかならず。気位が高くて、馴染みにくい。どちらかといえば、信夫佐藤の女子といるときの方が、心安らぐ。というようなことがあったのかもしれない。

これまでの歴史学は、そのような正妻にあらざる別妻を、側女・妾などとして、ことさらに貶《おとし》めるのを常としてきた。だが、実際には、そのような気心が知れた別妻の方にこそ、本来的な妻たるべき実質が具えられていた。そのようなことがあったのかもしれない。これからは、正妻ばかりを尊ぶという儒教道徳的なイデオロギーには捉われない柔軟なアプローチがもとめられるであろうか。

そういえば、秀衡の息子らのうち、長男の国衡については、「他腹《たふく》の嫡男」なりと記されていた。それに対して、次男の泰衡は「当腹《とうふく》の太郎」、すなわち「当時の妻」（正妻）の腹に生まれた、正妻にとっては「太郎」なりと記されていた（『玉葉』文治四年正月九日条）。それをもってしても、国衡は正妻の息子にはあらず。最初の妻の息子、すなわち信夫佐藤一族の女子が生んだ息子だったことが、明らかである。あわせて、最初の妻の出身の社会的なステータスが低位だったことによって、秀衡の後継者として、国衡が選ばれなかった事情が明らかである。

『義経記』（巻八）には、国衡が選ばれなかった理由として、「男の十五より内に儲けたる子をば、嫡子に立てぬ事なり」とする秀衡の発言があったことが紹介されていた。その真偽のほどは計り難い。けれども、そのような発言の背景に、若年にして、後見の家の女子を妻として儲けた子は、嫡子に立て難い。とするような認識があったのだとするならば、まんざらとは言えないかもしれない。

秀郷流藤原氏の血脈

振り返ってみれば、信夫佐藤一族は、あの藤原秀郷を先祖とする人びとであった。秀郷は、平将門を討ち取った英雄として知られる。大ムカデを退治した英雄、田原《たわら》（俵）藤太としても親しまれている。その秀郷の流れに、佐藤一族は属していたのである。具体的には、秀郷の息子、千常から数えて、数代の子孫、佐渡守藤原公行が佐藤氏を称したことが、佐藤一族の始まりとされている。そして、さらに数代を経た師信のあたりに、信夫郡に「土着」したものと考えられる。師信《もろのぶ》は、「佐藤軍監」と記されているので（『伊勢佐藤系図』）、鎮守府の官人として来住した経過が想定される。そこで、平泉初代清衡の知遇をえて、その後押しによって、信夫郡に「土着」することになったらしい。すなわち、信夫郡に在住の豪族の女婿などとして、郡内に来住することになったらしい。

その師信の孫にあたるのが、元治なのであった。その元治については、「佐藤庄司」と記されていた（同系図）。それによって、元治のあたりには、季春斬首の悲劇を乗り越えて、荘園への看板の架け替えに成功していたことが察知されるであろうか。

その元治の息子にあたるのが、継信・忠信の兄弟だったことは、繰り返すまでもない。

このような信夫佐藤一族の来歴からすれば、わけても師信「佐藤軍監」が清衡の後押しによって信夫郡に来住したという来歴からすれば、師信の代々の子孫が、平泉藤原氏の後見役として近侍することになったとしても、不思議でも、何でもない。

そのうえに、平泉藤原氏の側にも、同じく、秀郷の流れに属するという来歴が存在していた。ただし、平泉流藤原氏のばあいには、秀郷の息子、千常にはあらず。もう一人の息子、千春に始まる別流に属していた。千春から数えて数代の子孫が頼遠。その息子が経清。その孫が清衡だった。というわけである。けれども、元をただせば、秀郷の流れに属する広義の同族だったといっても差支えがない。したがって、両者の間には、特別な親近感のようなものが介在していたとしても、これまた、不思議でも、何でもない。すなわち、入間田『平泉藤原氏と南奥武士団の成立』に記している通りである。くわしくは、そちらを参照されたい。

4　次子相続の背景には

秀衡は次男だった

秀衡は、次男だったらしい。そのために、次郎と呼ばれていたらしい。秀衡の後継者たるべき泰衡が、「小次郎殿」と呼ばれていたのは（「人々給絹日記」）、父親秀衡が「次郎」だったことによるものにほかならない。

その次郎と呼ばれていた秀衡は、保安三年（一一二二）、父親の基衡が一九歳の辺りに生まれた。すなわち基衡が「御曹司」としての立場にあった時期に、正妻たるべき安倍宗任女子から生まれた次男だった。というわけである。

それに対して、長男の名前は分からない。さらには、その長男を差し置いて、秀衡が跡目相続することになった理由についても、不明である。少なくとも、かれら兄弟の間で、跡目争いがあったとする証拠には欠けている。もしかすると、長男は幼くして死去していたのかもしれない。

ただし、異論がないわけではない。たとえば、斉藤利男氏は、基衡が「御曹司」だった時期に秀衡が生まれたとするならば、正妻の子にはあらず。最初に迎えた別妻の子であった可能性が高いと記している（『平泉』――北方王国の夢）。たしかに、基衡が「二子合戦」に勝ち抜いて二代目の当主となったのちに、正妻たるべき安倍宗任の女子を娶ったとするならば、すなわち安倍宗任の女子が、政略結婚の通例にしたがって、然るべき名家から迎えた正妻だったとするならば、そのようなことにならざるをえない。けれども、かの女が、流人として西国方面にくらす安倍宗任の女子だったとするならば、すなわち基衡の祖母（清衡の母）のもとに、幼くして引き取られて、養育されていた。そして基衡の祖母の願いによって、「御曹司」の時期から、基衡の妻となっていた。さらには基衡の跡目相続によって、正妻として認知されることになった。とするならば、どうであろうか。その可能性が大きいことは、前に記している通りである。とするならば、秀衡が生まれたのが「御曹司」基衡の時期だからといって、正妻たるべき安倍宗任女子の生んだ子ではないとする必要はないのではあるまいか。いいかえれば正妻たるべき宗任女子にはあらず、最初の妻たるべき別人が生んだ子なりとする必要はないのではあるまいか。

いずれにしても、泰衡も、秀衡も、次男であったことには変わりがない。遡っていえば、基衡も、次男であった。「御曹司」と呼ばれた基衡が、舎兄の「小館惟常」との合戦の末に、後継者となったことはよく知られている。ただし、その「小館惟常」が正妻の息子でなかったとする証拠はない。どちらかといえば、正妻の息子だったように想われる。だからこそ、激烈な争いになったのではあるまいか。

だが、いずれにしても、平泉藤原氏のばあいに、「次子相続」のケースが目立っていたことには変わりがない。

大石直正氏によれば

そのことについて、大石直正氏はコメントされている。「父の生前に家の相続者が決められることがなく、その亡き後で、母の強い意向を容れて相続者が決定される」という、「過渡期の特殊な産物」だったのではないか。すなわち、「狩猟民や遊牧民にみられる末子相続」から中世武家社会における長子相続に移行する過渡期における特殊な相続形態だったのではないか。と(「次子相続・母太郎」)。

確かに、その通りかもしれない。当時の武家社会においては、早くに生まれた長男は、独立の所帯をもって父親の家から離れてしまう。それに対して、最後まで父親の家を離れることがなく、母親のもとに暮らしていた次男が、おのずからにして、父親の跡目をつぐ。というようなことになっていたらしい。たとえ、長男が異議を申し立て、争いが発生したとしても、母親はもちろんのこと、父親周辺の人びとを味方につけた次男の方が圧倒的に有利である。というようなことにもなっていたらしい。

さらにいえば、長男の多くは、いわゆる正妻の息子にはあらず、社会的ステータスにおいて劣位にある後見役の家の女子が生んだ息子だった、というような事情があったとすればなおさらに、ということである。多くのばあいには争いになるまでもなく、社会的ステータスにおいて優位にある正妻の息子たるべき次男が、後継者の地位に就くことになったのに違いない。

大石氏のばあいには、いわゆる正妻の外に、後見役の家の女子が最初妻であった可能性が考慮に入れられていない。けれども、その可能性を考慮に入れるならば、すなわち、「母の強い意向を容れて」の実質を「社会的ステータスにおいて優位にある正妻の意向を容れて」とする読み替えができるならば、より一層に説得力を増すことになるのではあるまいか。ないしは、武家社会に通有の慣行の存在を、すなわち後見の家柄の女子を最初の妻とする慣行の存在を考慮に入れるならば、「次子相続」の相続形態には、より一層に広やかな背景あり、ということになるのではあるまいか。その意味においては、「狩猟民に起源をもつともいわれる武士の家では、特に水田農業が未発達だった奥羽の地では、末子相続の伝統があったのかもしれない」として、「次子相続」の相続形態が奥羽に際立っていたとするかのような大石氏のコメントについては、再考の必要あり、ということにもなるのではあるまいか。

そのような後見かつ乳母の一族出身の別妻の立場と、政略結婚の所産たるべき正妻のそれとをめぐる微妙な関係は、中世における武家社会にあっては、珍しくも、何でもない。通有の事象であった。

足利尊氏・直義のばあいにも

後見かつ乳母の一族の間には、その身内の女子が生んだ息子が、なろうことならば、後継者に。というような微妙な心情が潜在していたことには、疑いを容れない。その結果、その社会的ステータスにおいて劣位にある別妻が生んだ息子と、優位にある良家出身の正妻が生んだ息子との間にも、微妙な関係がかたちづくられることになった。そのことにも、疑いを容れない。

たとえば、足利尊氏・直義《ただよし》の兄弟を生んだのは、その父貞氏《さだうじ》にとっては別妻たるべき上杉氏の女子であった。それに対して、嫡男の高義《たかよし》を生んだのは、政略結婚によって嫁いできた正妻たるべき北条氏一門（金沢顕時）の女子であった。

上杉氏は、代々にわたって、足利氏の後見役として奉公してきた。その女子も、乳母や家女房《いえにょうぼう》などとして、奉公してきた。その家女房として奉公する女子の一人を母として、尊氏・直義の兄弟は、生まれてきたのであった。

したがって、尊氏が父貞氏の後継者として世に出る可能性はなかったといってもよい。すなわち貞氏の後継者として万人によって認知されていたのは、正妻の生子たるべき高義の方なのであった。執権北条高時の「高」の文字をいただいていることからしても、明らかといわなければならない。もしも、その高義が早世するという想定外の出来事がなかったならば、尊氏らは生涯にわたって、冷や飯食いのままだったのに違いない。

さらにいえば、尊氏が足利の当主となって、北条氏打倒の計画を練るにさいしても、後見たるべき上杉氏のはたらきがあった。尊氏らの母たるべき上杉清子、そして尊氏の叔父（清子の兄）たるべき憲房《のりふさ》のはたらきがなければ、どのようなことになっていたのか。計り知れない。尊氏の行動力をかたちづくるエンジンの役割は、もっぱらのところ、上杉一族によって担われていたのであった。これまでにも、記している通りである（入間田「尊氏を支えた人びと」）。

5　比爪太郎俊衡の一族

秀衡を支えた人びとのなかに、舎弟の俊衡《としひら》の存在があったことも、見逃してはならない。

秀衡の舎弟

舎弟の俊衡は、平泉には止まることなく、比爪館《ひづめのたち》の当主の跡つぎとして迎えられていったらしい。そのしばらく後に、元服の年齢に達して、「樋爪（比爪）太郎俊衡」を名乗ることになったのかもしれない。

『尊卑分脈』によれば、俊衡を後継者として迎え入れた比爪館の当主は、基衡の舎弟、「亘《わたり》十郎」清綱なりとする記載になっていた。

けれども、清衡の舎弟だったとする記す別伝がないではない。だが、清衡が生まれたのは、前九年合戦が本格的な局面に突入するあたりのことであった。しかも、その六年後のあたりには、父親の経清は斬首されている。そのどさくさの最中に、清衡の舎弟が、しかも十郎と呼ばれる舎弟が生まれるような状態にはなかったのではないか。そのために、小論では、基衡の舎弟なりとする記載に従うことにしたい。

その基衡の舎弟たるべき清綱の跡つぎとして、俊衡は迎えられたのであった。そのことだけからしても、比爪館と平泉館の間にかたちづくられる緊密な連携関係が察知されるであろうか。

比爪館

そもそも、比爪館の始まりは、紫波《しわ》郡の峠道の辺りに位置する古刹高水寺《こうずいじ》の鎮守「走湯権現《そうとうごんげん》」の傍らに、「大道祖《だいどうそ》（神）」の「小社」を、平泉初代清衡が勧請したことにあった。

その峠道を越えて、岩手郡の平野部を真直ぐに進んでいくと、間もなく、奥六郡を抜けて、広大な北方世界に足を踏み入れることになる。すなわち、糠部《ぬかのぶ》・鹿角《かづめ》・比内《ひない》、そして津軽方面に横たわる広大な北方世界にアクセスすることになる。高水寺が立地し、その鎮守として伊豆山走湯権現が、さらにその傍らには「大道祖（神）」が勧請されることになったのには、それだけの理由があったのだ。菅野文夫氏の指摘の通りである（「藤原高衡と本吉荘」）。

その北方世界にアクセスする奥大道の要衝の辺りに、比爪館が設営されることになったのは、これまた不思議でもなんでもない。ごくごく当然の成り行きであった。

比爪館の辺りでも、平泉館に同じく、大量のカワラケ（土器）が作成されて、盛大な宴会儀礼に供用されていた。それをもってしても、比爪館の威風が、北奥一帯に吹き渡っていたことを察知できるであろうか。すなわち、平泉館にならびたつ兄弟分としての比爪館の存在感が明らかであろうか。その比爪館の当主として、平泉藤原氏の一族が派遣されていたであろうことは、その辺りの出土品のなかに、当時のカワラケ（土器）や中国渡来の白磁類が含まれていることからしても明らかである。

もうひとつの平泉

最近の発掘・調査の成果によれば、比爪館の辺りには、域内の取りしきりにあたる政庁たるべき四面庇《しめんびさし》・掘立柱の大邸宅のほかに、苑池や「大荘厳寺《だいしょうごんじ》」「薬師神社」ほかの施設が存在していた。わけても、「大荘厳寺」には、大池に浮かぶ中島上に大阿弥陀堂が屹立するという「浄土庭園」の景観が、すなわち秀衡によって建立された無量光院のそれに見まがうような景観がかたちづくられていた。そのうえに、街区の広がりにも、平泉の姉妹都市とでもいうべき趣きがかたちづくられていたらしい。岩手県立博物館では二〇一四年春、「比爪――もう一つの平泉」をテーマとする展覧会（企画は羽柴直人氏）が開催されて、大きな関心が寄せられていた。それをもってしても、比爪と平泉、両者の関連性は明らかといわなければならない。

俊衡一族の滅亡

その比爪館の繁栄もまた、平泉館のそれに同じく、鎌倉殿頼朝の侵攻によって最後の日を迎えることになった。すなわち、「泰衡親昵俊衡法師」がみずから放った火によって、炎上することになった（『吾妻鏡』文治五年九月四日条）。

それから十日あまり後に、「樋爪太郎俊衡入道」ならびに「第五郎季衡」ほかの一族が、「降人」として、頼朝の面前に引き立てられてきた。その俊衡は、すでに「六旬」（六〇歳）に及んで、剃髪の老体であった。一言も発せず、法華経を読誦するばかりだったとも記されている（同九月十五日条）。

その前々年に死去した舎兄秀衡の年齢が六六歳だったことからしても、「六旬」に及ぶとされる年齢の偽りならざることが察知されるであろうか。

頼朝の目には、泰衡と俊衡、その二人の存在が大きく映っていたらしい。その二人を討ち従がえることができた満足感をもって、頼朝は鎌倉に帰還することになった（同九月二十八日条）。それをもってしても、俊衡一族の担った、ないしは比爪館の果たした大きな役割を察知することができるであろうか。

その俊衡法師には、三人の息子があった。その名を、大田冠者師衡《もろひら》・次郎兼衡・河北冠者忠衡という。同じく、五郎季衡には、息子が一人。その名を新田冠者経衡という。

かれら俊衡・季衡の一族は、「降人」として、鎌倉に帰還する頼朝に従って、平泉を離れることになった。けれども、鎌倉までには至ることなく、その途中、宇都宮社壇にて、頼朝が戦勝祈願成就の御礼参りに及ぶのにさいして、「当社職掌」として、すなわち当社のスタッフとして、俊衡らの身柄は寄進されることになってしまった（同十月十九日条）。他国の神社のスタッフとして奉仕するという、慣れないくらしの始まりである。老体の俊衡ほかの想いは、いかなるものであったろうか。

第五章　都市平泉の全盛期

1　平泉館と加羅御所と無量光院の三点セット

清衡の都市プラン

初代清衡によって建設された都市平泉のプランは、平泉館《ひらいずみのたち》と中尊寺を結びつける東西の幹線道路を基軸としていた。あわせて、みちのく世界を縦断する奥大道の南北の幹線ルートを、もう一つの基軸としていた。それら二つの幹線ルートは、中尊寺の登り口にさしかかる辺りで交差しながら、それぞれの目的に向かっていた。

したがって、清衡の時期における都市的な場といえば、北上川近くの平泉館の辺り（東方エリア）や関山丘陵上の中尊寺の辺り（北東エリア）に限られる。ということになっていたらしい。すなわち、秀衡の時期における全盛期のありさまと比べるならば、三分の一にも及ばない都市的な場の広がりであったらしい。

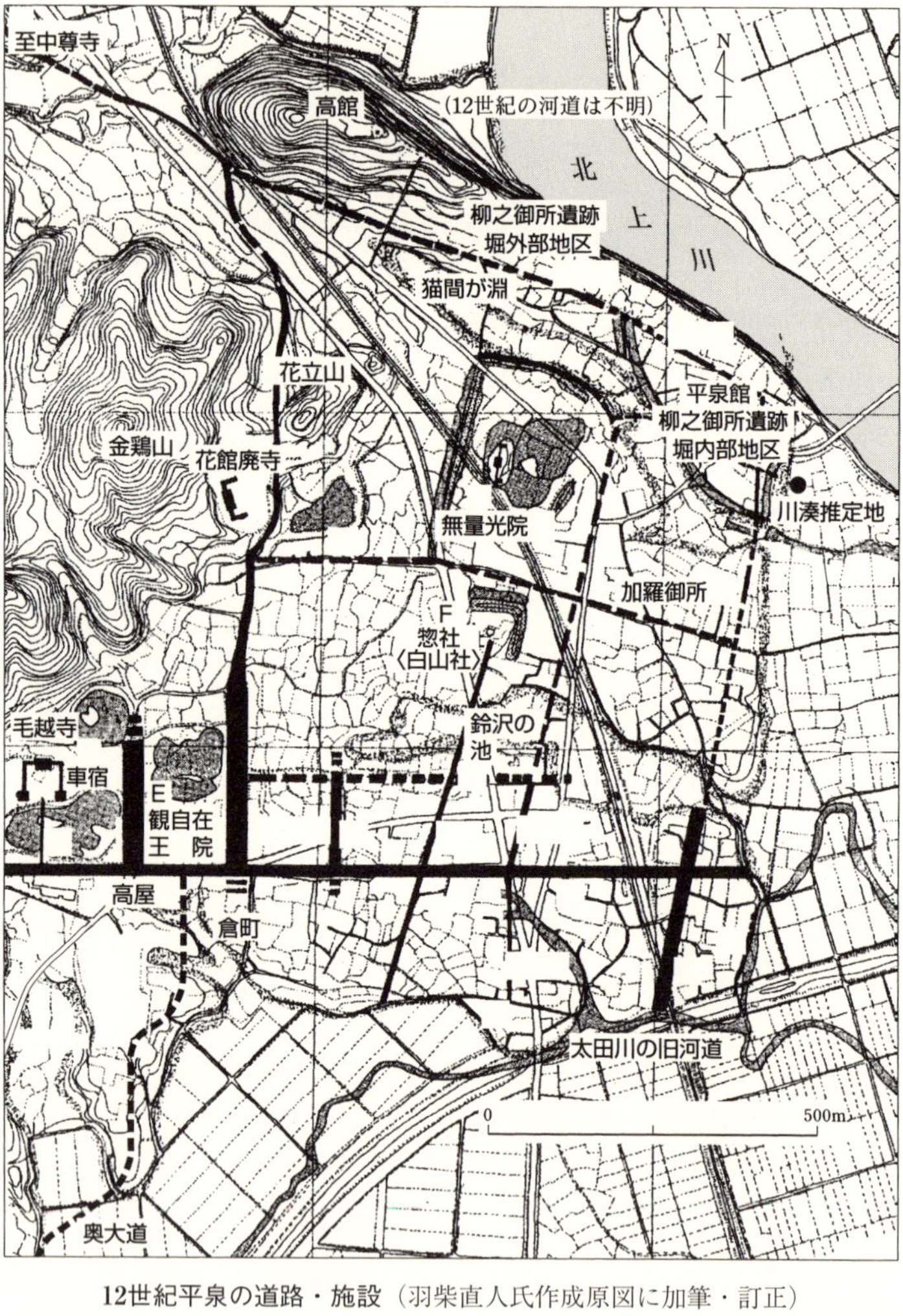

12世紀平泉の道路・施設（羽柴直人氏作成原図に加筆・訂正）

その狭小な都市空間が、どのように拡大させられていくことになるのか。発掘・調査の報告書、本澤慎輔「十二世紀平泉の都市景観の復元」、羽柴直人「平泉の道路と都市構造の変遷」、菅野成寛「都市平泉の宗教的構造」ほかの論考に学びながら、それに八重樫忠郎氏による教えを加味しながら、自分なりに推定することができたプロセスを記してみることにしたい。

基衡の都市プラン

二代基衡の時期には、南西のエリアに、毛越寺が造営されることになった。毛越寺から北上川近くの東方エリアに向かう第三の幹線ルートも設営されることになった。道幅は二〇メートルに及ぶ。のちには三〇メートルに拡幅される。その京都の二条大路を想わせる幹線ルートを基軸として、縦横の街路が設定されて、それぞれの街区に、基衡の一族・家臣が居住することにもなった。

ただし、基衡その人が住まいする平泉館の在所については、断定しきれていない。けれども、清衡に倣って、東方エリアの柳之御所遺跡のなかにあったであろうことには間違いがない。

その南西エリアにおける町割りにさいしては、霊峰金鶏山《きんけいさん》が起点としての役割を担わせられていたらしい。たとえば、毛越寺と観自在王院を隔てる南北の大路は、金鶏山頂からまっすぐに延ばした南北のラインに合致するかのように設定されていた。大路の両側に展開する両寺の伽藍配置の軸線も、そのラインに即して設定されていた。そのうえに、毛越寺から東方に延びる第三の幹線道路は、その南北のラインに直行するかのように設定されていた。

そのような町割りのありかたが、発掘・調査によって確かめられて、「基衡地割」と名づけられて

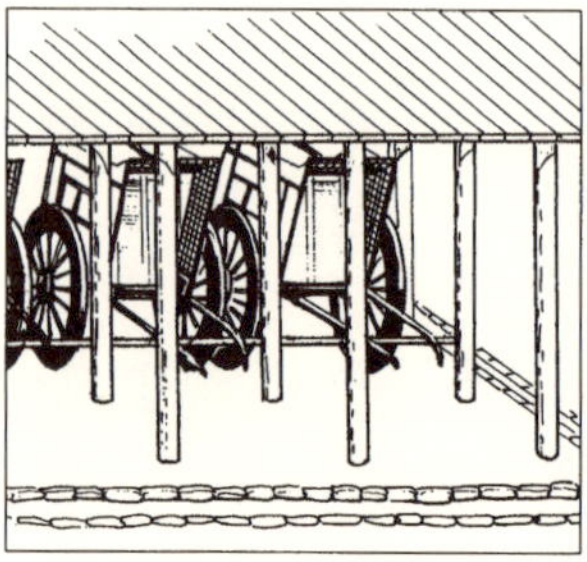

車宿復元想像画

車宿跡

いる。

牛車が大路を行く

さらに、毛越寺と観自在王院を隔てる南北の大路の辺りでは、幅三〇メートル（はじめは二〇メートル）に及ぼうとする石張りの道路敷の片側に、牛車《ぎっしゃ》を格納する建物が出土して、話題を呼んでいる。観自在王院の「西面の南北に数十宇の車宿《くるまやどり》あり」と記されていたことに違わない遺構の出土である（「寺塔已下注文」）。

今回に出土の建物一棟は、牛車一〇両を格納する造りになっている。したがって、もう一棟以上のの建物が存在していたのに違いない。

それにしても、「数十宇」分の牛車とは、ただ事ではない。京都でも、牛車に乗ることができるのは、公家や高僧だけであった。通常一般の武士身分には適わない乗り物であった。それほど多くの公家・高僧らが、京都から訪れていたということであろうか。

その二間×一〇間の建物を構成する車宿の柱穴跡は、保存が決定され、人びとの見学に供せられることになっている。

ただし、「数十宇の車宿」が、基衡の時代から完備されていたとする証拠には欠けている。もしかしたら、都市平泉の繁栄が絶頂に達した秀衡の時代になって完備されることになったものかもしれない。

高屋の建ちならぶメイン・ストリート

また、観自在王院の南大門を出て真直ぐに延びる大路の辺りには、「数十町(区画)」にわたる「倉町《くらのまち》」がかたちづくられて、東・西の両側の沿道に展開していた。そこに建てられた「数十宇の高屋《たかや》」には、国内外から将来された交易品が山積みになっていたのに違いない。あわせて、それらの「高屋」群がならび建つメイン・ストリートに踏み込んだ旅人は、奥大道を辿ってきた辛い日々を忘れて、ついに東日本随一の都市に辿りつくことができたとする感慨に浸ることになったのに違いない。

その「高屋」の遺構が、南北に走る三〇メートル幅の大路跡を挟んで二棟分。観自在王院の南門を出て直ぐの辺りで、発掘・調査によって検出されている。東西が五つの柱間(一二・五メートル)、南北が二つの柱間(六メートル)に及ぶ、高床式の倉庫跡である。すなわち、東大寺正倉院風の威風堂々の佇まいである。そこからは、多数の青白磁皿や磁州《じしゅう》窯系《ようけい》緑釉《りょくゆう》壺ほか、中国渡来の交易品が出土してもいた。それをもってしても、国際色にあふれた都市平泉のくらしを想定することができるであろうか。

その二棟の倉庫跡は、具体的には五間×二間の建物を構成する大型の掘立柱跡は、保存が決定され、人びとの見学に供せられることになっている。

ただし、これまた、「寺塔已下注文」に記された、そのような平泉全盛期の光景が、基衡の時代か

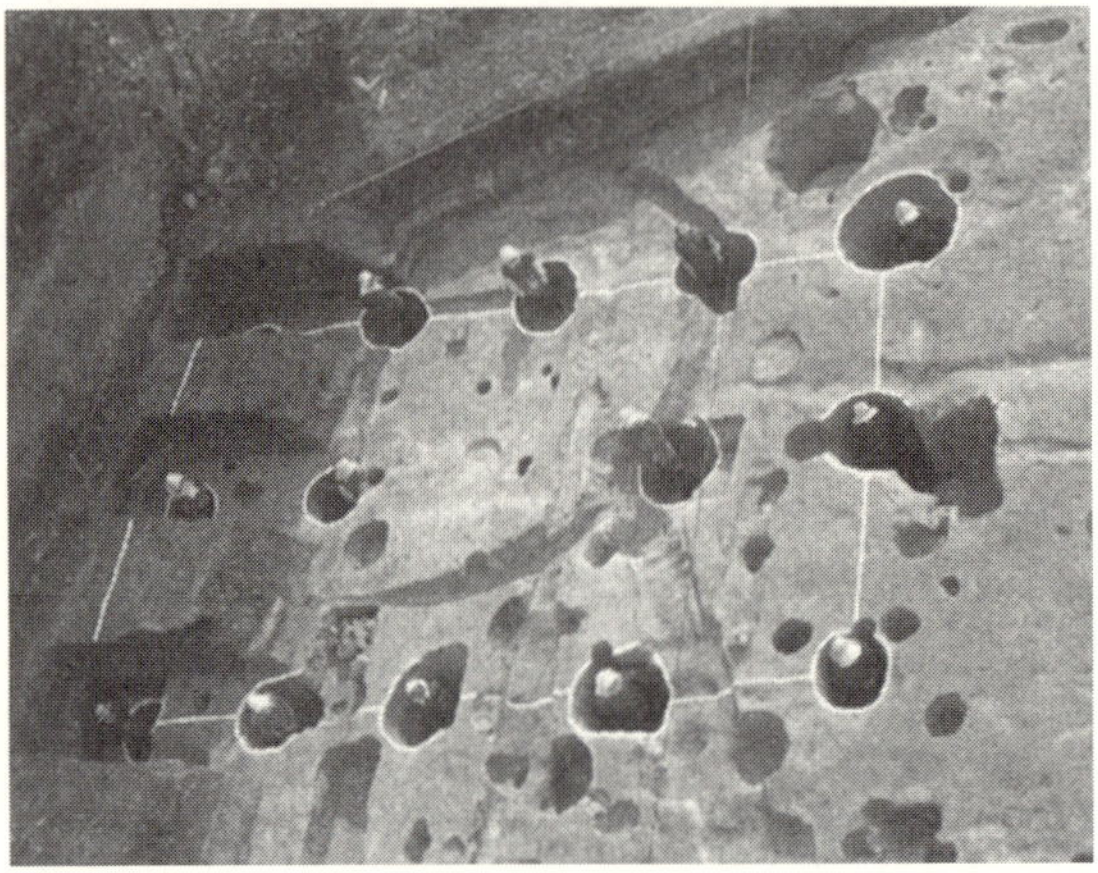

高屋跡の大型柱穴群

唐招提寺宝蔵

ら存在していたとする確証には欠けている。そのメイン・ストリートの敷設は、基衡によるものだったとしても、ないしは「倉町」の建設が基衡によって始められたとしても、「数十宇の高屋」が建ちならぶという光景がかたちづくられるためには、秀衡の時代を待たなければならなかったのではあるまいか。

さらにいえば、これまでは、そのメイン・ストリートについて、観自在王院の南大門を出て真直ぐに延びる南北方向の大路にはあらず、南大門の前を東西に走る大路である。ないしは南大門を出ないで、その境内の側に延びる道路である。すなわち、浅草の仲見世通りのような道路である。などとする見解がかたちづくられてきた。さらには、「寺塔已下注文」の異本（『吉川本吾妻鏡』）には、「南大門」の文字が欠落していることを拠り所にして、観自在王院の敷地の南北を東西に走る二本の大路である。とするような意見さえも出されている。

けれども、「寺塔已下注文」の文章から、すなわち「観自在王院南大門南北路、於東西及数十町、造並倉町、亦建数十宇高屋」と連なる文字列から、どのようにして、そのような解釈を導き出すことができるのか。分からない。百歩を譲って、「南大門」の文字が欠落していたとしても、敷地の南北を走る東西の路ということにはならないのではあるまいか。

それよりは、本書に記したような素直かつ平明な読み解きの方が、よいのではあるまいか。

そのうえに、発掘・調査による「高屋」の遺構の検出である。それによって、観自在王院の南大門を出て、南北に走る大路の東西両側に建てられていたことが鮮明にされることになった。これにて、一件落着である。

秀衡の都市プラン

そして、秀衡の時期に及んでは、東方エリアの柳之御所遺跡に位置した政庁兼居館たるべき平泉館にあわせて、無量光院の壮麗な伽藍や、「常居所《つねのきょしょ》」（秀衡のプライベートな居所）たるべき「加羅御所《からのごしょ》」が設営されることになった。

その東方エリアにおける町割りのありかたが、発掘・調査によって確かめられて、「秀衡地割」と名づけられている。

その「秀衡地割」をかたちづくる南北のラインは、「基衡地割」のそれに比べて、やや東方に傾いていた。そのラインに即して、縦横の街路が、さらには無量光院や平泉館（柳之御所遺跡）の敷地が決定づけられていた。

平泉館を区画する板塀を隔てて直ぐ外側には、秀衡の息子らの家宅が設営されていた。すなわち「西木戸」を出て直ぐの辺りには「嫡男国衡家」が、その並びには同じく「四男隆衡宅」が、それぞれに設営されていた。ただし、「三男忠衡家」だけは、その並びにはあらず、「泉屋之東」（平泉館内の苑池の付近に設営された泉屋の小舎から塀越しに見て東方にあたる地点か）に設営されていた。

それらの家宅のさらに外側には長大な空堀が廻らされていた。それによって、秀衡の館や息子らの家宅が立地するイタリア半島状の台地の南半部が都市平泉の心臓部たるべきことをアピールしていた。

ただし、秀衡の「常居所」たるべき「加羅御所」は、長大な空堀を渡ってすぐ外側に、すなわち無量光院東門の一郭に設営されていた。そして、秀衡死去の後に、「加羅御所」は、後継者たるべき泰

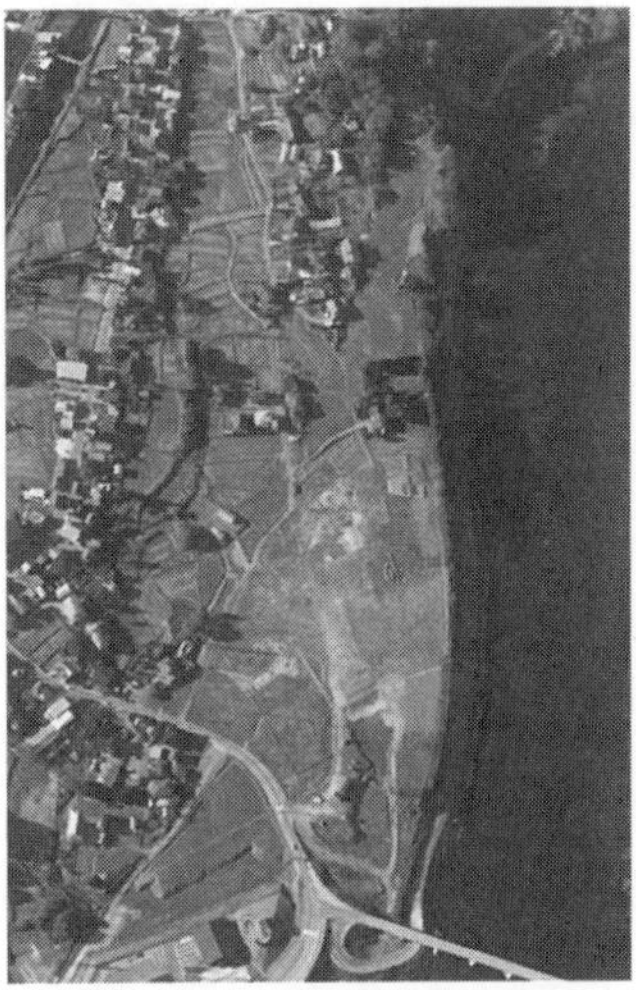

空からみた柳之御所遺跡周辺

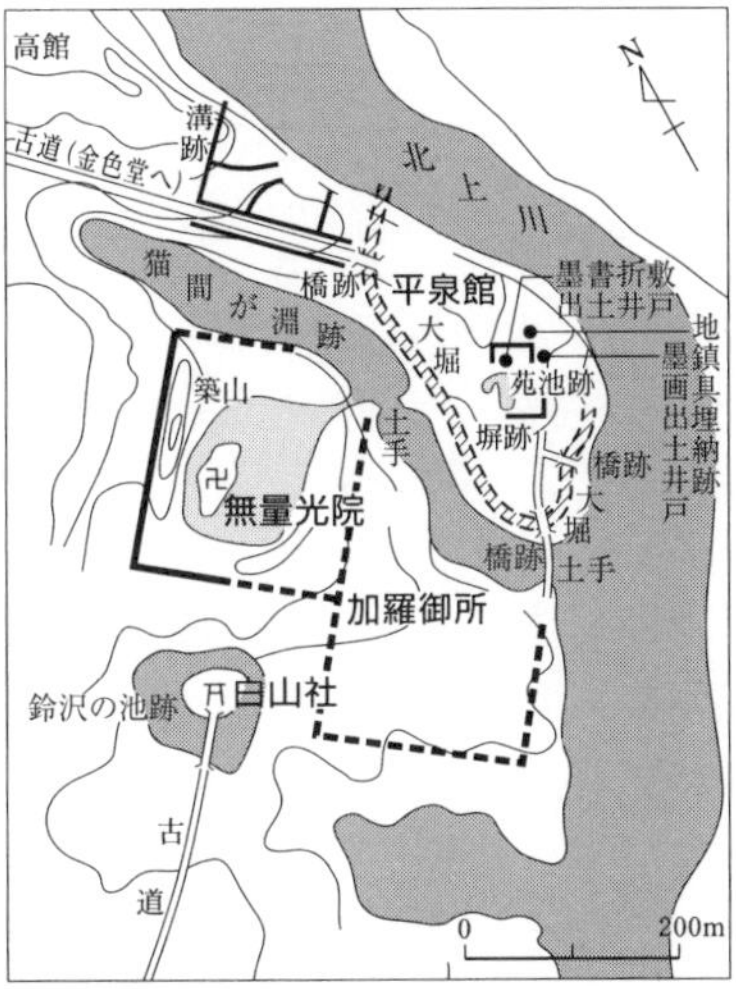

平泉館・加羅御所・無量光院略地図

衡に譲られることになる。

それら息子らの家宅や秀衡の「常居所」のありかたに関する情報は、中尊寺ほかの僧衆を通じて、陣が岡（いまは岩手県紫波町）における鎌倉殿頼朝の陣中にも、確実に報告されていた。そのデータが、いまに伝えられている（「寺塔已下注文」『吾妻鏡』文治五年九月十七日条）。

そのように一族・家臣が集住して有事に備えるというかたちは、武家社会における定番だった、といっても差支えがない（入間田「平泉館はベースキャンプだった」）。

たとえば、あの安倍頼良が拠り所にしていた衣川北岸地区においても、頼良の居館の廻りに、貞任《さだとう》・宗任・官照（僧）・正任・行任、それに有《あり》・中《なか》・一《いち》を加えた八人の男女子の宅が、簷《のき》（庇）を連ねるようにして設営されていた。さらに、それらの区画を出る門のすぐ外側には、郎従らの屋が取り囲むように設営されていた（同九月廿七日条）。

そういえば、平家の拠点たるべき京都賀茂川東岸の六波羅の辺りにも、同じく一族・家臣集住の光景が繰り広げられていた。さらには、鎌倉殿頼朝によって設営された大蔵幕府の辺りにも、同じように、「ベース・キャンプ」ともいうべき光景が繰り広られていた。

金色堂の視線

もう一つ、秀衡の館は、あの偉大な祖父清衡、ならびに父親基衡の遺体（ミイラ）が眠る中尊寺金色堂から見て、正面方向に位置づけられていた。例のデータにも（「寺塔已下注文」）、「金色堂正方」と明記されていた。逆にいえば、金色堂は、秀衡の館から見て、はるか西方の山上に、鮮明な輝きをもって聳え立っていた。秀衡は、万感の想いをもって、金色堂の方向に頭を垂れ、手を合わせる。ということがあったのに違いない。

金色堂は、本来的には、死期に臨んで阿弥陀の来迎を迎えるため、清衡によって建立されたプライベートな小堂に過ぎなかった。いいかえれば、中尊寺の「本堂」（金堂）たるべき鎮護国家大伽藍に付属する開基堂とも称すべき小堂であった。

けれども、その金色堂に籠ること百日にして、予言の通りに、清衡が往生を遂げたることになったことから、特別に重要な御堂としての性格が付与されることになった。すなわち、清衡の遺体（ミイラ）は、清衡の子孫の繁栄を、さらには都市平泉の繁栄を見守ってくれる「守護霊」としての役割を付与されることになった。

それにともなって、基衡の遺体もまた、金色堂内に祀られることになった。そして、秀衡のそれもまた、金色堂内に祀られることになる。

秀衡の館が、金色堂の正面方向に位置づけられていたことにしても、ほかでもない。そのような金色堂に眠る「守護霊」の観念があればこそ。ということだったのに違いない。

そのような「守護霊」の観念の根底には、武家社会に通有の先祖崇拝の観念が横たわっていたのに違いない。その土台の上に、浄土信仰によって醸成された往生人に対する尊崇の想いがプラスされることによって、そのようなユニークな観念がかたちづくられることになったのに違いない（入間田「中尊寺金色堂の視線」）。

そういえば、平家の人びとが集住した六波羅には、偉大な先祖正盛が造営した阿弥陀堂があって、一門の繁栄を見守ってくれていた（高橋昌明「平氏の館について」『清盛以前』ほか）。そして、鎌倉大蔵幕府の南正面方向に建立された勝長寿院《しょうちょうじゅいん》の大御堂《おおみどう》には、頼朝の父親、義朝の遺骨が祀られて、一門の繁栄を見守ってくれていた。そのうえに、頼朝死去の後には、幕府裏山中腹の法華堂に架けられた頼朝の絵姿が、頼家・実朝ほか、子孫の繁栄を見守ってくれていた。頼朝の墓所も近い。それらの根底にも、平泉金色堂のばあいに響きあうような観念がかたちづくられていたのに違いない。

いずれにしても、清衡・基衡・秀衡三代の間に、試行錯誤的かつ継ぎはぎ的なプロセスを辿りながらも、そのうえに異質の要素を抱え込みながらも、結果的かつ全体的には、仏教コスモロジーに即応する都市景観をかたちづくることに成功していた。そのことには、間違いがない。

2 仏教的コスモロジーに即応する都市建設

無量光院

そして、無量光院の壮麗な大御堂の景観である。平泉館を取り囲む長大な空堀を渡って直ぐ外側に、すなわち南西の並びに設営された壮麗な大御堂に祀られた本尊阿弥陀仏は、霊峰金鶏山を背に、東方を見守ってくれていた。そのご本尊の眼差しの延長線上に、すなわち東門を出て直ぐの一郭に、秀衡の「常居所」たるべき「加羅御所」は設営されていたのであった。

それによって、ご本尊さまに礼拝した後に、長大な空堀に架けられた橋を渡って、平泉館の政庁に出勤する。という秀衡の日常生活を想いうかべることができるであろうか。

そればかりではない。毎年に二度、春秋の彼岸の辺りには、秀衡ただ一人が、大池に浮かぶ東小島上に端座して、ご本尊さまの頭越しに夕日を拝む。しかも、霊峰金鶏山頂に沈む夕日を拝む。という感激的な光景が繰り広げられていた。

西山に沈む夕日は、西方極楽浄土から来迎する阿弥陀仏の姿なりと考えられていた。したがって、本尊阿弥陀仏の頭越しに夕日を拝むならば、そのお導きによって、必ずや、極楽に往生することができるのに違いないと考えられてもいた。

春秋の彼岸に近いあたりに、ただ一人、東小島に端座して夕日を拝む秀衡のまわりでは、読経の声にあわせて、雅楽が奏でられ、香が焚かれ、紫の煙が漂い、散華が舞う。などして、秀衡の極楽往生が決定させられたかのような雰囲気が盛り上げられていた。秀衡その人が、その法悦に浸りきって、阿弥陀仏の来迎に遭遇したような気持ちになっていたであろうことは、もちろんである。いうならば、極楽浄土のバーチャル・リアリティを満喫していたであろうことは、もちろんである。

そのように夕日を拝むことは、観無量寿経に記されている通り、極楽往生を願うためのベストの方法であった。そのために、京都方面では、宇治平等院を始めとする阿弥陀堂が建立されて、摂関家藤原氏ほかの貴族によって、ご本尊の頭越しに夕日を拝むイベントが繰り返されることになった。秀衡によるイベントは、それに倣ったものであった。菅野成寛氏によって解明されている通りである（菅野「都市平泉の宗教的構造」ほか）。

けれども、秀衡の建立になる無量光院のばあいには、宇治平等院などにおける欠陥を補って、阿弥陀の来迎を待つのにパーフェクトの状態にまで到達していた。すなわち、平等院には、背にするべき西山が存在していなかった。ただ一人で端座して夕日を拝むべき東小島も、存在していなかった。その代わりに、大池の対岸に設営された小庵から拝むことになっていた。

ただし、春秋の彼岸といっても、当時の暦のことである。いまのように、太陽が真西に沈む日時を特定することは期し難い。したがって、真西に沈む太陽を拝むといっても、その方向性においては、アバウトなものであった。それを忘れてはいけない。

そのうえに、無量光院のばあいには、金鶏山・加羅御所・平泉館（柳之御所）の存在を前提に、それらの位置関係に配慮しながらの造営プランがもとめられた。そのために、その方向性についても、真西にはあらず。やや北方にズレルことになってしまった。

すなわち、金鶏山の頂上に沈む太陽を本尊阿弥陀仏の頭越しに拝むことができるのは、今の暦にして、四月十四日と八月三十日のあたりにズレルことになってしまった。

ところが、そのうち、八月三十日のあたりは、偉大な祖父、清衡の命日たるべき秋七月十六日（旧暦）に重なることが多い期間でもあった。同じく、盂蘭盆会《うらぼんえ》が催されるべき七月十五日に重なることが多い期間でもあった。そのために、無量光院は、清衡の命日および盂蘭盆会のイベントを想定して造営されたのではないかとするような見立てが、菅野氏によって公表されている。それもあったかもしれない。けれども、平等院ほかの先例を勘案するならば、アバウトにおける西山の方角を拝むということで、基本的には、春秋彼岸のイベントを想定して。とする方が、よいのかもしれない。

と、ここまで書いてきたところで、菅野成寛「平泉文化の歴史的意義」の論考に接した。ここでは、金鶏山と左右に連なる山稜によってかたちづくられるユニークな山容が重視されている。無量光院の選地は、その後景をなす山容との調和（一体性）が求められたことによるものとされている。それにしたがって、「彼岸時の落日地点への選地は敢えて放棄された」、と記されている。それによって、清衡の命日および盂蘭盆会における落日地点を重視して、それらのイベントを想定して無量光院が造営されたのではないかとする見立てについても、撤回されてしまっている、と受け止めることにならざるをえない。それならば、アバウトにおける西山の方角を拝むということで、基本的には、春秋彼岸のイベントを想定して。とする小論の見立てに対しても背馳することがない。すなわち、落日地点に対するこだわりよりは、自然景観との調和を重視する提言として、菅野氏の新しい論考を前向きに受け止めることにしたい。

いずれにしても、極楽に往生する人は、極楽の大池に咲く蓮華の上に生まれかわる。ということが経文に書いてあるからには、ご本尊の正面に設営された大池の小島に端座して、まるで極楽の大池の蓮華の上に乗っているような気持ちをもって、ご本尊の頭越しに西山に沈む夕日を拝む。ということがベストの方法であったのに違いない。そのベストの方法を採用できるパーフェクトな状態にまで、平泉の無量光院は到達していたのであった。

だからこそ、平泉無量光院は、世界遺産の構成資産として認定されることができたのであった。それが、もし、宇治平等院のコピーに過ぎないものだったとしたならば、世界遺産に認定されることはなかったのに違いない。

金鶏山

霊峰金鶏山の存在を抜きにして、秀衡が無量光院を建立することはできなかったのに違いない。すなわち、春秋の彼岸のあたりに、その山頂に沈む夕日から発せられる光線が、「常居所」たるべき「加羅御所」を目指して延びる方向に即して、軸線を設定することなしには、ご本尊を安置すべき地点も、秀衡が端座すべき小島の地点も、割り出すことができなかったのに違いない。

そういえば、基衡によって南西エリアの都市建設にさいしても、金鶏山頂から真南に伸ばした軸線が、毛越寺や観自在王院のプラン、さらには毛越寺通りの幹線道路の方向性を割り出すうえで、決定的な役割をはたしていた。

あれや、これやで、全盛期の都市平泉における霊峰金鶏山の存在感には、絶大なるものがあった。そのように言わざるをえない。

金鶏山上には、いくつもの経塚が築かれ、五十六億七千万年後における弥勒菩薩《みろくぼさつ》の降臨に備えて、手書きの法華経などを封入のタイム・カプセルが奉納されていた。その功徳《くどく》によって、現世・来世の安楽を得ようとする願いのあらわれであった。それをもってしても、都市平泉の住人によって、心の支えとして仰ぎ見られていた金鶏山の存在感が明らかであろうか。

それならば、中尊寺・毛越寺・観自在王院・無量光院にならんで、金鶏山が世界文化遺産「平泉――仏国土（浄土）を表す建築・庭園及び考古学的遺跡群」をかたちづくる構成資産として認定されることになったとしても、不思議でも、なんでもない。金鶏山には、単なる自然物にはあらず。そこには、無限大の文化的な価値が体現されている。ということになるのではあるまいか。

東アジア世界のなかで

振り返ってみれば、都市平泉のプランは、清衡の当初から、仏教的コスモロジー（世界観）と密接不可分の関係性をもって、かたちづくられてきたのであった。

中尊寺や毛越寺が、清衡・基衡、それぞれの時期における都市形成の枢要とされたことは、繰り返すまでもない。そして、無量光院もまた、平泉館・加羅御所との三点セットをかたちづくる枢要とされていた。

ただし、無量光院についていえば、その頃、京都東郊においても、後白河法皇の御願寺たるべき蓮《れん》華《げ》王院《おういん》(三十三間堂)が、同じく法皇の御所たるべき法住《ほうじゅう》寺殿《じどの》と向いあうかたちで建立されていた。そのことにも関連づけて考えなければならない。

すなわち、京都方面においては、御堂《みどう》と御所のセットが時代の趣向であった。その趣向を受け止めるなかで、その発展形態として、平泉館ほかの三点セットが生み出されることになった。ということもできるであろうか。

いずれにしても、そのような仏教的コスモロジーに即応した都市建設のありかたが、平泉藤原氏に同じく、武人による都市建設に、すなわち鎌倉や江戸、ひいては仙台・盛岡ほかの城下町の建設に、格好のモデルを提供することになった。そのことには、間違いがない。たとえば、大名の城に向きあうかたちで先祖の廟所(寺院)が建立される。ないしは寺町が城下町にとって不可欠の構成要素とされる。など、その例証には事欠かない。

さらにいえば、仏教的コスモロジーに即応する都市建設は、列島の枠内における局地的な現象にはあらず。世界帝国・唐王朝の滅亡後、東アジア世界における普遍的な潮流になっていた。

たとえば、五代十国のひとつ、福建省方面に興起した閩《びん》王国においては、王審知のリーダーシップによって、「報恩定光多宝塔《じょうこう》」の創建を皮切りに、建寺造仏の大事業が推進されて、その首都たるべき福州には、「仏都」ともいうべき景観がかたちづくられることになった。すなわち、それから二百年あまりの時空を隔てて、都市平泉建設のモデルとされるのに相応しいだけの景観がかたちづくられることになった。くわしくは、入間田『藤原清衡』を参照していただきたい。

同じく、長城の北域から興起した遼や金の征服王朝によって建設された都城においても、平泉をおもわせる「仏教都市」としての輝きがそなえられていた。東洋史家、妹尾達彦氏による指摘の通りである（「東アジアの都市史と平泉」）。妹尾氏には、「仏教による世界宗教としての普遍性が、境域に位置する地方政権の権力と権威の確立にとって不可欠」、「仏法の前では、京都も平泉も、すべてが平等である。そのために、藤原平泉は、仏教を中核にすえることで、京都と天皇の中心的権力の相対化を、意図的に試みたのではないだろうか」とする指摘もあった。

してみれば、平泉の存在は、東アジア世界における最辺境の地にまで、仏教的コスモロジーに即応した都市建設の潮流が波及したことのシンボリックなあらわれだったのだ。ということがいえるのかもしれない。

それに対して、ヨーロッパ世界では、キリスト教のコスモロジーに即応した都市建設が進められていた。具体的には、キリスト教会と王宮のセット関係がかたちづくられていた。同じく、中東方面では、イスラム教のコスモロジーに即応した都市建設が進められていた。具体的には、モスクと王宮（カスバ）とのセット関係がかたちづくられていた。すなわち、それらの世界においても、同じく普遍的な宗教のコスモロジーに即応した都市建設の潮流がかたちづくられていた。その本質においては、東アジア世界における、さらには平泉における都市建設に変るところがない。その辺りの事情についても、注意しておかなければならない。

3　柳之御所遺跡の発掘・調査現場にて

軍事首長のベース・キャンプ　秀衡の平泉館、すなわち政庁兼居館は、都市平泉の東方エリアに、具体的には高《たか》館《だち》の丘陵部から延びてくる細長いイタリア半島状の台地上に位置していた。その東側には北上川の河川敷を見下ろす断崖が、そして西・南側には猫魔《ねこま》が淵《ふち》の沢水がかたちづくる細長い低湿地が、それぞれに横たわって、敵襲を阻む防御施設の役割を果たしていた。

それだけではない。台地の東側と西側、それぞれの縁辺には、長大な空堀が二本、相次いで開削されて、これまた敵襲を阻む役割を果たしていた。

さらには、高館の丘陵部から半島状の台地の先端部に、すなわち平泉館の在所に向かう途中にも、台地を断ち割るように、長大な空堀が開削されて、これまた敵襲を阻む役割を果たしていた。

したがって、天然と人工、両方の防御施設が廻らされた平泉館は、軍事首長のベース・キャンプとして、最高の域に達していた。ということにならざるをえない。

けれども、軍事的な意味あいばかりではない。その長大な空堀は、都市平泉の心臓部としての、さらには奥州統治の心臓部としての平泉館の政治的な重要性感を際立せる区画施設としての役割を果たしてもいた。

平泉館の跡地は、いま、柳之御所遺跡と呼ばれている。ただし、台地を断ち切るようにして開削さ

長大な空堀の発掘

れた長大な空堀から南側に展開する平泉館の跡地ばかりではない。その北側から高館の丘陵部の裾に至る平泉館関連の施設の跡地をも含めて、イタリア半島状の台地の全域が、柳之御所遺跡と呼ばれているのである。それを、忘れてはならない。

柳之御所遺跡と呼ばれるようになったのは、ほかでもない。地元の伝説によるものであった。ただし、伝説では、柳之御所の主として、初代清衡、二代基衡、さもければ源義経など、さまざまな人名が取り沙汰されていた。ここでは、源氏の将軍義経の居所だとすることから、将軍の居所たるべき「柳営《りゅうえい》」（幕府）になぞらえる呼び方が、すなわち「柳之御所」の呼び方が発生したのではないか。とする見立てを紹介するに止めることにしたい。それ以上に、伝説の変遷について深入りすることは遠慮することにしたい。

長大な空堀の遺構

その柳之御所遺跡の本格的な発掘・調査が開始されたのは、一九八八年のことであった。北上川の治水工事ならびにバイパスの道路工事に先立つ緊急の調査ということであった。そのために、調査終了後には遺跡は消滅させられる運命を決定づけられていた。

最初に姿をあらわしたのは、台地の東・南の縁辺に延びる長大な空堀の遺構であった。筆者が撮った写真を見ていただきたい。台地の縁辺から堀底までの高さは五メートルほど。台地の縁辺から堀外の縁辺を結ぶ上幅は一五メートルほど。その上に架けられていた橋を支える三列の柱跡の大穴も見えている。それらの壮大な景観は、見学者を驚嘆させ、遺跡の並々ならぬ重要性を体感させることになった。あわせて、遺跡を消滅の運命から守って、将来に伝えようとする決意を固めさせることになった。

そのように、みずからの政治的拠点を区画するのに、長大な空堀をもってすることは、平泉藤原氏に先行する清原氏の時代に始まっている。

たとえば、清原の一族、大鳥山《おおとりやま》太郎頼遠の拠点だったとされる大鳥井山《おおとりいやま》遺跡には（いまは横手市内）、長大な空堀と土塁が二重に廻らされていた。空堀の幅は一〇メートル、深さは三メートルに達する。その内部からは、四面庇《ひさし》の大邸宅跡はもちろん、中国渡来の白磁・カワラケなどの遺物が大量に出土している（横手市教育委員会『大鳥井山遺跡』ほか）。

その大鳥井山遺跡が、二〇一〇年に、国史跡に指定されることになった。それによって、清原氏に始まる長大な空堀を構える流儀が、平泉藤原氏によって確実に継承・発展させられたことが、周知されることになった。

ただし、清原の当主たるべき真衡の館については、その在所が特定されていない。そのために、空堀のありさまについても不明のままになっている。近い将来に、衣川北岸の辺りで、その遺構が発見されるであろうことを期待するほかにない。

それに対して、もうひとつ遡った安倍氏の段階には、四面庇の大邸宅を構えた政治的な拠点はあれども、長大な空堀を構えるまでには至っていなかった。その辺りには、多賀城や胆沢城における四面庇の大邸宅を真似るのに精いっぱいで、長大な空堀という独自の工夫を廻らすような余裕はなかったのに違いない。そのために、区画については、直線もしくはL字型の溝を構えるのに止まっている。すなわち、胆沢城ほかの区画施設たるべき築地塀《づいち》の足下に延びる溝を真似るのに止まっている。たとえば、鳥海柵《とのみのさく》が（いまは奥州市内）、その好例である（岩手県金ヶ崎町教育委員会編『鳥海柵跡』）。その遺跡もまた、国史跡に指定されている。

それによって、安倍氏の鳥海柵跡 → 清原氏の大鳥井山遺跡 → 平泉藤原氏の柳之御所遺跡、という北奥羽における政治的拠点の発展系列が周知されることになった。すなわち、四面庇の大邸宅の模倣から始まって、長大な空堀の独自の工夫がつけ加えられる。というような、北奥羽の軍事首長の拠点ならではの発展系列が広く認識されることになった。

大邸宅のくらしぶり

つぎには、台地の内側から、四面庇・掘立柱の大型建物のほか、さまざまのスタイルの建物があったことを教えてくれる多数の掘立柱《ほったてばしら》跡の穴が出土し始めた。あわせて、盛大な宴会儀礼における酒器や食膳具として用いられた中国渡来の白磁片や渥美《あつみ》・常滑《とこなめ》産の壺類やカワラケ（土器）ほかが出土し始めた。

それによって、在地風かつ不行届の造作ながら遠くは京都における寝殿造風の大邸宅に、近くは多賀城における陸奥国司の四面庇の館《たち》（居館兼政庁）に倣ったような大邸宅が構えられていたことが浮びあがってきた。あわせて、それらの大邸宅において、カワラケを用いた京都の公家風の宴会儀礼が盛大に繰り広げられていたことが浮びあがってきた。

カワラケ

白磁四耳壺

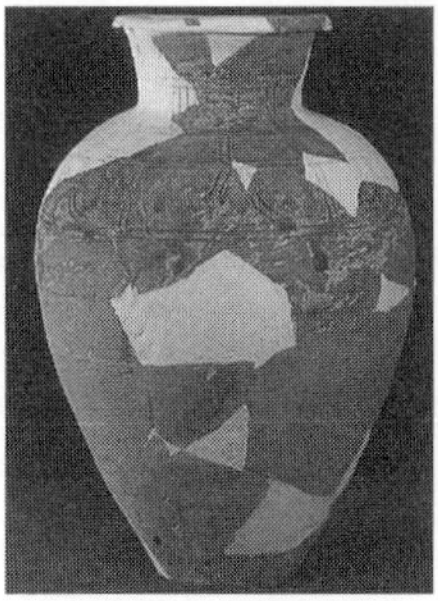

渥美袈裟襷文壺

常滑三筋壺

カワラケの一括廃棄遺構

そして、大型建物の付近に掘り込まれた井戸状の穴底の辺りからは、これまた盛大な宴会儀礼における食膳具として用いられた後に、一括して廃棄された大量のカワラケが出土し始めた。あわせて、折敷《おしき》（割板の平盆）なども出土し始めた。それらのカワラケ・折敷のなかには、「人々給絹日記《ひとびとにたまうきぬのにっき》」のほか、戯画やメモなどが墨書されているものが含まれていた。それればかりではない。日常の食事に用いた木製の椀やひしゃくの類も出土しはじめている。一〇〇人分のカレーを作れるような大鍋に用いられる大杓子（長さ七〇センチ強×最大幅一三センチ）も含まれている。この大杓子だけをもってしても、この遺跡が盛大な宴会儀礼を伴う類希なる政治的な場だったことは、すなわち平泉藤原氏の政庁兼居館（「平泉館」）だったことは、疑うべくもない。ごくごく最近、八重樫忠郎氏によって改めて指摘されている通りである（「掘り出された平泉」）。

建物の部材や小槌・糸巻ほかの工具類、懐炉《かいろ》のように

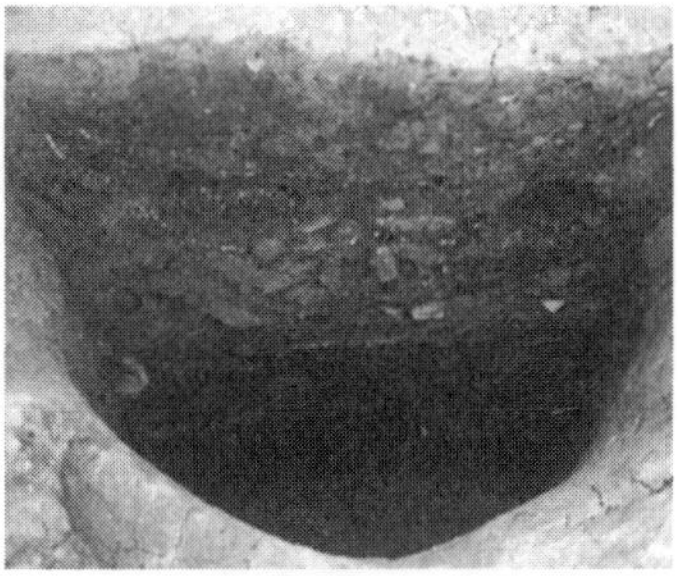

トイレ関連遺構（汚物溜）

籌木

用いる温石《おんじゃく》、ないしは呪符《じゅふ》・形代《かたしろ》ほかの祈禱用具、または将棋の駒・碁石・毬打（ぎっちょう）の玉ほかの遊具も、出土し始めた。

それらの木製品は、水分の多い環境によって守られて、腐ることなく、原型を止めていた。奇跡としか言いようがない。同じく、長大な空堀の基底の辺りでも、水分が多く、同じような木製品の数々が出土していた。そのうえに、堀底には、架けられていた橋の長大な部材さえもが、しっかりと残されていた。

それらの木製品によって、宴会儀礼には止まらず、日常生活の細部にまで及ぶ豊かな情報がもたらされることになった。

さらにいえば、大型建物が集まる中心部から離れた辺りには、汚物をまとめて捨てる浅い井戸状の穴が散在していた。その当時、京都の寝殿造の大邸宅にはトイレの施設がなく、大小の排泄物は、その都度、オマル状の容器に取り置いて、まとめて捨て場（汚物溜）に運び出すという慣習になっていた。

トイレット・ペーパーの類に恵まれず、使い捨てにされた折敷を細かく割った箆《へら》状の木片にて、尻拭いをするという慣習になってもいた。その木片を、籌木（ちゅうぎ）ないしはクソベラという。その木片も、大量に出土していた。

あわせて、瓜の種も、大量に出土していた。その当時、瓜は、人気のデザートだった。

そのうえに、顕微鏡でみれば、鮭に寄生するサナダ虫の卵や中国渡来の薬草の種が出土していた。鮭を食する東日本ならではの現象であった。それに対して、西日本の遺跡では、鮎の寄生虫の卵が検出されている。

それによって、秀衡もまた、鮭の常食によって、サナダムシの不快感に悩まされるなどして、中国渡来の薬草を服用していたであろうことが浮びあがってきた。あわせて、オマル状の容器にて排便の後には、籌木を用いて尻拭いに及んでいたらしいことが浮びあがってきた。今日におけるウォシュレットの快適さに比べるならば、天地・雲泥の違いである。その快適さを体感したならば、秀衡は何といったことであろうか。

いずれにしても、これほどまでの細部に及ぶ豊かな情報をもたらしてくれる遺跡は、ほかに見出すことができない（岩手県埋蔵文化財センター『柳之御所跡』ほか）。

柳之御所遺跡の発掘は、いま現在にいたるまで、継続的に遂行されている。この間に、遺跡そのものは国史跡に（一九九七年）指定され、消滅の運命を逸れて、保存・整備されることになった。遺跡の保存をもとめる世論の盛りあがりが生みだした偉大な成果であった。あわせて、二〇〇〇点あまりの出土品が一括して国重要文化財に指定される（二〇一〇年）などもしている。いまでは、柳之御所資料館や平泉文化遺産センターほかの展示施設が立ちあげられて、大勢の見学者が訪れるなどもしている。

4　宴会儀礼は東・西ふたつの大型建物にて

柳之御所遺跡から出土する遺物の多くは、一二世紀は三番目の四半期、すなわち秀衡の時期に相当するものであった。それより古く、初代清衡の時期にまで遡るものがないわけではない。けれども、量的には、目立った存在にはなっていない。

同じく、建物ほかの遺構についても、秀衡期のそれが多くを占めていた。縁辺部に廻らされた長大な空堀についても、清衡期に開削された空堀の内側に、それよりも大規模な空堀が、秀衡期になって開削されていた。遺跡の本格的な発掘・調査が始められて間もなくに姿をあらわして、人びとの目を驚かせた南東辺の大規模な遺構は、その秀衡期の空堀なのであった。

賓客の応対、そして主従の対面にそなえて

その全盛期における、すなわち一一七〇年前後における遺跡のありさまをスケッチするならば、次のようになるであろうか。

台地の南半部、長大な空堀によって区画されたスペースのなかに、板塀によって重ねて区画された特別のスペースが見えている。それが、秀衡の平泉館である。

その特別のスペースの中心部には、東西に二つの大型建物がならんでいる。その西側の大型建物は、「三間四面」（桁行《けたゆき》三間・梁間《はりま》二間の母屋《もや》に、東西南北の四面庇を廻らす）という、遠くは京都における寝殿

平泉館の復元CG

造の貴族の大邸宅に、近くは多賀城における四面庇の陸奥国司の館（居館兼政庁）に倣ったような大邸宅になっていた。すなわち、「平泉館」の呼称に恥じることのない威風堂々の大邸宅になっていた。その規模は、一四・五×一一・九メートルの数値に達する。

そこには、京都や多賀城方面から遠来の賓客に応接すべく、主人の秀衡が威儀を正す光景がみられた。あわせて、宴会儀礼の支度が整えられてもいた。

それに対して、東側の大型建物は、「七間四面」（桁行七間・梁間二間の母屋に、四面庇を廻らす）という、鎌倉幕府における侍《さむらい》所《どころ》の先駆けを想わせるような縦長の特別の造りになっていた。二四・五×一〇・九メートルの規模に達する。

そこには、代始め・年の始めほか、特別の折に、奥羽両国から馳せ参じた大名・小名に対面すべく、主人の秀衡が最上位の横座に着く瞬間がみられた。その左右、縦二列に居並ぶ大名・小名の面々の辺りには、緊張の雰囲気が立ち込めていた。ここでも、宴会儀礼の支度が整えられている（入間田「武家儀礼（宴会）の座列にみる主従制原理の貫徹について」）。

それら二つの大型建物が担っていた、秀衡が賓客に応接する、同じく傘下の大名・小名と対面する、それぞれの目的に相応しい場を提供するという二つの機能は、たとえば鎌倉幕府においては、頼朝の

「御所」（居館兼政庁）たるべき寝殿造風の豪壮な建物、そして横座に着した頼朝の左右に御家人らが縦二列に居流れる侍所《さむらいどころ》の長大な建物によって担われることになった。今日の岩手県庁にたとえるならば、知事が賓客を迎え入れる応接室と、同じく傘下の職員と対面し訓辞をのべる大講堂（会議室）によって、それぞれの機能が担われている。といっても、差支えがないであろうか。

それら二つの建物は、いずれも、金鶏山や中尊寺が位置する西方に、正面を向けて建てられていた。いいかえれば、棟が伸びる長軸方向を南北にする、北半球には珍しい建て方になっていた。それほどまでに、西方に対する想いが強かった。ということであろうか。

そのうち、西側の大型建物の前面には、すなわち西方のスペースには、広場が設えられて、建物内部におけるそれに連動するかたちで、儀礼が繰り広げられていた。同じく、二つの建物の南面にも、広場が設えられて、儀礼の場を提供していた。

それら二つの大型建物については、岩手県教育委員会によって、当時の姿に復元しようとするプロジェクトが進められている。そのために、建築・考古・歴史ほか、学際的な専門家チームが結成されて、検討が積み重ねられている。筆者も、その一員に参加させていただいている。近い将来、復元工事が完成した暁に、どのような姿・形をもって、二つの建物が立ちあらわれることになるであろうか。楽しくもあり、心配でもある。

ただし、秀衡の晩年から、泰衡の時期には、それら二つの建物は使われなくなっていたらしい。その代わりに、同じく大型の建物が、位置をずらして設営されていたらしい。けれども、その詳細については、よく分かっていない。

秀衡の息子らの家宅

板塀によって区画された特別のスペース（狭義における「平泉館」）から外に出て、長大な空堀を目前にする辺りには、これまた四面庇の大型建物跡が出土していた。秀衡の晩年から、泰衡の時期において、秀衡の息子らが自立して、父親の館から出て、住まいすることになる家宅は、その辺りにあったのに違いない。

ただし、どれが、嫡男国衡の家だったのか。同じく、四男隆衡（本良冠者）の宅だったのか。特定することはできていない。「西木戸」を出て直ぐ国衡の家が。その並びに隆衡の宅が。と記されているのにもかかわらず、板塀の出入り口にあたる「西木戸」の遺構を、考古学的に確かめきれないでいる。そのために、国衡の家も、隆衡の宅も、特定されないでいる。泉屋（平泉館苑池の付属施設か）の東方（板塀の外）にあったとされる三男忠衡（泉三郎）の家にしても、また然りである。

これまで、国衡・隆衡らの家宅は、板塀の外側にはあらず、「西木戸」を出て長大な空堀を渡った直ぐの外側にあったと記してきた（入間田『都市平泉の遺産』ほか）。けれども、長大な空堀を渡る橋の辺りに「西木戸」があった痕跡が見いだせない。さらには、長大な空堀よりも、板塀の方が国司館に由来する「平泉館」の本来的な区画施設に相応しい。すなわち、かれらの家宅を「平泉館」から隔てる区画施設としても、板塀の方が相応しい。とするような判断にもとづいている。訂正させていただきたい。ただし、確信があってのことではない。これからも、考え続けることにしたい。

それらの建物跡ばかりではない。さまざまな職種の人びとが立ちはたらく作業場や多くの馬をつなぐ厩舎など、大小の建物跡が散在してもいた。

一宇倉廩

大小の建物跡のうち、板塀によって区画された特別のスペースの南西隅の直ぐ外側の辺りには、梁間二間、桁行五間の長大な建物跡が、不思議な存在感を漂わせていた。大型の柱列跡の並びからして、どう見ても、高床《たかゆか》式倉庫の遺構に違いない。あの観自在王院から南に延びる「高屋」群の遺構に同じく、東大寺正倉院風の高床式倉庫の遺構に違いない。

そういえば、「平泉館」が炎上させられたさいに、その「坤《ひつじさるすみ》角」（南西隅）に当たる場所に建つ「一宇倉廩《そうりん》」だけが焼け残って、「沈《じん》・紫檀《したん》以下の唐木厨子《とうぼくずし》数脚」に収納された莫大な宝物が見出された。とする記録が伝えられていた（『吾妻鏡』文治五年八月廿二日条）。

具体的には、牛玉《ごおう》・犀角《さいのつの》・象牙笛・水牛角・紺瑠璃等笏・金沓《きんのくつ》・玉幡《ぎょくのばん》・金華鬘《けまん》・蜀江《しょくこう》錦直垂《ひたたれ》・不縫帷《かたびら》・金造猫・銀造鶴・瑠璃燈爐・南庭《なんてい》百などの宝物である。海外ブランドの極致、「北方の王者」ならではの豪華絢爛の威信財の数々である。

その『吾妻鏡』に記録された「一宇倉廩」の跡が、まさしく、その梁間二間、桁行五間の長大な建物跡だったのではあるまいか。八重樫忠郎氏によっても、改めて指摘されている通りである（「平泉藤原氏の蔵と宝物」）。

逆にいえば、その梁間二間、桁行五間の長大な建物跡が出土している。そのことが、『吾妻鏡』の記録の真実性の証明に、さらには柳之御所遺跡が秀衡・泰衡らの「平泉館」なることの証明になっているのではあるまいか。

この高床式倉庫風の不思議な建物跡については、当時の姿に復元するまでには至らないが、それらの大型の柱列跡の並びを表示して、見学者にアピールするための措置が講じられている。

いずれにしても、柳之御所遺跡が、藤原氏の「平泉館」（政庁兼居館）に相応しい、すなわち都市平泉建設の推進主体の居所に相応しい、威風堂々の風情をあらわにしていた。そのことには、疑いを容れない。

それなのに、世界文化遺産「平泉――仏国土（浄土）を表す建築・庭園及び考古学的遺跡群」の登録にさいしては、「浄土との関連性」がうすいということで、柳之御所遺跡は構成資産から除外されてしまった。これほどに、理不尽なことはない。この遺跡があればこその中尊・毛越寺ほか、構成資産の数々であった。それなのに、この遺跡を除外するというのでは、「仏国土（浄土）」をかたちづくった人間の主体的な営みを無視するということになるのではあるまいか。

いま、地元では、この遺跡の世界文化遺産追加登録をめざす取り組みが進められている。それによって、近い将来に、追加登録の実現をみることを願わずにはいられない。

5　東日本随一の都市を彩る祝祭の風景

平泉を東日本随一の都市だったとするならば、それに相応しい祝祭（イベント）がくりかえされ、大勢の人びとが参集するという賑わいの光景がかたちづくられていたのに違いない。

これまでは、どちらかといえば、大邸宅や寺院・庭園のならび、さらには縦横に走る街路のありさまなど、ハードの側面に着目して、都市の賑わいが語られることが多かった。けれども、大勢の人びとが参集する各種イベントの光景、さらには歓声やざわめきの音など、ソフトの側面にも着目しなければ、十分とはいえない。

年中恒例法会

ここでは、例の「寺塔已下注文」によって、具体的には「年中恒例法会《ほうえ》事」のタイトルを付された記事群によって、その賑わいの風景を、ソフト面から復元してみることにしたい。そのさいに、『平安時代史事典』（角川書店、一九九四年）ほかによってもたらされる京都方面におけるイベントの情報が参酌されるべきことは、いうまでもない。

たとえば、二月には、釈迦入滅の忌日たるべき十五日（旧暦）に、その追慕と報恩のために、常《じょう》楽会《らくえ》（涅槃《ねはん》会）が執り行われる。会場には、大きな「涅槃図」が懸けられて、大勢の僧衆が居並んでいる。迦陵頻伽《かりょうびんが》と胡蝶《こちょう》の舞童《ぶどう》によって、供花《くけ》がなされる。大勢の舞人・楽人によって、舞楽が上演される。僧衆・梵音《ぼんおん》衆・錫杖《しゃくじょう》衆ほかに、かれらを交えた賑々しい「行道《ぎょうどう》」（パレード）がなされてもいる。その周りには、大勢の見物人で、ごった返している。南都興福寺における常楽会のありさまを復元すれば、このようになるであろうか。その当時における、その著名な事例に勝るとも劣らないイベントが、平泉でも執り行われていたのに違いない。

三月には、千部会《え》ならびに一切経会が執り行われる。一千部の法華経を、一千人の僧衆が「転読《てんどく》」するという大規模なイベントである。ならびに、五千余巻の一切経を、五百余人の僧衆が読みあげるという、これまた大規模なイベントである。

大治元年（一一二六）三月二十四日、清衡の創建になる中尊寺「鎮護国家大伽藍」の落慶供養にさいしては、一千部の法華経を、一千人の僧衆が読みあげていた。ただし、一部八巻の法華経の全文を一人で読みあげる時間的余裕がないので、一巻につき、初・中・後の数行だけを読みあげる「転読」の方式にならざるをえない。それでも、一千人の僧衆が一斉に読みあげる声は、大迫力であった。「聚蚊《しゅうか》の響き、なお雷をなす、千僧の声、さだめて天に達するか」と記されている通りである（「供養願文」）。

同じく、その落慶供養にさいしては、五千余巻の一切経を、五百余人の僧衆が読みあげていた。ただし、時間的余裕がないので、一人につき十巻の経文を分担して、その題名だけを読みあげる方式にならざるをえない。

その落慶供養における前例にならって、中尊寺では、秀衡・泰衡の時代に至るも、それらのイベントが執り行われていたのに違いない。

その当時、延暦寺をはじめとする諸大寺では、法華千部会が盛大に執り行われていた。同じく、宇治平等院では、一切経会が執り行われ、舞楽や雅楽にあわせて、梵音《ぼんおん》・唄《ばい》（声明《しょうみょう》）が奏せられ、錫杖が鳴り響き、散華《さんげ》が降り注ぐ。という光景がかたちづくられていた。

四月には、舎利会《しゃりえ》である。釈迦の遺骨を供養する法要である。その当時、延暦寺では、四月の花の盛りに舎利会が執り行われていた。花まつりの法要、すなわち釈迦誕生祭（旧暦八日）のそれに関連

京都祇園会の行列

してのイベントであったろうか。これまた、中尊寺にて、執り行われていたのに違いない。

六月には、新熊野会《いまくまのえ》ならびに祇園会《ぎおんえ》である。後白河法皇の住まいする法住寺殿《ほうじゅうじどの》（御所）に付属する鎮守神として、新熊野社が創建されたのは、永暦元年（一一六〇）のことであった。その末社が都市平泉北方の鎮守として勧請されていた。その祭りたるべき新熊野会《いまくまのえ》も、京都の本社における例大祭に準じて執り行われていたのに違いない。

祇園社は、同じく、都市平泉南方の鎮守として勧請されていた。その祭りたるべき祇園会（正しくは祇園御霊会《ごりょうえ》）は、京都の本社におけるそれに準じて、夏場に流行する疫病退散を願うものだったのに違いない。いま現在における京都祇園祭のそれにも通じるような賑わいの光景が、毎年六月十四日に、かたちづくられていたのに違いない。

八月には、放生会《ほうじょうえ》である。八月十五日（旧暦）に、捕らえた魚介・鳥などを殺さないで池・川・山林に放つことによって、慈悲の心をあらわす仏教行事である。京都方面では、石清水八幡宮において、勅命による盛大な祭礼が挙行されている。平泉には、八幡宮が勧請されることはなく、中尊寺にて放生会が執り行われていた。

そして、九月には、仁王会《にんのうえ》である。護国三部経の一つである仁王経（正しくは仁王般若《はんにゃ》波《は》羅《ら》蜜経《みつきょう》）にもとづいて、百の仏菩薩像と百の高座を設け、百人の僧を請じ、鎮護国家・万民快楽《けらく》などを祈願する国家的な仏事である。朝廷はもちろんのこと、諸国の政庁（国衙《こくが》）でも、執り行われていた。秀衡・泰衡の時代には、都市平泉「中央」の鎮守たる惣社にて、「大仁王会」が、九月九日に執り行われていた。

それらの都市平泉の賑わいをかたちづくるイベント（「年中恒例法会」）には、「講読師・請僧」として、あるいは三十人、あるいは百人、あるいは千人が招かれていた。それにあわせて、舞人三十人、楽人三十六人が招かれてもいた。

中尊寺には「禅坊三百余宇」。すなわち坊（個室）に住まいする正規の僧衆が三百余人。同じく、毛越寺には「禅坊五百余宇」。とも記載されていた。それに加えるに平泉内外における寺僧をもってするならば、「講読師・請僧」として、千人の僧衆を招くことは不可能ではなかったのかもしれない。

そのうえに、聴聞・見物の善男善女が大勢に達していた。たとえば、祇園会のように、イベントの会場から街頭にあふれでたパレードには、田楽に興じる神人《じにん》たち、イケメンの馬長《ばちょう》らを中心とする騎馬の一団、騎馬の巫女《みこ》、御幣・太鼓・榊《さかき》と矛《ほこ》をもつ人々、獅子舞などが、神輿《しんよ》の前後に付き随い、美々しく飾り立てた屋台（山車《だし》）なども加わっていた。大勢の見物人で、黒山の人だかりであった。

それらのイベントは、「六箇度大法会」として、鎌倉後期にまで継承されていった。嘉元三年（一三〇五）、中尊寺衆徒等による訴訟文書によって、そのありさまを垣間見ることができる。それによって、「寺塔已下注文」の不備を補うことができる。

ただし、大旦那たるべき藤原氏が滅亡したことによって、イベントの規模などに変更が及ぼされることがなきにしもあらず。

たとえば、一切経会は、百二十人の講読師・請僧を招いて、三月十五日に開催される。常楽会については、八十二人の請僧を招いて。というような具合になっていた。

それらのイベントの費用を支弁すべき「奥州惣奉行」葛西氏の姿勢にも、問題があった。もう少し、葛西氏が協力的だったならば、それほどまでの縮小には至らなかったのかもしれない。

両寺一年中問答講

そればかりではない。中尊・毛越両寺では、「一年中問答講」が。すなわち仏教の奥義について交わされるハイレベルの問答（討論）を、大勢の人びとが聴聞するという行事が執り行われていた。「年中恒例法会」（「六箇度大法会」）が都市平泉の賑わいをかたちづくる祝祭だったとするならば、こちらの行事は都市平泉の文化水準の高さを物語る最先端の学会（シンポジウム）のようなものだったのかもしれない。

そのうち、たとえば、「長日延命講《ちょうじつえんみょう》」は、普賢《ふげん》延命菩薩を本尊として、大壇と護摩壇を設ける道場にて、延命や増益《ぞうやく》を祈る行事である。仁和寺覚法法親王によって執り行われた記録が残されている。もしかしたら、その辺りから平泉に伝えられたものであろうか。

「弥陀講」は、阿弥陀仏を本尊として、極楽往生を願う行事である。その弥陀講が、後白河法皇の御所で執り行われたさいには、管弦・朗詠・今様《いまよう》などのアトラクションがあった。平泉では、どうであったろうか。

「正五九月最勝十講」は、金光明最勝王経《こんこうみょうさいしょうおうきょう》を講賛して、国家平安・天皇安泰を祈る行事である。毎年五月の吉日から五日間、朝廷にて執り行われる最勝十講では、本尊の釈迦、脇侍の毘沙門《びしゃもん》・吉《きっ》祥《しょう》二天のほか、四天王像が安置されていた。招請された僧衆は、東大・興福・延暦・園城《おんじょう》の四大寺から、証義のほか講師として十人、聴衆（問者を兼ねる）として十人、あわせて二十人であった。

その国家的な行事が、平泉では五月のみにはあらず。正・九月にも行われていたというのだから、驚きである。

中尊寺には、「金光明最勝王経金字宝塔曼荼羅図《まんだら》」十幀が伝えられて、国重要文化財に指定されている。金銀泥絵・彩色絵の両技法をあわせ用いる。平泉ならでは独創性あふれる名作である。それらの曼荼羅図を懸けての豪華絢爛の十講のありさまを想い描くことができるであろうか。

ほかにも、「月次《つきなみ》問答講」が、すなわち毎月恒例の問答講が執り行われていたことが知られる。その内容は、どのようなものであったろうか。

いずれにしても、仁王会・最勝十講ほかの国家的な法会・講、さらには祇園会ほかの都市的な祝祭によって、第二の王都（平安京）ともいうべき平泉のイメージが、内外に誇示されることになった。あわせて、天皇の向こうを張る「北方の王者」ともいうべき秀衡の権勢が内外にアピールされることになった。そのことには、間違いない。

仁王会など、国家的なイベントについて一言するならば、摂関家や平家などでさえも、執り行うことができなかった。京都から隔遠の地、すなわち「北方の王者」であったればこそ、誰に憚ることもなく、そのようなイベントを開催することができたのかもしれない。

ここまで書いてきたところで、誉田慶信氏の論稿「院政期平泉の仏会《ぶつえ》と表象に関する歴史学的研究」に接した。そこには、「年中恒例法会事」「両寺一年中問答講事」に関する立ち入った考察が展開されている。わけても、後者のうち、「延命講」「弥陀講」については、小論よりも深くまで立ち入っている。必ず、参照していただきたい。

鎮守の神々

それらのイベントによる賑わいの都市空間を見守るべく、鎮守の神々が勧請されてもいた。たとえば、都市の中央には惣社が、同じく東方には日吉・白山の両社が、南方には祇園社ならびに王子諸社が。そして西方には北野天神・金峰山が、北方には今（新）熊野・稲荷社が。という具合である。そのうち、祇園・今熊野の祭りは、「六箇度大法会」に数え上げられていた。前に記した通りである。

いずれも、京都方面における本社からの勧請になるものであった。「本社の儀を模す」と記されていることからすれば、それらの社殿の姿かたちなども、本社のそれに倣ったものだったのかもしれない。

そういえば、北上してくる奥大道が、都市平泉に入ろうとする玄関口に位置する「田谷窟《たっこくのいわや》」（いまは平泉町達谷窟）にも、京都鞍馬寺の「多聞天」（毘沙門天）を祀る寺院が設営されていた。清《きよ》水寺を想わせる懸づくり建築である。それらの遺跡を、世界遺産「平泉の文化遺産」に追加・登録すべし。という声が高まっていることは、不思議でも、何でもない。

けれども、なにから、なにまでも、京都に倣って。ということではなかった。たとえば、「王城鎮守」、すなわち平安京の鎮守として崇敬された国家的かつ著名な神社のうち、伊勢・春日・石清水などの諸社は、勧請されることがなかった。伊勢は、天皇家の氏神として知られる。春日に至っては、京都藤原氏の氏神なのにあわせて、平泉藤原氏の氏神でもある。それならば、平泉に勧請されていたとしても、不思議ではない。それなのに、きれいに忌避されている。伊勢・春日ともに、京都政界のトップに近すぎる。ということであったろうか。石清水が嫌われたのは、平泉の天敵ともいうべき源氏の氏神だったことによるものであろうか。

それに対して、日吉・白山、祇園・王子（熊野）、北野天神・金峰山《きんぶせん》・新熊野・稲荷などは、どちらかといえば、国家的というよりは、大衆的ともいうべき色彩をあらわにしていた。

そのような神々の選択によっても、京都文化に学びつつも、京都政界から距離を置いて、独立の姿勢をアピールしようとする、秀衡の姿勢が明らかであろうか。同じく、誉田慶信「平泉・宗教の系譜」、斉藤利男『奥州藤原三代——北方の覇者から平泉幕府構想へ』、同『平泉——北方王国の夢』ほかの論考によって、繰り返し指摘されている通りである。

ただし、斉藤氏のように、「京都政界から距離を置いて」という側面にウェイトをかけるあまりに、

「北方王国」の主としての、すなわち日本国の外側に軸足を置いた権力者としての秀衡の姿を描き出そうとする方向性については、賛成とはいいがたい。

同じく、小川弘和氏のように、「『日本』」とは別の統治理念」、ないしは「渤海・西夏に比すべき周辺国家が成立する」可能性を見いだそうとするような方向性についても（「荘園制と『日本』社会」）、賛成とはいいがたい。

平泉文化の独自性

振り返ってみれば、清衡による仏教立国の根本精神は、大日如来を主尊とする真言密教の教義にはあらず。釈迦・多宝如来を尊ぶ法華・天台の教義によってかたちづくられていた。

薬師如来を主尊とする毛越寺を造営した基衡によって、その根本精神が継承されていたことは、繰り返すまでもない。

秀衡の代には、宇治平等院にならって、極楽浄土への往生を意識した無量光院が造営されるなどして、いわゆる浄土思想の方が卓越するようになったように想われるかもしれない。けれども、秀衡の代になっても、大日を主尊とするような寺院が造営されるようなことはなく、父祖の造営になる中尊・毛越両寺に対する尊崇の念が失われることはなかった。

してみれば、平泉三代による仏教立国の根本精神においても、鎮守の神々の勧請における志向性に同じく、京都政界から距離を置いて、独立の姿勢をアピールしようとする独自の志向性が、すなわち京都を介すことなく、東アジアのグローバル・スタンダードに直接的にアクセスしようとする独自の志向性が明らかといわなければならない。高橋富雄氏・入間田によって、そして誉田・斉藤の両氏によって、繰り返し指摘されている通りである。

ただし、その独自の志向性が、「北方王国」に由来することには、同じく、慎重でありたい。

さらにいえば、考古学的にみても、京都方面における物質文化が、多賀城・胆沢城（「城柵」）の存在を媒介にして、「意図的」かつ「選択的」に継承（「引き継ぎ」）されていたことが明らかである（八重樫忠郎「考古学的にみた北の中世の黎明」）。それによれば、宴会儀礼における土師質《はじ》土器（かわらけ）の使用、同じく四面庇建物の姿・形・立地の変化、そして居館の区画における築地や柵列から堀への変化などは、そのようなプロセスのなかで、すなわち京都の論理と「在地の論理」の対話・交渉が進行させられるなかで、かたちづくられたものであった。

それにつけても、多賀城・胆沢城における在庁官人の主《おも》立ちたるべき「大夫」の呼称が、さらには多賀城に駐在する国守（官人のトップ）たるべき「御館」の呼称が、安倍・清原・藤原の首長らによって継承されて、在地における権威をかたちづくるシンボリックな役割を果たすことになった。そのことの意味を、あらためて痛感しないではいられない。

そのような京都の論理と在地の論理の対話・交渉という、列島社会における通有の事象との関連においても、京都文化の模倣には止まらない、平泉文化の独自性の由来を考えてみることが必要なのではあるまいか。

けれども、それら東西南北の鎮守によって守られた空間だけには止まらない。都市平泉の生活空間は、衣川の郡境を越えて、その北岸の辺りにまで及んでいた。

衣川北岸の都市空間

たとえば、基成・義経、そして平泉の姫宮が住まいする迎賓館ともいうべき施設群が設営されていたことによっても、それと知られるであろうか。

衣川北岸に位置する接待館《だて》遺跡（いまは奥州市衣川区）では、内外二条の空堀によって区画され特異な遺構が検出されている。それらの堀跡からは、一二世紀後半に用いられた大量のカワラケが出土している。それによって、柳之御所遺跡に同じく、「かわらけを用いた儀式・儀礼が盛んに行われたこと」が想定されている。

それに連続するようにして、川沿いに展開する六日市場遺跡・細田遺跡・衣の関遺跡においても、カワラケや国産陶器、さらには中国産磁器が出土している。四面庇の大型建物や苑池の遺構も検出されている。

それらの遺跡のうち、いずれが基成らの居館に関わるものなのか。特定されるまでには至っていない。さらにいえば、接待館遺跡が、「蝦夷の地」を含む奥六郡以北の人びとからの朝貢・交易品を受け取る場であったか、とする斉藤利男氏の指摘についても、確実な裏づけがえられるまでには至っていない。

けれども、周辺地区における発掘・調査の進展によって、遺跡の性格を物語る確実な成果がえられるかもしれない。その日を待つことにしたい。

そのうえに、衣川北岸の瀬原の辺りには、中尊寺の祈りをサポートすべき寺領や、関係者の住まいなどが点在してもいた。

あれや、これやで、衣川北岸は、都市平泉の生活空間を構成するうえで、不可欠の役割を担わされていた。そのことが明らかである。そのために、研究者の間では、衣川北岸を含めて、「大平泉」と呼ばれることが多くなっている。

さらにいえば、秀衡の死後、基成「衣河館」の一角にあった「大将軍」義経の大邸宅が、奥州統治のセンターとしての役割を担わされていたことを想えば、「大平泉」の一部にはあらず。一時的には、「大平泉」の中心ともいうべき位置づけを付与されていたことさえも、明らかである。すなわち、「大将軍」義経を看板とする軍政府を、平泉幕府ないしは奥州幕府にはあらず。どちらかといえば、衣川幕府と呼びたいとするような気持さえも、抱くことにならざるをえない（入間田編『平泉・衣川と京・福原』）。

接待館遺跡発掘風景

振り返ってみれば、日本国の統治に服する通常一般の諸郡から奥六郡、さらには北方世界を隔てる最重要の境界たるべき衣川北岸の辺りには、南北双方の側からもたらされる人・物・情報によって、盛大な交易拠点がかたちづくられることになった。それにともなって、安倍・清原両氏によって、大邸宅や寺院が設営されて、にぎわいの光景が現出されることにもなった。斉藤利男氏によって、早くから指摘されてきた通りである。

けれども、それらの邸宅や寺院の威容は、安倍・清原両氏の滅亡により失われて、廃墟になってしまっていた。

たとえば、鎌倉殿頼朝が平泉を陥れたのち、今後における統治構想を練るべく、衣川北岸を視察に及んださいには、安倍一族が集住した邸宅ほかの遺跡群は、「郭土空しく残り、秋草数十町を鏁《とざ》す」「礎石はいずこか、旧苔に埋もれて百余年」という状態になっていた（『吾妻鏡』文治五年九月廿七日条）。

けれども、「産業また海陸を兼ねる」と記されているような、水陸の交易拠点としての地の利（ポテンシャル）については、失われることなく、存続していたことが知られる。

あわせて、その交易拠点の玄関口たるべき「衣関《ころものせき》」を目指してくる奥大道の沿線には、「卅余里」約一八キロメートルにわたって、桜並木が植えられていた。

この桜並木が、北上川東岸に聳える束稲山に植えられた桜と、すなわち西行が歌に詠んだ桜と、いかなる関係があるのか。同一時期なのか、それとも別々か。分からない。

そのような歴史的な由緒をもった衣川北岸地区が、今度は、基成・義経らの住まいする迎賓館が建ちならぶ特区として、大平泉のなかでも特別の存在感を付与されることになったわけである。

衣川北岸にあった安倍・清原氏関連の邸宅や寺院などのうち、いま現在に確認できる場所は、長者ヶ原廃寺の遺跡だけである。版築の築地によって区画される、すなわち古代国家の官衙に付属する寺院を想わせる、礎石立ちの遺構が検出されている。検出の土器の年代などから、安倍氏による造営だったことが知られる。もしかすると、頼朝が視察に及んだとされる、「郭土空しく残り」「礎石はいずこか」と記された遺跡は、安倍氏関連の遺跡とはいっても、邸宅群にはあらず。寺院のそれだったのかもしれない。

いずれにしても、長者ヶ原廃寺跡が、平泉における仏教文化の開花を準備するうえで、枢要な役割を果たした寺院の遺跡であったことには変わりがない。その貴重な遺跡を、世界遺産「平泉の文化遺産」に追加・登録すべし。という声が高まっている所以である。

平泉の特別都市圏

それだけではない。平泉の生活空間は、都市の境界をさらに大きく越えて、周辺の農村地帯にまで及ぶような勢いをあらわしていた。

たとえば、その端的なあらわれが、平泉の在所たるべき磐井郡における特別の行政区画の設定であった。

すなわち、磐井郡内には、摂関家領の看板を掲げた高鞍荘（いまは一関市花泉）のほか、興田《おきた》（同大東町沖田）・奥玉（同千厩町奥玉）・黄海《きのみ》（藤沢町）などの保が構立されていた。それらの保は、延暦寺における千僧供イベントの費用を拠出すべきファンドとして、清衡によって囲い込まれた田地七百町の一部を構成するものだったのに違いない。

いずれにしても、それらの荘・保の構立によって、国司の統制が及びにくい「免税特区」ともいうべき区画がかたちづくられることになったことには変わりがない。いいかえれば、都市平泉の当主たるべき清衡・基衡らによる統制下に属する区画がかたちづくられることになったことには変わりがない。

そのうえに、毛越寺の仏神事の費用を拠出すべきファンドとして、太田荘が構立されていたことも知られる（中尊寺文書建武元年八月日衆徒等言上状）。

さらには、都市平泉そのものについても、平泉保として、国司の統制が及びにくい措置が講じられていた。

あれや、これやで、国司の統制が及びにくい、逆にいえば清衡・基衡らによる実効支配下に属する区画として、磐井郡域の大部分が、国郡制の統治システムから分離・独立させられることになったことには変わりがない。

そのようなプロセスのなかで、これまで通りに、磐井郡の領域として残されたのは、郡家《ぐうけ》（役所）の在所たるべき西岩井の辺りばかりとなった。

このように、本来的な郡域において、多くの荘・保が構立されて、総体として、国郡制の統治システムから分離・独立させられているケースは、珍しい。そのほかには、多賀国府の在所たるべき宮城郡があげられるだけである（大石直正「陸奥国の荘園と公領」）。さすがに、平泉藤原氏の膝元ならではの特別のありようであった。

いまにたとえれば、日本政府の膝元たるべき東京都の都市圏が、二三の特別区によって、そして三多摩方面における数多くの市・町・村によって構成されていることを想い描くことができるであろうか。

さらには、磐井郡のように特別の行政区画が編成されるまでには至らないが、都市平泉をサポートすべき特別の役割が、胆沢・江刺・気仙《けせん》・牡鹿《おしか》など、近隣の諸郡に課せられることになった。たとえば、中尊・毛越寺を始めとする寺社における「法会・神事等」の費用の一部が、「近郡の役として、それらの諸郡に課せられている。それが、鎌倉期に至るも、続いていることが知られる（中尊寺文書嘉元三年三月日衆徒等重訴状）。

同じく、中尊寺一切経会ほかのイベントに出演する伶人（楽人）や舞人らをサポートするために、胆沢（伊沢）郡内にファンドの田地が設定されていたことは、前記の通りである。

それらの諸郡のうち、牡鹿郡だけは、平泉から離れている。けれども、北上川が海に注ぐ辺りに位置する牡鹿湊が、京都方面そして博多湊を経由して大陸方面にまで連なる海運の拠点として、すなわち都市平泉の外港としての役割を付与されていたことを想えば、「近郡」のうちに含められていたとしても、不思議ではない。

そういえば、胆沢郡白鳥舘《しろとりだて》遺跡（いまは奥州市前沢区）には、その牡鹿湊から北上川を遡ってくる船舶を受け入れる川湊も設営されていた。最近では、物流の拠点としての賑わいを想わせる建物跡や陶磁器類が出土して、大きな話題になっている。そのうえに、「平泉の文化遺産」（世界遺産）へ追加・

登録すべき資産のひとつとして取り上げられてもいる。

いずれにしても、磐井郡における荘・保、そして胆沢・江刺・気仙・牡鹿などの諸郡が、一体として、都市平泉の繁栄をサポートすべき「特別都市圏」ともいうべき役割を付与されていたことには変わりがない。

いまにたとえるならば、千葉・埼玉・神奈川ほかの諸県が、東京都と一体となって、首都圏をかたちづくっていることを、想い描くことができるであろうか。

第六章　鎮守府将軍秀衡の登場

1　声望のたかまり

武者の世に

秀衡が鎮守府将軍に任じられたのは、嘉応二年（一一七〇）のことだった。それにあわせて、従五位下の官位を賜ったことが知られる。秀衡四九歳は夏五月のことだった。

これまで、現地の豪族が鎮守府将軍に任じられることは、原則としてありえない。というのが常識だった。すなわち、京都政界の枠組みに安住する貴族、さもなければ源平の京武者たちが、その任にあたる、というのが通り相場だったのである。

その原則に外れた事例は、わずかに一例だけ。後三年合戦の軍功によって、清原武則《たけのり》が鎮守府将軍に任じられたことがあるだけである。康平六年（一〇六三）あたりのことであった。その後、武則の孫、真衡《さねひら》が延久二年北奥合戦（一〇七〇）の軍功によって鎮守府将軍に任じられた記録がないではない。だが、もう一つ、明証を欠くとして、史実としての確実性を疑われるきらいがないではない。けれども、いずれにしても、清原氏による鎮守府将軍の拝任は、辺境における合戦がらみの臨時の措置によるものだったことには変わりがない。いわば、ドサクサまぎれの特例措置によるものだったことには変わりがない。

あれから一〇〇年あまり。秀衡による拝任は、合戦がらみの臨時の措置、すなわちドサクサまぎれの特例措置によるものにはあらず。平時における通常の手続きによるものだった。秀衡の威風堂々の存在感が、内外に認知されるようになった結果として、そのような前例のない措置に至ったのに違いない。

秀衡の鎮守府将軍就任については、例によって、旧慣に泥む貴族らによる批判の声があげられている。たとえば、あの九条関白忠通の息子、兼実によって記された日記『玉葉』には、「奥州夷狄秀平」を、その地位に就任させるなど、「乱世の基（もとい）なり」とするような、差別的な表現があらわにされていた。

だが、時代は大きく動いていた。京都政界そのものでも、平清盛が従一位・太政大臣に就任するなど、旧慣には馴染まない出来事が発生していた。ほんの数年前のことであった。それならば、秀衡の異例ばかりを大声で鳴らすわけにはいかない。日記で呟《つぶや》くことしかできない。既存の国政には捉われない、いわば何でもありの院政のもとでは、原則論を振りかざしたとしても、蟷螂《とうろう》の斧の譬えに陥るばかりである。ということだったのではあるまいか。

それほどまでに、「武者」の存在感が大きくなっていた。国政において、何ごとか、新機軸を打ち出そうとするならば、「武者」のパワーに頼らざるをえない。という時代が到来しつつあった。これ、すなわち、「武者の世」の到来にほかならない。

そのような声望のたかまりをかたちづくるうえで、みちのくの名馬を京都方面に献上するという定番の施策が大きな役割をはたしていた。そのことについては、疑うべくもない。

名馬の献上

そもそもの始まりは、寛治五年（一〇九一）、関白藤原師実に対して、清衡が馬二疋を献上したことにあった（『後二条師通記』）。それ以来、折に触れて、摂関家方面への献上がくりかえされている。

また、基衡によっては、仁平四年（一一五四）、鳥羽城南寺祭にて、法皇・上皇ほか、大勢の公卿が見守るなか、「競馬《くらべうま》」に出走させるために、「基衡二鹿毛《かげ》」の駿馬が献上されている（『兵範記』）。平治の乱にさいしては、「奥州の基衡が、六郡一の馬とて、院へまいらせたりける黒き馬の、八寸あまりなるに、金覆輪《きんぷくりん》の鞍をき《（置）》」たるが曳き出されて、大将藤原信頼の乗馬に供せられた。とする記録が残されてもいた（『平治物語』）。

そして、秀衡によっては、仁安二年（一一六七）、馬場御所にて、上皇ほか、大勢の公卿が見守るなか、「競馬」に出走させるために、「秀平鴾毛《ときげ》」が献上されている。それとは別に、「御厩秀平栗毛駮《ぶち》」の文字も見えていた。こちらの方は、秀衡が院御厩に献上していた馬が、今回の行事のために、差回されてきたものであったろうか。

黄金の献上

さらには、大高山《おおたかやま》・刈田峯《かったみね》の両社の年貢として、神祇官のトップたるべき「大夫伯《かみ》殿」に金を献上していることも知られる。清衡によって始められた両社年貢の献上が、秀衡によって、しっかりと継承されていたのである。永万元年（一一六五）に記された「神祇官諸社年貢注文」に、そのことがみえていた。

それは、いうならば、氷山の一角。京都方面における寺社権門に対する金の献上は、それこそ、枚挙にいとまがないほどのレベルに達していたのに違いない。すなわち、延暦・園城・東大・興福寺、さらには震旦《しんたん》（中国）は天台山国清寺《こくせいじ》において、千僧供養のイベントを開催して、千人の僧衆に、一両づつの砂金を施した清衡の先例に倣って、秀衡もまた、内外の諸大寺に対する寄進行為に勤《いそ》しんでいたのに違いない。

たとえば、高野山に対する寄進の記録が見えていた。すなわち、高野山に等身金色釈迦如来像一体を安置する多宝塔を建立することになったさいに、多大の寄進行為に及んで、「無遮《むしゃ》の齋会《さいえ》」の興行をサポートするのにあわせて、「三百余口の浄僧」「二千余輩の衆徒」に財を施している。承安三年（一一七三）のことである。

「奥州鎮守府将軍藤原朝臣は、将帥累葉《しょうすいるいよう》の家に生まれ、勢徳希世の人なり。しかるに仁義を性に受け、仏法を心に刻み、殊に真乗の教行を仰ぎて、専ら当山の仏法に帰す」とされているのは、伊達ではない。

秀衡だけではない。その「室家」（正妻・基成女子）ならびに「賢息」（泰衡か）についても、「福を増し、寿を延ばさんがために年来、尊勝仏頂《そんしょうぶっちょう》の秘法を修して、星霜久しく積もり、薫修すでに深し」と記されていた。かの女らもまた、熱心な仏教徒であったことが知られる（高野検校阿闍梨定兼塔供養願文、『続群書類従』釈家部）。

治承四年（一一八〇）、平家の焼打ちによって炎上させられた東大寺大仏殿の再建にさいして、重《ちょう》源《げん》上人の勧進《かんじん》に、いの一番に応じたのは秀衡であった。「奥州猛者《もさ》秀平真人《まひと》は、殊に慇懃の志を抽んじて、専ら知識の方便を廻らすなり。真人の忠節によって、奥州の結縁《けちえん》を盡す。これより以降、一天四海、次第に結縁するなり」とする記録が残されていた（『東大寺造立供養記』）。

重源上人ばかりではない。あの西行上人からも、「東大寺料」「沙金《さきん》」の勧進があったことが知られる。そのさいには、西行その人が、奥州に出向いてきている。西行、すなわち佐藤義清《のりきよ》が、秀衡に同じく、秀郷流藤原氏の系統に属していたことが、その理由とされている（『吾妻鏡』文治二年八月十六日条）。だが、それにしても、尋常ではない。

さらには、勧進によるばかりにはあらず。国政のチャンネルを通じても、金の献上が命じられている。すなわち、鎌倉の頼朝に対して千両、平泉の秀衡に対して五千両の「奉加」が、命じられている。大仏の鋳造を経て、「滅金を塗り奉る」という大事の工程に差し掛かろうか。というあたりのことであった（『玉葉』元暦元年六月廿三日条）。これをもってしても、秀衡の財力が、頼朝のそれに数倍するようなレベルに及んでいたことが察知されるであろうか。

高野山のばあいといい、東大寺のばあいといい、いずれも、秀衡が鎮守府将軍に就任して以降における寄進行為であった。

けれども、それらの寄進行為に先んじて、鎮守府将軍就任の以前に、類似の寄進行為が展開されていなかったとすることはできない。いな、そのような行為が展開されていたればこそ。たとえば、「将師累葉の家に生まれ、勢徳希世の人なり。しかるに仁義を性に受け、仏法を心に刻み」とするような人物評価が、すなわち偉大なパトロンとしての声望の高まりがかたちづくられて、高野山や東大寺に対する資金提供の呼びかけにつながったのではあるまいか。延《ひ》いては、公家社会におけるマイナス・イメージの改善につながったのではあるまいか。

それにつけても、「勢徳希世の人なり。しかるに仁義を性に受け、仏法を心に刻み」とするような秀衡の人物評価には、隔世の感を抱かざるをえない。

東夷遠酋から勢徳希世の人へ

たとえば、清衡の時代には、「東夷遠酋《おんしゅう》」「俘《ふ》囚上頭《しゅうじょうとう》」とするような屈折した自己主張によって、みちのく世界のリーダーたるべきことをアピールするのが、関の山であった。すなわち、京都方面からする「エミシの王」呼ばわりに、真っ向から反論することが叶わず、それを受忍することを余儀なくされた。そのうえで、その呼ばわりを逆手にとって、みちのく世界のリーダーたるべきことをアピールする。という回りくどい論理を展開するのが、ギリギリのところであった。中尊寺供養願文には、その必死の論理展開が鮮明にあらわれていた。

そのような限界を乗り越えるためにも、清衡は、建寺・造仏事業の展開によって、仏教の偉大な外護者（大旦那）として、万人に仰ぎ見られるべき人物像をアピールする。すなわち、仏教のチャンネルを通じて、文化的かつ公共的なリーダーシップをアピールすることに邁進したのであった。

それに対して、秀衡の時代に立ちいたれば、「将帥累葉の家に生まれ、勢徳希世の人なり」。すなわち、あの伝説の秀郷将軍の血統を誇示して、稀代の軍事首長として、仰ぎ見られるまでになっている。新たに到来した「武者の世」ならではの価値基準に寸分も違わない人物像をアピールすることに成功しきっている。

あわせて、仏教のチャンネルを通じてかたちづくられた公共的かつ社会的なリーダーとしての人物像を継承してもいる。文武両道の徳を兼ね備えるとは、このことである。


大したものである。それならば、秀衡の鎮守府将軍就任に対して、表立って、反対の声があがらなかったとしても、不思議でも、何でもない。

白山や熊野の方面にも

そういえば、京都周辺の寺社には、秀衡寄進の仏菩薩ほかが残されていた。たとえば、霊峰白山信仰との関連で、美濃国側の登拝口たるべき石徹白《いとしろ》の白山中居神社に（いまは岐阜県郡上市白鳥町）、秀衡寄進の虚空蔵菩薩（重文）が。同じく、加賀国側の登拝口の白山比咩《はくさんひめ》神社に（いまは石川県鶴来町）、秀衡寄進の獅子・狛犬《こまいぬ》像（重文）が。それぞれに祀られていた（井上正「美濃国石徹白の銅造虚空蔵菩薩座像と秀衡伝説」）。さらには、白山七社の中心たるべき本宮（白山比咩神社いまは石川県白山市）にも、秀衡寄進の五尺の金銅仏が安置されていた（『白山之記』）。

そのうち、石徹白の虚空蔵菩薩については、元暦元年（一一八四）、秀衡の発願によって、平泉を出発。「上村十二人衆」に守られて、石徹白には翌年に到着。とする伝説が存在していた。その「上村十二人衆」の子孫によって、いま現在も守られているというのだから、驚きである。その菩薩像が、八百年の時空をワープして、平泉中尊寺に里帰りを果たしたさいには、大勢の拝観客で、大変な賑わいが現出されることがあった（佐々木邦世『平泉中尊寺』）。その折にも、そして山坂の難路を凌いで辿りついた石徹白の現地でも、いまは大師堂に遷されている菩薩像を真近にして、その端正かつ威厳にあふれた尊容を拝観する機会に恵まれたことは、筆者にとって喜びこれに過ぎたることはない。その身震いするような感動の体験が、いまだに新鮮さを失うことがない。

ほかにも、熊野那智大社には、さらに熊野古道の中途（和歌山県中辺路町野中）には、「秀衡寄進」の桜が、いまも花を咲かせている。同じく、熊野古道が険しい山道に差し掛かる辺りに祀られる瀧尻王子社には、「秀衡寄進」の刀子が伝えられている。あわせて、秀衡夫妻が、熊野詣の途次、にわかに産気づき、和泉三郎忠衡が生まれたことにあやかって、社殿を造営したとも伝えられている。

そのうち、那智大社のばあいには、平重盛が植えた楠が、聳え立ってもいた。秀衡・重盛の両人の名にし負う霊木がならび立つ、そのありさまによっても、両人が日本の東西にならび立つ大立者であったことを察知することができるであろうか。

2 人々給絹日記

鎮守府将軍就任を祝う盛大な儀礼にて

嘉応二年（一一七〇）、秀衡の鎮守府将軍就任を祝う盛大な儀礼には、奥羽両国の大名・小名が馳せ参じて、空前絶後の規模に及んだ。陸奥国司ほか、多数の賓客が招かれてきたであろうことは、いうまでもない。

その盛大極まりない儀礼の痕跡が、柳之御所遺跡の堀内部地区の南半部に残されていた。すなわち、板塀に囲まれた特別のスペースにて、あの東・西二棟の大型建物が設営されていた辺り、具体的には「平泉館」の主屋（西側）と「侍所」（東側）を想わせる二棟の大型建物が設営されていた辺りのことである。

その辺りには、盛大極まりない儀礼に用いられた後に、一括して廃棄された大量のカワラケが、井戸状に穿かれた深い穴にぎっしりと埋め込まれていた。

それればかりではない。これまた、宴会儀礼に用いられた折敷《おしき》（割板製のトレー）なども廃棄され、水っ気の多い環境に守られて、腐蝕することなく、原型を止めていた。

さらには、盛大極まりない儀礼のために、大型建物群を新築すべく用いられた金槌ほかの大工道具や、既存の建物の解体によって発生した柱・土壁などの部材までもが、ぎっしりと埋め込まれていた。あわせて、糸巻・物差しなど、装束の縫製に用いる道具類が、埋め込まれてもいた。盛大極まりな

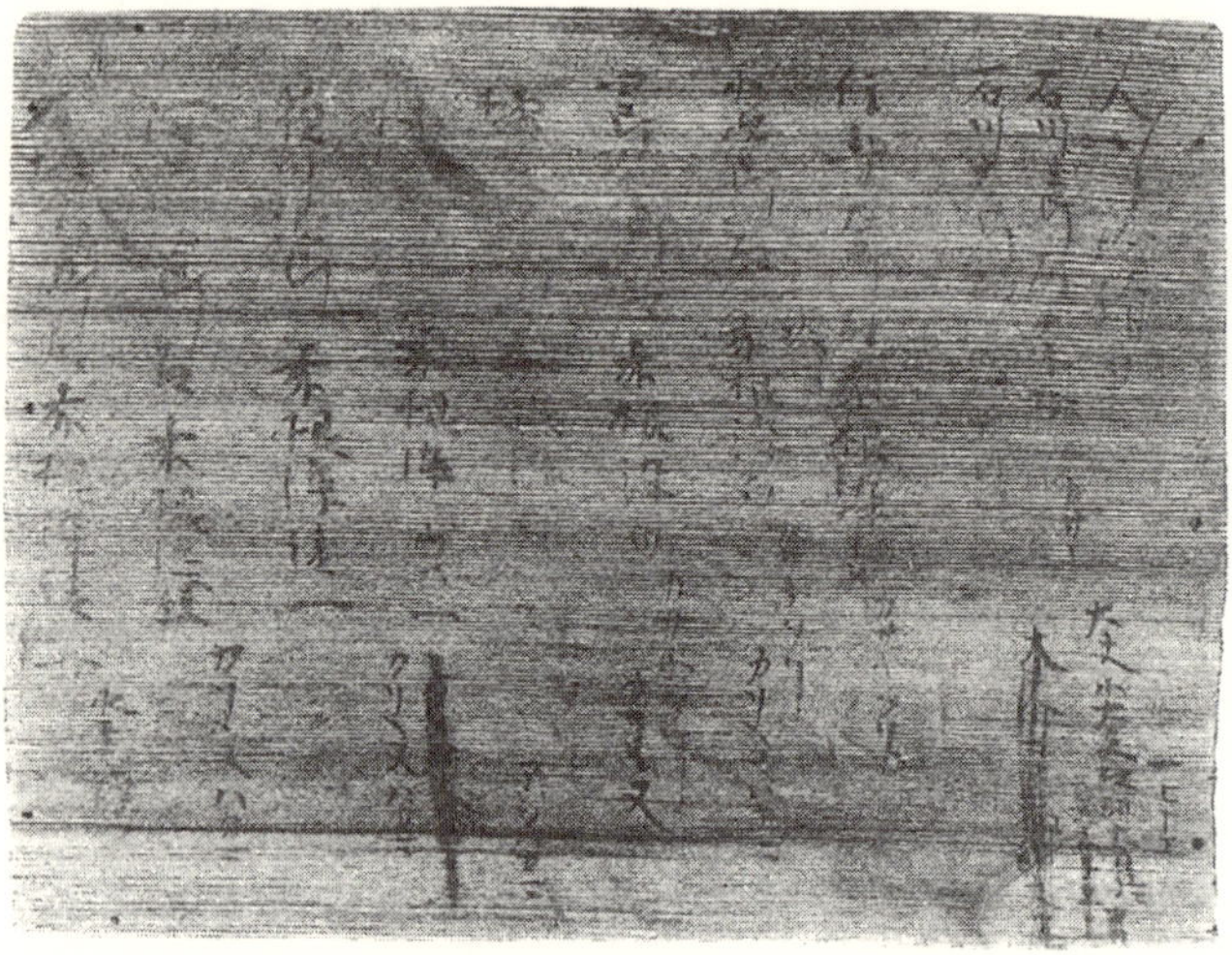

人々給絹日記　一ヒトエ
大夫小大夫殿紺大目結　□□
石川三郎殿　赤根一カサネ　(ヒトエ一)
大夫四郎殿紺大目□(結カ)
石川太郎殿　紺大目結
カサネタリ
信寿太郎殿　赤根染青
綾　カサネタリ
小次郎殿　赤根染白　カリキヌハカマ
カサネタリ
四郎太郎殿　赤根染白　カリキヌ
□(カ)サネタリ
橘藤四郎　赤根染白　アヲハカマ
橘□五　赤根染ウヘ一　シタキハ大□□
カリキヌハカマ
瀬川次郎　赤根染綾一
カリキヌハカマ
海道四郎殿　赤根染綾一
水干袴
石埼次郎殿　赤根染綾一

折敷に墨書された「人々給絹日記」と釈文

い儀礼に備えて、秀衡を始めとする身内の人びとが着用すべく、狩衣ほかの晴れ着を用意しなければならない。その道具類もまた、儀礼の後に、一括して廃棄された。ということでもあったろうか。「人々給絹日記《ひとびとにたまうきぬのにっき》」と墨書された注目すべき折敷は、それらの大量かつ多様な廃棄物のなかに含まれていた。

その注目すべき折敷が地下から取りあげられた直後、大石直正氏と共に、真水を張ったアルミの容器に浮かべられた状態に立ちあった瞬間に、湧き上がってきた感動は褪《あ》せることなく、昨日のことのような新鮮さを保っている。

水っ気の多い環境に守られて、折敷の原形が保たれている。柾目《まさめ》の杉板の四辺に取り付けた細長の枠材は失われているものの、その取り付けのために施された釘穴がしっかりと残されている。以前における宴席で廃棄された直後に、枠材が取り外されて、メモを書き付ける素材として、すなわちメモ用紙の代わりに用いられることになったのに違いない。

その表面には、「人々給絹日記」のタイトルのもとに、「信寿《しんじゅ》太郎殿」「小次郎殿」「四郎太郎殿」ほか、一二人の名前が。あわせて「赤根染青カサネタリ」「赤根染白カサネタリ　カリキヌ・ハカマ」ほか、「絹」装束のリストが列記されていた。

また、その裏面には、「中上」「五尺　十四疋」「四尺八寸　十六疋」「已上入物一合」、「中十匹」。「下四尺八寸五丈三切」ほか、反物《たんもの》（布地）の品質や寸法、さらには反物の「入物《いれもの》」（容器）が列記されていた。それによって、その裏面の墨書が、縫製関連の部署によって記入されたことが、察知されるであろうか。

そして、その墨書折敷をかたちづくる木材の年輪測定の結果は、一一三八年であった。場所を同じくした出土の別の墨書折敷の木材についていては、一一五八年の測定がなされている。辺材部（樹皮に近い部分）を残す後者の方が、伐採年に近い（岩手県埋蔵文化財センターによる現地説明会資料、一一九一年）。したがって、その木材が伐採され、乾燥・製材の工程を経て、折敷のかたちに仕上げられたのは、一一五八年＋若干年ということにならざるをえない（入間田「折敷墨書を読む」ほか）。

秀衡の息子たち

最大の問題は、それらの人名の読み解きにあった。たとえば、初めに書きつけられた「信寿太郎殿」「小次郎殿」「四郎太郎」は、秀衡の一族だった。すなわち、ことさらに姓を付さなくても、その呼び名だけで通る特別の人びとだった。と考えられる。

そのうち、「信寿太郎殿」は、秀衡の長男で、正式には国衡と呼ばれる人物だったのに違いない。すなわち、秀衡が最初に妻とした、後見の家臣たるべき信夫佐藤氏の女子を母とする人物だったのに違いない。国衡の年齢は、分からない。けれども、二〇歳を過ぎることはなかったらしい。

そして、「小次郎殿」は、秀衡の次男ながら、正妻たるべき「大殿藤原基成」の女子を母とするが故に、秀衡の後継者となった泰衡だったのに違いない。

「小次郎」のネーミングそのものが、「次郎」たるべき秀衡のジュニアを意味していた。とするならば、泰衡の後継者たるべきことは、秀衡の最期にはあらず、鎮守府将軍就任の以前から、早々に決定されていた。ということにもならざるをえない。

また、「四郎太郎殿」は、四郎のジュニアを意味していたから、たとえば、秀衡の舎弟たるべき四郎の息子が、秀衡のもとに預けられていた。などのことが想定されるであろうか。

そのとき、泰衡は、一六歳であった。その一九年後に、泰衡の首が鎌倉方に届けられることになったさいには、「卅五」歳と記されていたこと（『吾妻鏡』）から逆算するならば、そういうことにならざるをえない。

ただし、『吾妻鏡』の異本（吉川本）には、届けられた泰衡の首は、「廿五歳」と記されていた。こちらの方を採る研究者もある。だが、それならば、「絹日記」が記された一一七〇年には六歳だったということになって、問題である。六歳の子供が、あのような盛儀に参列できるなど、とても考えられないからである。

いずれにしても、かれら三人の若者が、いまだに自立の域に達せず。秀衡によって眷養《けんよう》される状態にあったことには変わりがない。だからこそ、儀礼に着用すべき晴れの装束を、秀衡に誂《あつら》えてもらわなければならなかったのである。

国衡は、自立の域に達した後に、平泉館の「西木戸」の辺りに家宅を構えることになった。前にも、記した通りである。そうなれば、父親に装束を誂えてもらうなどのことも不必要になっていたのに違いない。

かれら三人の若者に対して、秀衡三男の忠衡《ただひら》、同じく四男の隆衡《たかひら》は、その名前をあらわしていない。いまだ、元服の年齢に達せず、儀礼に参加することができなかったのに違いない。

たとえば、三男忠衡が義経に「同意」との責めによって泰衡に殺害されたのは、文治五年（一一八九）、一三歳のことであった（『吾妻鏡』）。それならば、嘉応二年（一一七〇）の儀礼にさいしては、四歳だったということにならざるをえない。

四男隆衡に至っては、生まれてさえいなかったと考えられる。すなわち、文治五年、平泉陥落にさいして、「降人」として召し進められた「高（隆）衡」には、「本良冠者」の別称が付せられていた（同）。なんと、隆衡は「冠者」（元服して間もなく、一三～一五歳を過ぎたばかりの青年）だったのだ。それならば、嘉応二年には、生まれているはずがない。

ここまでは、入間田『平泉藤原氏と南奥武士団の成立』における人名比定を踏まえての記述であった。以下においても、同じくということで、進めていくことにしたい。

橘藤四郎・橘□五・瀬川次郎のグループ

つぎには、橘藤四郎・橘□五・瀬川次郎のグループである。墨書の人名のうちでは、かれらに限って、「殿」の敬称がつけられていない。秀衡側近のスタッフだったことによるものに違いない。

たしかに、格下のグループであった。秀衡の一族や傘下の大名・小名に比べれば、格式において劣ることは疑うべくもない。けれども、かれらが、秀衡の手足となって、万端の取りしきりにあたっていた。政権の中枢に位置していた。そのことには間違いがない。墨書人名の執筆に当たったのも、かれらの一人だったのに違いない。

たとえば、橘藤四郎・橘□（藤）五の二人は、秀衡の側近にあって、「人間コンピュータ」ともいうべきはたらきをもって知られた、あの豊前介実俊・橘藤五実昌の兄弟であった。

かれら「京下り」の兄弟に対して、瀬川次郎は、地元の出身だったらしい。瀬川は、奥六郡のうち、稗貫郡の地名である。その瀬川を名字として、代々にわたって平泉に奉仕し続けてきた家筋に生まれ育った後に、秀衡の側近に取り立てられたものに違いない。

いずれにしても、秀衡側近に常勤のスタッフとして詰めるかれらが、今回の儀礼に備えて、大勢の来賓の接待そのほかに当たるべく、特別の衣服の支給対象とされていることは、不思議でも、何でもない。そのように、言うことができるであろうか。

海道四郎殿・石碕次郎殿ほか

そして、海道四郎殿・石碕次郎殿・石川三郎殿・石川太郎殿の四名である。かれらもまた、秀衡の側近にあって、秀衡に奉仕するのにあわせて、秀衡によって眷養される、すなわち衣食の支給に与《あずか》るような存在だったのに違いない。

ただし、「殿」の敬称からも知られるように、かれらの格式は高く、すなわち常勤のスタッフの仲間にはあらず。有力な家臣の息子らが、秀衡の側近として一時的に預けられて、「近習《きんじゅう》」として奉公するのにあわせて、衣食を支給される。というような存在だったのに違いない。

念のためにコメントするならば、有力な家臣の当主、その本人が、秀衡の身のまわりに侍る常勤のスタッフに同じく衣食を支給されるなどのことは、原理的にありえない。今回の儀礼に、かれらが参列するにさいしては、必ずや、自身の才覚で、晴着を誂えていたのに違いない。どんなことがあっても、晴着を誂えてもらうなどの不面目は、避けるべし。とされていたのに違いない。

たとえば、かれらのうち、石碕《いわさき》次郎殿は、同じく海道方面は岩崎郡に勢力を蓄えていた豪族、岩崎氏から預けられた若者であったろうか。

石碕＝岩崎の地名は、平泉の膝下たるべき胆（伊）沢郡内にも存在する。そのために、石碕次郎殿は、胆沢郡内の豪族の出身なりと記したことがあった。けれども、当郡内に、「殿」とよばれて近習を差し出すよう有力家臣が存在していたとする痕跡はない。したがって、胆沢郡内の豪族出身とする推測は、撤回することになった次第である。

また、石川三郎殿・石川太郎殿の両名は、石河荘（いまは福島県石川町）に勢力を蓄えていた石川氏から預けられた若者であったろうか。

石川の地名は、平泉の膝下たるべき磐井郡内に存在した戦国武将石川氏の名字の地に相当する可能性がないでもない。けれども、当郡内に、「殿」とよばれて近習を差し出すよう有力家臣が存在していたとする痕跡はない。したがって、磐井郡内の豪族出身とする推測は、これまた撤回することになった次第である。

それにたいして、海道四郎殿は、海道方面（いまは福島県いわき市）に勢力を蓄えていた海道平氏、具体的には岩城氏ほかの先祖に当たる一族の出身だったのに違いない。

後三年合戦の発端は、みちのくに並びなき権勢を確立した清原真衡が、後継者として、海道小太郎成衡《なりひら》に、すなわち海道平氏の若者に、白羽の矢を立てたことにあった。

その若者の係累が、清原氏滅亡後も、当地に止まり、平泉藤原氏の保護下にあって、「食客」としての暮らしを続けていた。ということであったろうか。したがって、かれのばあいには、「近習」だったとは、いい難いのかもしれない。けれども、「近習」たるべき石崎・石川の若者らとの間には、それなりの親近感が保たれていたのかもしれない。

近習召しだしの理由

それにしても、である。そのように、南奥は、海道・中通り方面における諸豪族から預けられた若者が、近習として、秀衡の側近に奉仕するということは、清衡や基衡の時代には、とても考えられないことであった。

それらの諸豪族は、本来的には、平泉藤原氏と肩をならべるような存在であった。すなわち、対等・平等のステータスにあった。そのために、清衡や基衡の時代までは、かれらとの縁組を通じて、同盟関係を構築するというのが関の山であった。

南奥の地は、清衡・基衡らの占領地にはあらず。平泉にしたがうは、わずかに信夫佐藤氏のみ。すなわち、南奥の地に、平泉の風を吹かせることは、極めて困難という状態が続いていた。

それが、ようやく、秀衡鎮守府将軍就任のあたりに至って、かれらの子弟を近習として召しだすことができるようになった。すなわち、南奥にも、平泉の風を吹かせることが可能になったのである。

ただし、海道・石川方面の豪族が平泉の傘下に入り、秀衡の近習として、息子らを差し出すようになったといっても、完全に従属してしまったというわけではない。かれらは、あくまでも、外様《とざま》としての立場、すなわち半独立の立場を失うことがなかった。それを忘れてはならない。

そういえば、鎌倉殿頼朝のばあいにも、然るべき家柄の御家人、あるいは御家人の子弟のなかから、弓矢に秀でた者を選抜して、毎晩、寝所の近辺に侍る（警護する）べきことを命じている。

その十一人は、江間・下河辺・結城・和田・梶原・宇佐美・榛谷・葛西・三浦・千葉・八田の面々であった（『吾妻鏡』養和元年四月七日条）。

かれら十一人は、頼朝の親衛隊として、すなわち「鎌倉殿家子《いえのこ》」として、特別の格式を付与されていた（細川重男「北条得宗家成立試論」）。

さらに時代を下って、秀吉・家康らが、外様の諸大名から息子らを差し出させて、近習の列に加えていた。そのことについては、改めて指摘するまでもない。

とするならば、秀衡が、然るべき家柄の若者を召しだして、側近に奉仕させるなどのことをしていたとしても、不思議でも、何でもない。

大石直正氏によっても、秀衡が「特定の諸家から」、「その次代をになう子息を出させて」、「藤原氏に忠実な近臣団を創出しようとしていたのではないだろうか」、と記されていた（「『人々給絹日記』を読み直す」）。これほどに、心強いことはない。

大石氏のばあいには、海道・石碕・石川ないしは大夫小大夫ほかの面々が、南奥の出身にはあらず、平泉近辺もしくは奥六郡内の出身なり。とされていて、違和感を禁じえない。けれども、「特定の諸家から」、「その次代をになう子息を出させて」、「藤原氏に忠実な近臣団を創出しようとしていた」とされることに関しては、卓見なりと言わなければならない。

大夫小大夫殿・大夫四郎殿

さいごに、大夫小大夫殿・大夫四郎殿の両名は、信夫佐藤氏の一員だったのに違いない。大夫小大夫は、父親「大夫」のジュニア。同じく、大夫四郎は、「大夫」の四男ということにほかならない。そのうち、後者の名前が、抹消されているのは、何らかの理由によって、晴れの儀礼に奉仕することが叶わなくなったことによるものか。

『古活字本平家物語』には、あの継信・忠信の父親を、「秀衡が郎等、信夫小大夫」と記している。それによって、川島茂裕氏は、大夫小大夫が信夫佐藤氏だと指摘されている。そのうえに、信頼度の高い伊勢佐藤系図にも、継信・忠信の兄、隆治について、「左近大夫将監」と記して、かれら父子が大夫の名乗りを有していたことを暗示している。

もともと、乳母を出すなど、平泉藤原氏の側近に奉仕する特別の家柄として、すなわち身内中の身内として、鳴らしてきた信夫佐藤氏のことである。その一員が、晴れの儀礼に奉仕すべき人びとの最末尾に、しっかりと書きつけられているあたりには、まことに、然るべしといわざるをえない。

もうひとつ、かれらが給与された装束のかたち・色目《いろめ》について、簡単にコメントしておきたい。

装束のかたち・色目

それらの装束の多くは「カリキヌ」(狩衣)であった。それに、「水干《すいかん》」が加わる。いずれも、公家の正装にはあらず。今日でいえば、スポーツ・ウェアのあつかいであった。けれども、武家にとっては、それが正装のあつかいになる。その時代相が、くっきりと表れていて、興味深い。

それらの色目についても、また然り。「赤根染」(茜染)に代表されるアカ系統の色目は、これまた、武家の好みであった。

そのうえで、吉村佳子氏によるコメントを参照されたい。「墨書に見えるような重ね色目の着装や綾といった美麗な布地で仕立て上げられた狩衣は、鎌倉時代の上級武士には礼装であった」。「墨書に見られる綾のような水干は、平安末期には武士の礼装であった」。「折敷墨書の服飾は公家の場合であってても美しいものであり、武家の場合ではもちろん特別の折に用いられた美麗なそれであり、かなり上級者のための、しかも比較的に若い人々のための服飾の記録なのではないだろうか」(「折敷墨書の服飾について」)。

盛大な儀礼の準備作業のなかで

いずれにしても、秀衡側近の人びとが美麗な装束を着用して出迎えるなか、これまた美麗な装束の賓客が大勢で到来する。かれらを迎え入れるべき大型建物を始めとして、カワラケ・折敷ほかの食膳具に至るまで、何から何まで、新調にあらざるはなし。というような盛大かつ晴れの儀礼の光景がくりひろげられていた。そのことには、疑いを容れない。

あわせて、「人々給絹日記」の墨書がかきつけられたのは、その晴れの儀礼に向けて、側近の人びとがホスト側の人物として着用すべき装束を仕立て上げるためのものだった。そのことにも、疑いを容れない。

具体的には、秀衡側近の役人が、一人一人の人物に面談の上、仕立て上げるべき装束のかたち・色目などを決定した内容を、ある種の身分序列に即してリスト・アップしたものだったのに違いない。そのリストが、担当部署の壁に掲げられ、予定日に間に合わせるべく、職人が忙しく立ち働いている光景が目前に浮かび上がってくるような気がしてならない。晴れの儀礼が終わった直後に、使用済みの道具や食膳具類にあわせて、一括して廃棄される光景についても、同然である。

ただし、リストは、仕立てあがった装束を人びとに支給した直後に、その支給記録として書きつけられたのだ、とするような考え方がないわけではない。けれども、「大夫四郎殿」の名前が書きつけられた後に、抹消されることになった経過などに鑑みるならば、仕立て上げた後にはあらず、仕立て上げる前にこそ、そのようなリストの存在意義があり。というように考えることにならざるをえない。

ホストか、ゲストか

さらにいえば、これまで、研究者の間には、人々に装束が支給されたのは、かれらが秀衡の身内として、すなわちホストとして、大勢の来賓を迎えるという目的にはあらず。かれらが秀衡の主催する宴会にゲストとして招待されて、その席上にて、引出物ないしは被物（かつぎもの）としてプレゼントされたものだった。すなわち、かれらに対して、秀衡が褒美を与えるという目的に即したものだった。とするような理解が多くおこなわれてきた。

それならば、かれらをゲストとする宴会の規模は、小規模なものに止まることにならざるをえない。鎮守府将軍就任を祝う盛大な儀礼にはあらず。どちらかといえば、身内だけの日常的な儀礼だったということにならざるをえない。

けれども、それならば、なぜに、カワラケほかが一括して廃棄されて、盛大な宴会儀礼が展開されたことをあらわにしている環境のなかで、その墨書折敷が埋存されることになったのか。ないしは、「特別の折に用いられた美麗なそれ」とコメントされるような服飾が、なぜに、リスト・アップされることになったのか。さらには、豊前介実俊など、秀衡の側近中の側近が、すなわち秀衡の意向を受けて大小の儀礼の差配に当たるべき人物が、なぜに、ゲストとして、秀衡の子息らに伍して、褒美を支給される側に廻ることになったのか。など、分からないことばかりである。

それよりは、かれらをホスト側に位置づける盛大な宴会儀礼が展開されていたと考える方が、はるかに、自然なのではあるまいか。

そもそも、宴席において、主催者側から提供される引出物類は、反物というのが通例であった。すなわち、招待客の顔ぶれにあわせて、あらかじめ個別的に仕立てあげておいた狩衣ほかの装束が提供されるなどのことは、あったはずがない。今日における宴席でも、招待客の人数に合わせて用意された引出物が一律に提供されることはあれども、招待客の顔ぶれにあわせて個別的に用意された引出物が個別的に提供されるようなことはありえない。それが、常識というものである。

ふたつの大型建物も同時期に

これまでに見てきたように、「人々給絹日記」に関わる盛大な儀礼が執り行われたのは、嘉応二年（一一七〇）、秀衡の鎮守府将軍就任を祝う折のことであった。その盛大な儀礼のために、ふたつの大型建物が設営され、室内を飾る調度類、カワラケほかの食膳具、賓客に手渡す引出物から、さらにはホスト役のための装束までもが、新たに製作されることになったのであった。そして、宴会儀礼が果てた後には、カワラケほかの食膳具などは、一括して廃棄されたのであった。

そのことが、廃棄された折敷の年輪の年代測定によって、さらには「人々給絹日記」に書きつけられた人びとの年齢の判断、そのほかによって、疑いの余地なく、明らかにされている。

それなのに、斉藤『平泉――北方王国の夢』では、ふたつの大型建物だけを切り離して、基衡期のものとする判断に傾いている。それによって、基衡による平泉館の「第一次大改造」のイメージをつくりだしている。

そのような判断は、調査相当者側による「12世紀第2～第3四半期前半頃」の建物かとする見解に依拠していた。それならば、一一七〇年説は採り難い、ということであったのに違いない。けれども、その見解は、遺跡の整備・復元のための一応の作業仮説に過ぎない。建物の軸線ほかが重視されている一方で、苑池の改修や一括廃棄の遺物群のありかたなど、その辺り全体の遺構・遺物との関連性について考察が不十分なままに止まっている。近い将来における本格的検討の機会を待たなければならない。

さらにいえば、それら二つの大型建物の近辺から出土した一括廃棄の大量のカワラケほかの遺物群のうち、折敷に書きつけられた「人々給絹日記」の成立年代については、秀衡が鎮守府将軍に就任の一一七〇年にとする判断が、入間田に同じく、斉藤氏によって共有されてもいる。それなのに、ふたつの大型建物だけを切り離して、年代判断に及ぶことには、違和感を抱かざるをえない。すなわち、「人々給絹日記」が一一七〇年ならば、大型建物も一一七〇年になるのではないか。それが常識的な判断というものではあるまいか。

3 平泉セット

八重樫忠郎氏によれば

鎮守府将軍の就任によって、秀衡の声望は頂点に達したかに見られた。あわせて、都市平泉の賑わいもまた、平泉館における盛大な儀礼ばかりではなく、「年中恒例法会」「両寺一年中問答講」ほかのイベントによって、これまた頂点にまで達したかのように見られた。

けれども、秀衡の声望が、そして都市平泉の発信するインパクトが、奥州の大地の隅々にまで行き届いていたかといえば、そうではない。

たとえば、八重樫忠郎氏の論考「平泉藤原氏の支配領域」によれば、都市平泉の文化を特徴づけるものは、①手づくねかわらけ、②渥美・常滑の国産陶器、そして③中国からの輸入陶磁器、という器種からなる三点セットであった。それが、平泉セットである。

それらの器種が、平泉館ほかにおける盛大な宴会儀礼における食膳具として珍重されたことについては、いうまでもない。

たとえば、①手づくねかわらけは、京都の流儀にしたがって製作され、酒盃として、ないしは酒肴を盛りつける皿などとして重宝されていた。宴会が果てた後に、一括して廃棄されたことは、いうまでもない。

②渥美・常滑の国産陶器、そして③中国からの輸入磁器は、ともどもに、酒を注ぐ提《ひさげ》（銚子《ちょうし》）として用いられた。中国福建省などから輸入の白磁四耳壺《しじこ》をもって、上物（じょうもつ）とする。けれども、数に限りがあるために、渥美刻画文壺《こくがもんこ》や常滑三筋壺《さんきんこ》をもって代用する。いずれにしても、威信財の最たるものであったことには変わりがない。

したがって、それらの器種からなる平泉セットが用いられているということになれば、平泉文化のインパクトが、ひいては平泉権力のインパクトが、直接的・間接的を問わず、その場所に及ぼされているのだ。ということにもならざるをえない。

すなわち、これまでに見てきたような秀衡の権勢や都市平泉の文化的なインパクトからすれば、奥州の大地の隅々にまで、平泉セットを用いる場所が広がっていたかのように想われるかもしれない。けれども、どっこい、そうはいかない。八重樫氏によれば、考古学的な調査によって、手づくねかわらけや渥美・常滑産陶器、そして輸入磁器が検出されるのは、「飛地的な津軽地方と岩手県央から多賀城付近を含んだ宮城県北まで」に限られる。すなわち、平泉と密接な関係にあるのは、それらの地域に限られるというのである。

わけても、比爪館については、完全に近い平泉セットのありかたが確認される点において、「小平泉ともいうべき様相である」と、コメントされている。

そのうえで、平泉藤原氏による「直轄支配地域は、岩手県央から宮城県北ではないかと想定された」とする現実的な判断が下されている。

北奥方面と南奥方面との対比ということでは、「津軽、特に外が浜は、平泉藤原氏にとって非常に重要な地区だったようである」。「福島県」は、「外様的な様相を示している」（密接な関係がない）。というのである。

なるほど、そういうことであったか。それならば、清衡の前に、そして基衡の前に立ちはだかっていた大きな壁は、秀衡が鎮守府将軍に任命される期に及んでも、いまだに解消されることがなく、大きく立ちはだかったままになっている。ということであったか。

それまでは、「清衡がさほどの大きな抵抗なしに、奥羽に事実上の国主権を確立しえた」、「基衡の下に達成された奥羽在地領主権」などの表現（高橋『奥州藤原氏四代』）によってあらわされるように過大な見立てが、なんとなく受け入れられてきた。それが、考古学方面からのアプローチによって、大きな変更を迫られることになった。というわけである。

まだまだ、大きな壁が

振り返ってみれば、考古学方面のみにはあらず。そのような過大な見立てに大きな変更を迫られるということでは、文献史学の方面においても、また然り。といわなければならない。大石直正氏（「地域性と交通」）や、岡田清一氏（「奥州藤原氏と奥羽」）に学びながら、自分なりにトレースしてみることにしたい。

たとえば、南奥方面では、あの悲劇的な事件を契機として、信夫郡から信夫荘への看板の架け替えに成功している。さらには、石河・岩崎などの有力な武士団との間では、縁組を通じた同盟関係の構築から、近習の召しだしにあらわされるような緩《ゆる》やかな主従関係の構築へ、というレベルに進めることに成功している。

けれども、荘園への看板の架け替えに成功したとはいっても、信夫荘のほかには、成功事例を見いだすことが難しい。すなわち、南奥方面における荘園への看板の架け替えは数多くあれども、平泉の関与になるものは意外に少ない。逆にいえば、それほどまでに、地元の武士団の独立性が強かった。すなわち、かれらは、平泉を頼ることなく、ダイレクトに、京都政界とのチャンネル（交渉手段）を確保することができていた。ということである。

同じく、石河・岩崎などの有力な武士団との間で、近習の召しだしにあらわされるような緩やかな主従関係を構築することができた、とはいっても、かれらの独立性を解消するレベルにまでは及ばず。かれらが、京都政界にアクセスする手段を制限するようなことは不可能だったのである。

そして、会津に至っては、緩やかな主従関係どころか、指一本も触れることができない状態に置かれていた。すなわち、隣国の越後城《じょう》氏の勢力が延びてきていて、陣が峯ほかの拠点群がかたちづくられていた。

そのような状態を、いかにして、秀衡は解消できることになるのか。それについては、のちに記すことにしたい。

北奥そして夷が島方面では　北奥方面では、奥大道を北上して津軽平野に進入する玄関口にあたる大鰐《おおわに》の辺りに、高伯寺《こうはくじ》の伽藍が創建されて、阿弥陀如来（通称大日）の本尊が安置されるなど、平泉の文化的インパクトが及ぼされている（斉藤利男「境界都市平泉と北奥世界」）。高伯寺は、後白河院が日本六十六か国に建立の国分寺のひとつとされる。本尊の阿弥陀仏は、重要文化財に指定されている。また、奥大道が外が浜の終点に達して、海峡を渡り夷《えぞ》が島（北海道）を目指す辺りには、新田《にいだ》遺跡の交易拠点（いまは青森市）が設営されていた。その屋敷跡からは、白磁皿、渥美・常滑産の壺・甕・擂鉢、京都系・在地系のカワラケ、さらには北上川が海に注ぐ辺りに設営された水沼《みずぬま》窯産の壺・甕さえもが検出されている。すなわち、平泉セットを想わせる器種から、在地系のそれに至るまで、豊富な遺物が検出されている（青森市教育委員会『石江遺跡群発掘調査概報　新田(1)遺跡・高間(1)遺跡』）。

その交易場のリーダーたるべき商人頭《かしら》が、大旦那（上得意）たるべき平泉藤原氏のもとめに応じるべく、声をからして、仲間の商人や舟人らに下知している光景が、目の前に浮かんでくるかのようである。同じく、檜扇や仏具ほかの木製品をつくる工人や陰陽師・仏僧らの姿もみえていた（八重樫忠郎「考古学からみた北の中世の黎明」）。

そういえば、奥大道が外が浜の終点に向かう途中の道筋においても、比内郡「矢立《やたち》廃寺跡」（いまは大館市）や津軽「浪岡《なみおか》城跡」（いまは弘前市）など拠点的な場所にて、平泉セットを想わせる遺物や経塚の遺構が検出されていた。

それらの交易拠点が、海峡を渡り、噴火湾沿いに北上した厚真《あつま》（いまは北海道厚真町）の辺りに設営された交易拠点にリンクしていたことは、いうまでもない。その遺跡から出土の常滑産大壺が、そのなによりもの証拠である。その出土地の辺りには、経塚が築かれていた可能性が指摘されてさえもいる。

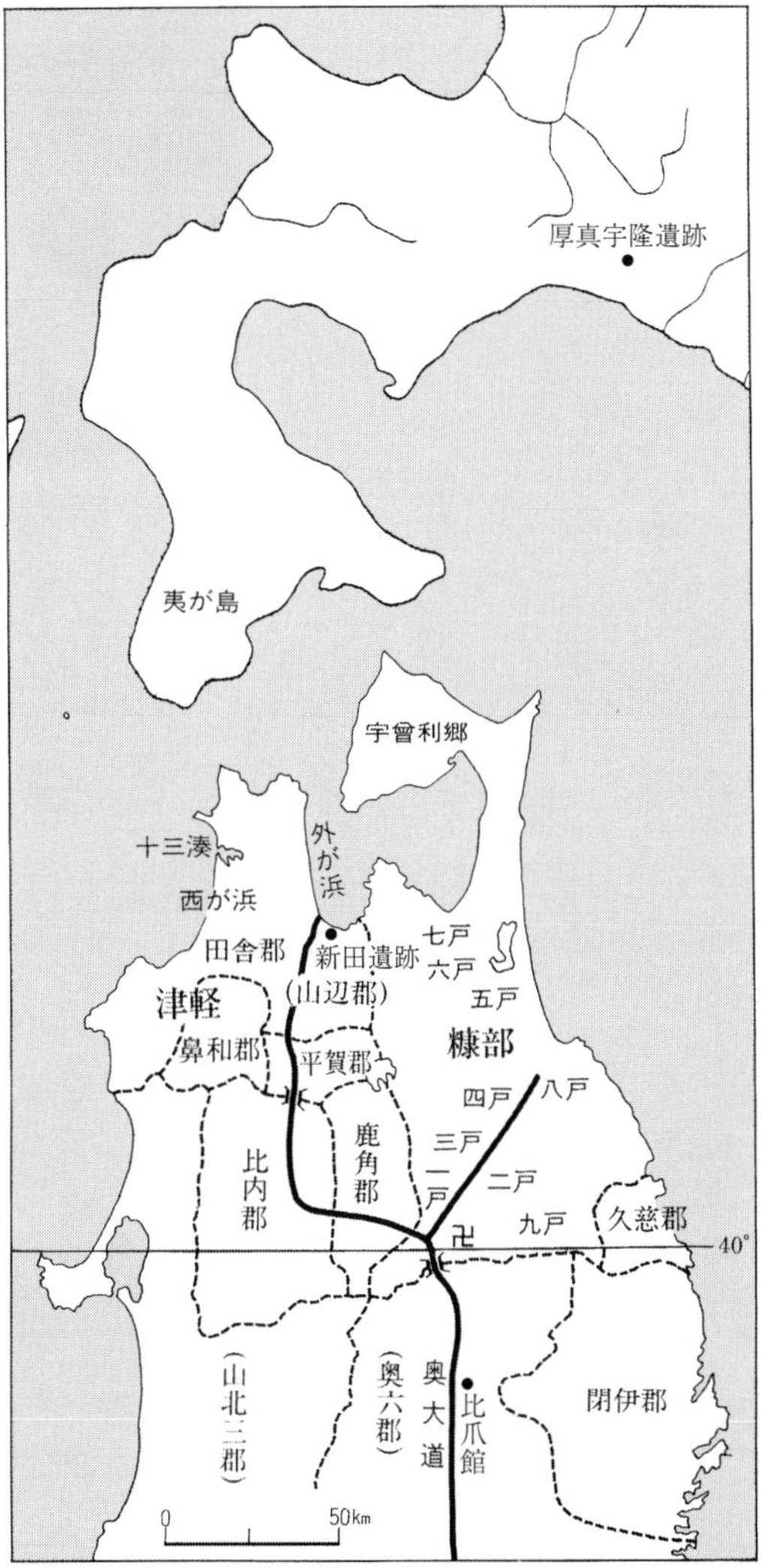
厚真宇隆遺跡
夷が島
宇曾利郷
十三湊
外が浜
西が浜
七戸
六戸
田舎郡
新田遺跡
(山辺郡)
津軽
五戸
鼻和郡
平賀郡
糠部
八戸
四戸
三戸
比内郡
鹿角郡
一戸
二戸
九戸
久慈郡
40°
(山北三郡)
(奥六郡)
奥大道
比爪館
閉伊郡
0
50km
中世前期の北方世界

厚真町宇隆遺跡出土の常滑壺

いま、厚真の宇隆《うりゅう》遺跡に佇めば、地元の豪族のリーダーシップによって開催される経塚供養のイベントに、勧進僧はもとより、和人の商人や舟人、さらには近くのアイヌ人までも参集するという賑わいの光景が、目の前に浮かんでくるかのようである。

そこに、「人心収攬」、「人々をグループ化する政治的な意図」がはたらいていたことは、紛れもない（八重樫）。けれども、その政治的な意図が、平泉藤原氏のそれを直接的に反映したものだったのか。それとも、交易の大旦那たるべき平泉藤原氏との提携を旨とする在地の豪族によって主体的にかたちづくられたものだったのか。慎重に考えてみなければならない。

同じく、斉藤氏のように（『平泉――北方王国の夢』）、「平泉政権のスタッフ」までもが、その場に送り込まれた、とすることができるのかどうか。その点についても、慎重でありたい。たとえば、「平泉政権のスタッフ」とは、奉行人（監督官）のような存在だったのか。商人は含まれるのか。そのほかに、京都方面から到来の商人がいなかったのか。など、分からないことが多すぎる。

さらには、斉藤氏のように、「もともとは奥羽両国、直接的には鎮守府と秋田城が行使していた『蝦夷の地』との交易の管轄」権が、「約一〇〇年のあゆみのなかで、京都の日本国中央政府の支配から分離・独立して、平泉政権が独自に行使するものに変容していた」とまで、評価することができるのかどうか。それについても、慎重でありたい。わけても、「分離・独立」「独自に」などの表現については、そのようにいわざるをえない。

いずれにしても、地元の豪族のリーダーシップや列島各地を往来の、あの八郎真人のような商人のたくましい行動力（『新猿楽記』）、さらには経塚の造営ほか、作善事業の音頭をとる遍歴の勧進僧の社会的な影響力などを抜きにして、何から何まで、平泉藤原氏が一元的に取りしきっていたとすることには、慎重でありたい。なによりも、ずば抜けた大旦那たることによって、交易のありかたに関与する。それによって、間接的な取り仕切りなれども最大限の利益を享受する。というあたりが、「北方王国」の主とされる平泉藤原氏の真実の姿だったのであるまいか。

斉藤氏ばかりではない。たったいま、手にしたばかりの小川氏の論考にも、厚真の交易拠点に関して、「奥州藤原氏の交易エージェント」「奥州藤原氏の交易センター」などの表現がみえている。奥州藤原氏は「北方貿易を統括する権力」だったとする表現もある（「東アジア・列島のなかの平泉」）。その気持ちは、分からないではない。けれども、そこまでいうためには、これまた、慎重な検討を経る必要があるのではないだろうか。

振り返ってみれば、北奥方面が清原真衡の統治下に編入されることになったのは、延久二年北奥合戦（一〇七〇）によるものであった。そして、平泉藤原氏の統治下に編入されることになったのは、後三年合戦（一〇八三〜八七）によるものであった。

そのような占領地としての来歴からすれば、北奥方面が平泉の直轄領に準じた位置づけを付与されることになった。それによって、在地の豪族は、平泉による一元的な取りしきりのもとに編入されてしまって、別ルートによって京都政界にアクセスして荘園を構立するなどのことは想定することさえもかなわない。そのような従属的な立ち位置を付与されることになった。

そのうえに、柳之御所遺跡における「磐前《いわさき》村印」の出土である。それによって、北奥方面では、列島の大部分を覆い尽くした荘園・公領制の統治システムにはあらず。古代国家の辺境ならではの統治システムが、すなわち郡家や荘政所などを介在させることなく直接的に村々を掌握するという統治システムが、平泉政権によって継承されていたことが察知されるであろうか。その具体的なありさまについては不明ながら、少なくとも、部分的には、そのようなシステムが機能させられていたことは確実といわなければならない（入間田「平泉柳之御所出土の『磐前村印』をめぐって」）。

けれども、その北奥方面でさえも、平泉セットが検出されるのは、奥大道沿いの限られたポイントだけなのであった。してみれば、平泉の一元的な取りしきりが卓越したとはいっても、政治的なレベルないしは統治システムのそれに止まっていたのではあるまいか。すなわち、交易のシステムないしは一般庶民の生活や信仰のありかたを変えるほどの深みには達していなかったのではあるまいか。

いずれにしても、平泉政権による奥羽両国の取りしきりとはいっても、南奥と北奥、陸奥と出羽、さらには都市平泉の近くと遠くでは、その内容に大きな違いが横たわっていた。そのことには間違いがない。考古学方面からのみにはあらず。文献史学方面における所見からしても、また然り。それにつけても、大石「地域性と交通」、岡田「奥州藤原氏と奥羽」、七海雅人「平泉藤原氏・奥羽の武士団と中世武家政権論」ほかの論考を踏まえつつ、さらなる探求を目指すべきことを自覚しないではいられない。

白水阿弥陀堂

あの美しい白水《しらみず》阿弥陀堂（いわき市）のこともあった。これまでは、秀衡の妹、徳尼（法名入阿）が、「常陸大掾《だいじょう》国香（孫）、海道之小太郎業平」（岩城氏の先祖）に嫁ぎ、夫の死後、菩提を弔うため、永暦二年（一一六一）に建立した、などと伝えられてきた。それに対して、秀衡の妹にはあらず、基衡の妹なり。すなわち清衡の女子なり。とするような見方もなかったわけではない。「業平」についても、隆行や則道が正しい。とするような考え方がなかったわけではない。

いずれにしても、それらの伝説によって、白水阿弥陀堂は、中尊寺金色堂の妹分になる。さらには、岩城の武士団は平泉藤原氏の傘下に組み入れられていた。とするような歴史像が流布されてきた。そのことには変わりがない。

けれども、中山雅弘・八重樫忠郎氏の教えによれば、阿弥陀堂の前面に展開する浄土庭園の一角から出土のカワラケの年代判定によって、その造営時期は永暦二年よりも若干遡ることが明らかである。あわせて、造営の主体も、岩城氏にはあらず。その別れともいうべき岩崎氏だったと見られる。「人々給絹日記」に登場する岩崎氏である。すなわち、秀衡に近習を差しだしたとみられる、あの岩崎氏である。その岩崎氏の縄張りに、白水の辺りは属していたのであった。

そのうえに、建築史の方面からも、「優美高雅な表現は金色堂とは異なる」「平泉とは別系の、当時の本格的な建築彫刻である」とするような指摘がなされている（藤島亥治郎『平泉建築文化研究』ほか）。

それに乗じて一言するならば、金色堂の本来は、阿弥陀の来迎に接するべく、清衡が最期に籠った「引接堂《いんぜいどう》」「無常堂」ともいうべき小堂に過ぎなかった。具体的には、鎮護国家大伽藍に付属する小堂に過ぎなかった。浄土庭園がともなわない。どちらかといえば、京都の貴族の臨終にさいして、その邸宅内に臨時にしつらえられた阿弥陀堂に比べられるような存在であった。したがって、白水阿弥陀堂のように、浄土庭園をそなえた本格的なの伽藍をかたちづくることなど、最初から想定されていなかったのである。それなのに、比べようとすることには、相当に無理がある。といわなければならない。

さらには、平泉から岩城氏の先祖に嫁いだ徳尼が建立とする伝説そのものについても、戦国大名岩城氏の辺りで、その原型がかたちづくられたらしい。そのことが、中山氏によって明らかにされている（「白水阿弥陀堂と徳尼伝説」）。

あれや、これやで、白水阿弥陀堂は金色堂の妹分なりとか、岩城氏は秀衡の臣下なりとするような歴史像には、根拠がないことが明らかである。

それよりは、むしろ、平泉とは別ルートにて、京都の文化に直接アクセスする手段が、岩城・岩崎方面における武士団によって確保されていたことが明らかである。

さらにいえば、阿弥陀堂の前面に浄土庭園が展開するという、そのユニークな景観からすれば、白水阿弥陀堂は、金色堂の妹分ではないどころか、あの観自在王院の阿弥陀堂の姉貴分にあたっている。すなわち、岩城の方が、平泉よりも進んだ文化をかたちづくっている。ということにも、なりそうな気配である。

ただし、徳尼ならずとも、秀衡や基衡の妹に相当するような女子が、岩城・岩崎氏のもとに嫁いでいたとする可能性がなかったというわけではない。あの海道小太郎成衡によって象徴されるように、こちら方面の武士団と清原・藤原氏との間には、縁組を通じて同盟関係がかたちづくられるという歴史的な経過が存在していた。その延長線上で、秀衡の妹などが、こちらに嫁いできていたとしても、不思議でもなんでもない。

あわせて、岩崎氏の子弟が、秀衡の近習に召しだされているという可能性からすれば、そのような同盟関係から一歩踏み出して、緩やかな主従関係がかたちづくられる端緒のようなものが生まれつつあった。そのことが明らかである。けれども、それによって、政治的かつ文化的な自立性が失われてしまったわけではない。それなりに確保されていた。ということであったろうか。

後に及んで、頼朝が平泉を攻めるにあたって、岩城・岩崎の武士団の多数派は、平泉方にはあらず、鎌倉方に属することになる（大石直正「治承・寿永内乱期南奥の政治的情勢」）。それによっても、かれらによって確保されていた独自の立ち位置を察知することができるであろうか。

第七章　秀衡の平泉幕府構想

1　治承〜文治内乱の始まり

鎌倉殿源頼朝が関東に独立の政権を樹立したのは、治承四年（一一八〇）のことであった。それ以来、平家の都落ち、木曾義仲の上洛、源範頼・義経らの上洛、義仲の没落、平家の滅亡、義経の没落、などの出来事を経過して、文治五年（一一八九）奥州合戦によって、都市平泉が攻め落とされて、鎌倉殿の全国制覇がかたちづくられるまでに、二〇年にわたる長期の歳月が必要とされることになった。

その二〇年にわたって列島の全域を揺り動かすことになった内乱については、「治承・寿永内乱」「源平争乱」ほかの呼び名が用いられてきた。けれども、それらの呼び名では、平家の都落ち、義仲の上洛、そして没落、平家の滅亡に至る経過をカバーすることができるとしても、義経の没落から都市平泉の陥落に至る経過をカバーすることはできない。すなわち、二〇年にわたる内乱の全過程を捉

源頼朝

えることができない。そのために、本書では、「治承～文治内乱」という表現を採用させていただくことにしている。学界でも、最近では、そのような表現が用いられるようになってきている。たとえば、野口実編『治承～文治の内乱と鎌倉幕府の成立』ほかを参照されたい。

サバイバルを懸けた外交戦略

その二〇年にわたって列島の全域を揺り動かすことになった内乱の始まりは、平泉の秀衡に対しても、そのサバイバルを懸けた厳しい選択を迫ることになった。

すなわち、これまでの通り、京都との平和共存路線によって、平泉の自主・独立を確保するという外交戦略にはあらず。頼朝・義仲ほかの対抗勢力と向き合うなかで、たとえ軍事的な手段に訴えてでも、平泉の自主・独立を守り抜こうとする。あわせて勢力の伸長をはかるという、サバイバルを懸けた外交戦略への転換を迫ることになった。

そればかりではない。越後方面から四国や九州、さらには中国方面にまで至る、列島の各地に旗を挙げて、それぞれに割拠の姿勢をあらわにする。ないしは上洛の姿勢をあらわにする勢力が立ちあらわれることになった。

それらの勢力のなかに、京都にありながら独自の武家政権を志向し、都落ち後には瀬戸内方面における割拠の形勢をあらわにし、さらには上洛の機会を窺うに至った平家の勢力が加えられるべきことは、もちろんである。

会津攻略

そのような秀衡によるサバイバルを懸けた外交戦略への転換を端的にあらわす出来事が発生したのは、治承五年（一一八一）は、秋七月のことであった。

すなわち、越後国の北半に勢力を蓄えて、「白河御館《しらかわのみたち》」と呼ばれた城長茂《ながもち》（助職《すけもと》）が、木曾義仲を追討するために信濃国に攻め込んだものの、返り討ちにあって逃げ戻ってくる。さらには、本拠地を確保することも叶わずに、「藍津《あいづ》の城」に引き籠ろうとする。そこに、「秀平」が、「郎従」を派遣して、「押領」しようとする。そのために、長茂は、いたたまれずに、「佐渡国」に逃げ去る。という一連に経過が、公家の日記『玉葉』に、しっかりと書き止められていた（当年七月一日条）。ただし、長茂が「佐渡国」に逃げ去るという情報は誤りで、正しくは、白河荘の「本城」（本拠地）に引き籠るとする訂正が施されてもいた。

それまで、会津盆地の一帯は、越後城氏の勢力下に置かれていた。たとえば、会津盆地のうち、越後寄りの陣が峯城には、城氏の拠点が設営されて、広大な盆地を睥睨《へいげい》していた。その城跡には二重の空堀が廻らされて、中央の平場には掘立柱の大邸宅が建てられていた。

そのうえに、中国渡来の白磁・青白磁、高麗産の青磁、東海地方は常滑産の大甕、北陸地方は珠洲《すず》産の陶器ほか、交易によって将来された貴重品の数々が出土している。盛大な宴会に用いられたカワラケもあった（会津板下町教育委員会『陣が峯城跡』）。

二重の空堀といい、白磁・常滑・カワラケの取り合わせといい、なにから、なにまで、平泉柳之御所遺跡にそっくりであった。さすがに、平泉藤原氏に匹敵するほどの勢力を誇った城氏のくらしぶりであった。と感嘆せずにはいられない。

さらに、近くの山際には、仏堂が検出されている。中島を備えた苑池の跡も見つかっている。薬王寺遺跡がそれである。これまた、平泉中尊寺ほかの仏堂を想起させるのに十分の佇まいである。

ただし、陣が峯城跡における遺構・遺物は、一二世紀前半から中期に位置づけられるものであった。とするならば、長茂の時期における拠点は、別の場所にあったということにならざるをえない。伝説では、長茂の築いた「二十八館」が会津には分布していた。そのいずれかの館に、長茂が引き籠ろうとしていたことには、間違いがない。

そういえば、長茂が、木曾義仲を追討すべく、信濃国に攻め込んだきいに、磐梯山《ばんだいさん》慧日寺《えにちじ》の衆徒《しゅと》らが参陣した。具体的には、衆徒の浄丹坊《じょうたん》が、信濃国横田河原の合戦にて討ち死にした。とする伝承が残されていた（『異本塔寺八幡長帳』）。その類話は、『延慶本平家物語』にも見えていた。

会津盆地一円の信仰を集める大寺の勢力までもが、越後城氏に与していた。というのだから、尋常ではない。通常ならば、手も足も出しようがなかったのに違いない。

けれども、いま、まさに、長茂が信濃国から逃げ戻ってきて、「藍津の城」に引き籠ろうとしている。千載一遇のチャンスである。これを見逃す手はない。秀衡の決断は早かった。たとえ、「押領」との非難を浴びようとも、会津をわがものにしてしまうに如くはない。

そのさいに、秀衡によって派遣された「郎従」の名前は記録されていない。けれども、南奥方面における「郎従」として頼りになる存在としては、あの信夫佐藤氏のほかに、あげようがない。川島茂裕氏が常々話されている通りである。

いずれにしても、今回の会津攻略（「押領」）によって、南奥方面における秀衡の実効支配の及ぶ領域が一挙に拡大されることになった。そのことには、疑いを容れない。

平家の差し金によって

ところで、城長茂が、木曾義仲の追討に乗り出した具体的な契機は、なんであったのか。それが、問題である。

確かに、長茂の勢力は、「白河御館」の呼び名からしても、直江津の国司館に比肩するようなレベルに達していたのに違いない。もしかしたら、国司館を凌駕するほどになっていたのかもしれない。長茂が信濃国から逃げ戻ってきたさいに、国府の「在庁官人已下」が、「宿意」を遂げるべく、その身柄を「凌礫（轢）」に及ぼうとした。そのために、長茂は「藍津の城」に引き籠もることを余儀なくされた。とも、『玉葉』には記されていた。

それほどの恨みを買うほどに、すなわち国府側による取りしきりを無にするほどに、長茂の勢力が強大であった。ということであったろうか。

それならば、義仲らの挙兵に対抗して、その背後を襲うべく、越後城氏に期待する声が、京都方面において一挙に高まることになったのは、不思議でも何でもない。

たとえば、治承四年十二月には、長茂の舎兄、太郎資永《すけなが》が、義仲の支配下にある「甲斐・信濃両国」は、「他人を交えず一身にして」、すなわち独力で攻め落としてみせましょうと豪語した。とする風聞が交わされている（『玉葉』当月三日条）。

同じく、「越後国住人、城太郎資永」は、平家に「大恩」があるうえに、「多勢のものなり」。「たとえ、木曾（が）、信濃国の兵を相語らうとも、資永が勢に並べんに、十分の一に及ぶべからず。ただ今、討ちてまいらせなん」など、期待の声があげられもしている（『源平盛衰記』）。

そのうえで、治承五年二月には、「越後国住人、余五《よご》将軍が末葉、城太郎平資永」に対して、「義仲に与力・同心の凶徒ら」を「征伐」すべきことを命じる「宣旨」が、発給されることになった（同）。

ところが、その間もなくにして、太郎資永は病死してしまう。そのために、舎弟の助職＝長茂が、「白河御館」の地位を継承するのにあわせて、「宣旨」を掲げて、義仲を追討すべく、大軍を整える。ということになったのである。

とするならば、長茂による信濃国侵攻は、平家の差し金によって発給された、義仲を追討せよとの「宣旨」を直接的な契機とするものだった。ということになるであろうか。

秀衡にも京都側からの呼びかけが

けれども、同時に、秀衡に対しても、頼朝を追討すべしとの「宣旨」が発給されていた。さらには、秀衡に対する期待の声も、長茂のそれに同じく、早くからあげられていた。それを忘れてはならない。

たとえば、「奥州夷狄秀平」が、「禅門（平清盛）の命」にしたがって、「頼朝を討つ」べしとの請文《うけぶみ》（承諾書）を提出した。との風聞が書き止められたのは、治承四年十二月のことであった（『玉葉』当月四日条）。

そして、「鎮守府将軍藤原秀衡」に宛て、頼朝ほかの追討を命じる「宣旨」が下されたのは、治承五年一月のことであった（『延慶本平家物語』）。ここに見える「鎮守府将軍」の肩書は文飾にはあらず。菅野成寛氏の教えによれば（「『延慶本平家物語』追討宣旨考」）、秀衡が鎮守府将軍に再任されていたことのあらわれであった。

その宣旨にしたがって、翌年三月初旬には、秀衡の請文が届けられたことが知られる（『玉葉』当月一日条）。

平清盛

同じく、三月下旬には、「秀平が頼朝を責めるために、軍二万余騎」を率いて、「白河関」を越えた。それによって、「武蔵・相模の武勇の輩《ともがら》が、頼朝に背いてしまった」。そのために、頼朝は鎌倉を捨て、「安房国城に帰住」、すなわち旗揚げ当初に住まいした房総半島の一郭に逃げ籠もらざるをえないことになった。とする希望的な観測さえも流布している（同十七日条）。

そして、四月上旬には、「奥州住人等」に宛て、頼朝を追討すべしとの官宣旨が発給されることになった。あわせて、同趣旨の院庁下文も発給されることになったようだ（『源平盛衰記』）。

とするならば、秀衡もまた、長茂に同じく、京都側からの呼びかけに応じて、頼朝追討のために白河関を越えたとしても、不思議でもなんでもない。

だが、しかし、秀衡は動かなかった。長茂とは、違っていた。それどころか、京都側から見れば、頼朝・義仲に対抗すべき盟友であるはずの長茂を攻める。しかも、信濃国から逃げ帰って会津の城に引き籠もろうとしていた長茂を、この機会にとばかり、情けも、容赦もなく、痛めつける。という想定外の挙に及ぶありさまである。

2　秀衡の胸中には

現実的かつしたたかな思案

なぜに、どうして、秀衡は、頼朝追討のために動かなかったのであろうか。秀衡の胸中には、いかなる想いが秘められていたのであろうか。それが、問題である。

ここで、秀衡の側に身を寄せて考えてみるならば、そんなに簡単に動くわけにはいかない。という具体的な事情が、いくつも、横たわっていたのではあるまいか。

たとえば、頼朝側に属する兵力が、どのくらいの大きさなのか。見通すことができない。「武蔵・相模の武勇の輩が、頼朝に背いてしまった」との風聞が流布する。常陸国の豪族、佐竹氏の一族が、頼朝によって本拠地を追われた後も、「三千余騎」が国内に「引き籠って」抗戦を続けている。その一部は、奥州に逃れる。同じく、常陸国の豪族、志田義広が、頼朝に対して反旗を翻したさいにも、住人の一部が奥州に「逐電」する。などの断片的なニュースが聞こえてはくるものの、正確なところは分からない（『玉葉』治承五年三月十七日、四月二十一日条ほか）。

それなのに、無分別に打って出るわけにはいかない。どのような事態が待ち受けているのか、分からない。

長茂のように、短兵急に過ぎる動きに出たとしても、うまくいくとは限らない。負ける公算の方が大きい。さらには、別の勢力によって、背後を突かれることになるかもしれない。というような思案が勝っていたのではあるまいか。

そのうえに、秀衡みずからの勢力を顧みても、いますぐに、直ちに、白河関から打って出られるような状態にはない。これまで、南奥方面における実効支配の拡大につとめてきてはいるものの、まだ、北奥におけるような確実なレベルには至っていない。たとえば、岩城・岩崎・石川などの豪族には、その子弟を近習などとして差し出させる。というような関係をかたちづくることができているが、それとても、「外様」としての緩やかな服属を内容とするものに止まっている。強固な主従関係などとは、お世辞にも言うことができない。というような思案もまた、あわせて、めぐらされていたのではあるまいか。

けれども、頼朝ほかの追討を命じる「宣旨」が下されたからには、国内外に兵を動かすことに、憚りがない。これまでは、国司の許可なくして、さらには京都側の許可なくして、兵を動かすことは、ご法度であった。公然と兵を動かせることになった今とは大きな違いである。けれども、今ならば、会津に兵を出したとしても、御咎めはないかもしれない。社会的な批判も浴びないで済ませられるかもしれない。とするような思案もまた、めぐらされていたのではあるまいか。

すなわち、それらの現実的かつしたたかな思案のあげくに、頼朝追討のためにはあらず。長茂の苦境に乗じて、会津を「押領」するという、京都側にとって想定外な挙に及ぶことになったのではあるまいか。

迷いや揺らぎの心象

けれども、さらに踏み込んでみるならば、秀衡の奥底にあったのは、思案というよりも、困惑とでもいうべき心の動きだったのではあるまいか。

すなわち、京都側からの攻撃を回避すべく、平和共存路線を採用して、平泉の自主・独立を確保するという、清衡以来の伝統的な外交戦略においては、想定さえすることができなかった異常事態に、具体的には京都側から白河関を越えて関東方面へ派兵すべきことが求められるという異常事態に、秀衡は困惑とも、戸惑いとも、いいがたい心境に陥れられていたのではあるまいか。

これまでは、奥羽の紛争に対処するために兵力を整えるなどのことはあれども、関東方面への派兵のために兵力を整えるなどのことは想定さえもしたことがなかった。それなのに、いきなり、関東方面へ派兵するなど、できるわけがない。そのための心の準備を整えるにしても、どれだけの時間を要することになるのか。見当もつかない。というような心境だったのではあるまいか。

そのような秀衡の複雑な想いは、京都側によっても、ある程度、見透かされることがあったらしい。たとえば、秀衡が提出に及んだとされる頼朝追討の請文の内容については、「実否未聞」「ただ詞《ことば》をもって申さしむるばかりなり」とするコメントが付せられていた。同じく、秀衡が白河関を越えたとする風聞についても、「信を取り難し」「浮説」「虚誕」とするコメントが付せられていた（『玉葉』治承四年十二月四日、同五年三月一日、三月十七日条ほか）。

それどころか、その正反対の風聞さえも、流布されていた。たとえば、秀衡の娘を頼朝が娶るべき「約諾」が交わされた。関東諸国では、一人として、頼朝の旨に乖くものなし。などと記されていた（同四月廿一日条）。

けれども、いつまでも、迷っているわけにはいかない。いずれ、京都側からの求めに応じて、関東に派兵しなければならない。その日の訪れるのを、秀衡は覚悟しないわけにはいかなかったのに違いない。

それでなくとも、関東の頼朝の動向は、気になって仕方がない。いずれ、頼朝との真っ向から対峙することは避けがたい。これまた、秀衡は覚悟を迫られることになったのに違いない。

奥州モンロー主義にはあらず

これまで、京都側からの求めにもかかわらず動くことのなかった秀衡の態度については、冷静かつ自信にあふれる「武装中立」主義などとして、秀衡に迷いなどはなかったかのように受け止められてきた（高橋富雄『奥州藤原氏四代』）。さらに、斉藤氏に至っては、「北方王国」たるべき平泉政権には、もともと、「日本国」内における「政治抗争には関わらない」という、伝統的「奥州モンロー主義」の姿勢があった。秀衡は、その伝統的な路線に従ったのだ。とするような指摘に及んでいる。

だが、そのようなことでは、なかったのではあるまいか。すなわち、秀衡の胸中には、越後城氏を始めとして、列島の各地において存在感を際立たせていた諸豪族のそれにも通底するような、迷いや揺らぎの心象がかたちづくられていたのではあるまいか。すなわち、秀衡だけを、「日本国」の局外にありとして、特別扱いにすることは、無理なのではないであろうか。

3　義経の登場

京都鞍馬山を出奔した義経が、平泉に向かったのは、承安四年（一一七四）のことであった。その時、義経は、一六歳。そして、平泉に到着したのは、その一両年の後であった。

貴種として

その当時、平泉には、秀衡の最高政治顧問たるべき藤原基成が「衣河館」を構えて、威風堂々の存在感をあらわにしていた。

その基成は、義経の義父たるべき一条長成《ながなり》の、すなわち義経の実父義朝が敗死した後、義経の生母常盤《ときわ》が再嫁していた長成の親戚筋にあたっていた。

その縁故があればこその、具体的には、その縁故を意識した常盤の勧めがあればこその平泉行きだったのに違いない。これまでにも、角田文衛・岡田清一・保立道久ほかの諸氏によって指摘されてきた通りである。

そのうえに、後白河院の近臣として聞こえた藤原（高倉）範季《のりすえ》が、陸奥守となって、安元二年（一一七六）から治承三年（一一七九）まで在任することになった。範季は、義経の舎兄、範頼の養い親になる。さらには源頼政の親戚筋に当たる。など、源氏との間に親しい関係を保っていた（保立「義経・基成と衣川」『義経の登場』）。

保立氏の指摘に即していうならば、その縁故によって、範季が義経の身元引受人となって、基成に紹介する。などのようなこともあったのかもしれない。

いずれにしても、何の伝手《つて》もなく、何の当てもなく、突然に、秀衡の前に義経が登場したというわけではない。

源義経

したがって、秀衡の側でも、当初から、義経を「貴種」としてもてなして、然るべき居所を提供するという積りであったのに違いない。

その具体的なあらわれが、基成の住まいする「衣河館」の一角に、義経の住まいすべき邸宅を設営するということだったのではあるまいか。

その邸宅にて、二一歳になるまでの数年間を、すなわち兄頼朝のもとに馳せ参じることになるまでの数年間を、義経は過ごすことになったのではあるまいか。

その間には、秀衡に親近の後見役たるべき信夫佐藤氏の人びとが、たとえば、継（嗣）信・忠信の兄弟や、かれらの姉妹などが、義経のもとに日参して、家女房などとして、身の回りに奉仕する。というようなこともあったのに違いない。さらにいえば、かれらの姉妹のなかには、義経の実質的な妻としての役割を果たした女性もいたのかもしれない。

都市郊外の迎賓館

もしかすると、秀衡一族が住まいする都市平泉の中心部にはあらず、衣川を隔てた周縁部に、その居所が設営されたことをもって、義経は歓迎すべからざる人物として、粗略にもてなされたというような憶測を抱く向きがあるかもしれない。けれども、それは当たらない。京下りの貴公子にお住まいいただくのに、身内のものどもが住まいする辺りにということでは、恐れ多い。憚りがある。それよりは、むしろ、距離を隔てた閑静の地に。ということだったのではあるまいか。いま現在でも、客人のためには、家族の住まいする居間の辺りから距離を置いた特別のお座敷（ゲスト・ルーム）を用意する。それによって、遠慮なく寛いでいただく。というような感覚が残されている。それに同じく、ということだったのではあるまいか。

そのうえに、衣川の地には、同じく京下りの大立者、基成の大邸宅が設営されていた。基成のばあいにしても、同じような感覚にしたがって、場所選びがおこなわれたのに違いない。

小野正敏氏によれば、そのような感覚は、戦国大名朝倉氏の城下町、一乗谷《いちじょうだに》でもみられた。すなわち、当主の一族・家臣が集住する「城戸《きど》の内」にはあらず、そこから隔てられた「城戸の外」（境界の外側）に、将軍候補たるべき足利義秋や、美濃から亡命してきた大名斎藤氏ほか、貴人・客人が居所を提供されて、丁重なもてなしを受けていた。そのような貴人や客人のいる空間は、大名の「イエ支配の論理」に組み込まれない特別の空間であった（「平泉、鎌倉、一乗谷――都市・館・威信財にみる武家権力」）。

それにしても、なぜ、それほどまでに、義経を丁重にもてなす必要があったのか。そもそも、秀衡の心底には、どのような思惑が秘められていたのか。大問題である。けれども、この段階で、性急に回答を求めることには、無理がある。もう少し先にまで進んでから、改めて考えてみることにしたい。

佐藤継信・忠信の兄弟に付き添われて

その義経が、兄頼朝挙兵の知らせを受けて、平泉を後にすることになったのは、治承四年（一一八〇）は、冬十月のことであった。

そのあいさつに赴いた義経に対して、秀衡は「強く抑留して」、許そうとはしなかった。そのために、義経は、「密々に、かの館を遁れ出で、首途《かどで》する」ということになった。こうなってしまったのでは、秀衡といえども、「吝惜《りんしょく》の術《すべ》を失って」、すなわち留め立てする手段を失って、「継信《つぐのぶ》・忠信兄弟の勇士」を追走させ、義経に付き添わせるほかにはない。ということになってしまった。『吾妻鏡』（治承四年十月廿一日条）に記されている通りである。

なぜ、継信・忠信の兄弟なのか。それについては、信夫佐藤氏の特別な役割についてみてきた、これまでの流れからすれば、不思議でもなんでもない。兄弟は、秀衡の身代わりとして、すなわち分身として、義経に奉仕すべき役割を課せられていたのだ。もしものことがあれば、兄弟が楯になって、敵の矢を受けて、義経の身を守らなければならない。

それにしても、なぜ、それほどまでに、義経を引き留めようとしたのか。これまた、大問題である。けれども、この段階で回答に及ぶことは差し控えて、後段において記すことにさせていただきたい。

頼朝のもとに馳せ参じた後における義経の華々しい活躍については、改めて記すまでもない。頼朝の代官として、軍事方面はもちろんのこと、京都近辺における治安維持・行政の方面においても、手腕を発揮することがあったらしい。

そして、継信・忠信の兄弟にしても、秀衡の期待に違わず、義経に奉仕している。さらにいえば、継信は、屋島合戦にて、平家方の矢面に立って、義経を庇い、壮烈な最期を遂げている（『平家物語』）。元暦二＝文治元年（一一八五）は、冬二月のことであった。

頼朝の側からすれば

けれども、頼朝の側からすれば、継信・忠信の兄弟の存在ほどに、目障りなものはない。すなわち、秀衡の分身ともいうべきかれらが付き随っているからには、いつ何時、秀衡側の意向に従って、独自の行動に、義経が打って出ないとも限らない。というわけである。

そのうえに、義経には、自分勝手な行動（「自専《じせん》の計《はか》らい」）が多すぎる。頼朝の代官としての分を越えて、御家人らに命令して、自分に従わせようとする。もしかすると、頼朝に取って代わって、御家人らに君臨しようとしているのではあるまいか。というわけである。

さらには、後白河法皇によって取り立てられるなどして、いい気になりすぎている。このままでは、公家側に取り込まれてしまって、頼朝の対抗馬として擁立されることにもなりかねない。そうなってしまえば、頼朝の代官としての分を越えるどころの話ではない。脇が甘い。無自覚にもほどがある。というわけである。

その一方では、母親が違うといっても、弟には違いない。なんとしても、義経を繋ぎ留めておきたい。というような気持ちもなかったわけではない。

そのなによりもの証明が、武蔵国御家人の雄、河越《かわごえ》太郎重頼《しげより》の女子を、義経に娶せようとしたことであった。頼朝の意向に従って兼日より交わされていた婚約に違わず、河越の女子が義経のもとに嫁いだのは、元暦元年（一一八四）は秋九月のことであった。折から京都に駐在中の義経のもとに向かう花嫁には、重頼の家人二人・郎従三十余人が付き随っていた（『吾妻鏡』当月十四日条）。

後白河法皇

義経の正妻

その河越女子は、ほかでもない、頼朝の乳母として有名な比企《ひき》尼の孫娘であった。流人時代の頼朝を支え続けてくれた比企尼のことである。頼朝にとっては、だれよりも、頼りになる。心を許せる。実の父母にも勝る大事な人であった。その比企尼の孫娘を嫁がせるならば、義経も分かってくれるかもしれない。すなわち、義経を繋ぎ止めておけるかもしれない。というわけである。

その河越女子の母親は、比企尼の二女として、頼朝の長男、頼家の乳母に取り立てられていた。同じく、比企尼の長女として、頼朝の分身ともいうべき藤九郎盛《もり》長《なが》の妻に選ばれた人物もいた。その盛長の妻が生んだ女子、すなわち比企尼の孫娘の一人は、頼朝の弟、範頼に嫁がされている。

さらにいえば、比企尼の猶子《ゆうし》、能員《よしかず》もまた。頼家の乳母夫《めのと》に取り立てられていた。そのうえに、能員の女子、すなわち比企尼の孫娘の一人は、若狭の局《つぼね》として、頼家の妻に選ばれて、頼朝の嫡男を生んでいる。

頼朝の心底には、弟や息子ら、ファミリーの主立《おもだ》ちを、比企尼の人脈で束ねるという構想が存在していたのに違いない。保立氏によって、「乳母路線」と名づけられた政権構想のことである（「日本国惣地頭・源頼朝と鎌倉初期新制」）。御家人一般の側からすれば、依怙贔屓《えこひいき》の極致ともいうべき構想だが、頼朝は大真面目だったのである。それほどまでに、比企尼の恩義に報いたいとする真情のあらわれであった。逆にいえば、それほどまでに、流人時代の孤独感がきわだっていた。ということであったろうか。万事につけて、冷静かつ計算高いとされる頼朝にも、それなりの人情味が具わっていた。ということでもあったろうか。いずれにしても、煮ても焼いても食えないという頼朝のイメージにはそぐわないものを看取することにならざるをえない。これは、おもしろい。

とするならば、河越女子を義経に嫁がせようとしたことにも、頼朝の真面目な気持ちが込められていたといっても、差支えがない。それ以上に、義経を監視させる。河越氏を陥れる。などの下心があったのではないか。などとするのは、考え過ぎなのではあるまいか。最近に、河越氏館跡の現地で、講演させていただいた通りである。

さらにいえば、義経は、頼朝の「猶子」になってもいたらしい（『玉葉』元年十月十七日条ほか）。さしたる所領も、家人にも恵まれていなかった義経を憐れんだ頼朝の親心によるものであったとされている。河越女子を娶せるのにあわせて、この擬制的な父子関係の設定が、大事な意味をもっていたらしい。そのことが、前川佳代氏によって強調されている（『源義経と壇ノ浦』）。

決定的な破局

義経の側にしてみれば、頼朝の乳母の人脈によって繋ぎとめられている。しかし、一方では、秀衡の乳母の人脈によって繋ぎとめられている。そのような両方向からの引力によって、かろうじて、ある種の均衡状態が保たれている。というようなかたちであった。

けれども、決定的な破局が訪れた。屋島合戦・壇ノ浦合戦によって、京都方面における義経の声望が頂点にまで達した、その時のことである（元暦二年＝文治元年五月）。いまにおいては、義経の「下知には、従うべからず」とする頼朝の厳命が発せられることになった（『吾妻鏡』当年四月廿九日条）。さらには、平家の捕虜をともなって凱旋しようとする義経に対して、腰越《こしごえ》に止まれ、「鎌倉に参るべからず」と申し渡されることになった（同五月十五日条）。

4　転変する天下の情勢を見すえて

義仲の入京、そして義経・範頼らの入京、さらには一の谷・屋島・壇ノ浦合戦を経て平家の滅亡にいたる目まぐるしく転変する天下の情勢を、奥州平泉の地にあって、いかなる眼差しをもって、秀衡は見すえていたのであろうか。

陸奥守秀衡

たとえば、養和元年（一一八一）八月、すなわち城長茂を駆逐して、会津を占領して一月あまりを経過した後に、陸奥守に秀衡は任命されることになった。鎌倉の頼朝の背後を突かせようとする平家側の思惑によって強行された前代未聞かつ破格の人事であった。同じく、城長茂が越後守に任命されて、義仲を討つべきことが期待されるなどのこともあったが、人事の眼目が秀衡の陸奥守任命にあったことは、明々白々である。

その人事をめぐっては、反対の声はあがれども、かの国は「もとより、大略虜掠《りょりゃく》」、すなわち陸奥国は既に秀衡によって奪い取られてしまったようなものだから、たとえ陸奥守に任命したとしても、実質的には失うものがないという理屈によって、原案通りに決まってしまった。保守的かつ原則的な公家による、「天下の恥」「悲しむべし、悲しむべし」などの声は（『玉葉』養和元年八月六日・十五日条ほか）、空しく響くばかりであった。

そればかりではない。陸奥守に任命されて間もなく、養和元年（一一八一）の末の辺りには、菅野成寛氏の指摘の通り、鎮守府将軍に再任されることにもなった。

陸奥守に任命されたことによるメリットは、少なからざるものがあった。これまで、国内統治の中枢は多賀国府に置かれてきた。すなわち、多賀国府の官人らによるリーダーシップによって、国内の取りしきりが維持されてきた。

そのような伝統的な建前に違反して、秀衡の側が自分勝手かつ公然と、行政命令を下したり、軍隊を動かしたりすることは、ご法度であった。すくなくとも、奥六郡から北方における特別のエリアを除いた、中奥・南奥における通常一般の統治エリアでは、ご法度であった。そのご法度を破るならば、国府の官人らの反発が必至である。内外の世論も甘くはない。

たとえば、城長茂のばあいには、中央政府による出兵要請があった段階で、すなわち越後守の任命を待つことなく、短兵急に義仲追討の動きに出ている。そのために、国府官人らの反発が激しく、かれらの「宿意」（以前からの対立感情）も重なって、信濃国から敗走してきた長茂を「凌轢」しようとした。長茂は、命からがら逃れて、「藍津の城」に引き籠る、と噂される状態に陥ってしまった（『玉葉』治承五年七月一日条）。その二か月後に、越後守に任命されたところで、挽回のしようもない痛手を負ってしまった。

それにたいして、秀衡のばあいには、中央政府による出兵要請にくわえて、陸奥守の任命を、無傷のままで享受することができた。それならば、内外に兵を動かすことにも、行政命令を下すことにも、何の遠慮もいらない。国府の官人らの反発や世論の動向を気にすることもない。

想定外のチャンス

通常ならば、ありえない事態である。すなわち、頼朝の挙兵に始まる天下争乱のどさくさのなかで、日本国の統治システムが瓦解させられるという非常時ならではの想定外の事態である。

秀衡その人にとってさえも、想定外の事態である。さまざまな事案に対処するなかで、会津にまで出兵し、さらには国内の全域に号令を下さざるをえないところまで、きてしまった。けれども、いまさら、後戻りすることはできない。こうなってしまったならば、既存の勢力の抵抗を押し切って、前向きに進むしかないということであったろうか。

想えば、遠くまできたものだ。祖父の清衡は、中尊寺鎮護国家大伽藍の建立などによって、文化的かつ公共的なリーダーシップをかたちづくることによって、陸奥守を牽制し、北奥羽に勢力圏を確立することができた。父親の基衡は、南奥羽にまで、主従制支配のネットワークを拡大しようとした。そのうえに、陸奥守藤原基成の女子を息子秀衡の妻に迎えるなどして、陸奥守に比肩すべきステータスに昇ろうとした。そして、秀衡は、その基成を政治顧問として迎え入れ、鎮守府将軍に任命されるなど、より一層の地位向上を目指した。けれども、日本国の統治システムによって担保されている陸奥守そのひとの権威には、すなわち多賀国府官人のリーダーシップの建前には、いかにしても、敵《かな》うべくはなかった。

たとえば、信夫佐藤季春らが国府の役人との間で合戦に及んだとして、主人基衡までもが「違勅」の罪に問われようとした挙句に、季春らの首を身代わりに差し出さざるをえなかった。あの悲劇的な事件に遭遇したのは、秀衡が当主になるための準備期間のことであった。秀衡にとっては、生涯忘れえぬ事件であった。そのようなわけで、これまでは、国内の全域にわたる実質支配を目指すにしても、公然かつ全面的な動きに出るわけにはいかず、非公然かつ部分的な動きに止まらざるえなかった。

それなのに、天下争乱のどさくさによって、想定外のチャンスが訪れることになった。すなわち、京側からの出兵要請によって、内外にわたって、公然と兵を動かす大義名分が付与されることになった。そのうえに、陸奥守に任命されることによって、国内全域にわたる実質的な取りしきりの既成事実を、中央政府側から認めてもらうことができた。国府官人のリーダーシップの建前を突き崩すことができた。秀衡にとっては、願ってもない事態であった。

秀衡は、内乱のさなか、鎌倉武士の信仰厚い筥根山《はこねやま》神社に、鎌倉殿頼朝の向こうを張って、銅製の神像を寄進していた。それによって、「武威を九夷の外に及ぼ」そうとすることになった。同じく、「源義経西征の日」には（寿永二年か）、「利剣」を「奉納」することによって、「策略を天下に施し、雄名を古今に動か」そうとすることになった。と、神社の縁起には記されていた（『筥根山縁起』群書類従神祇部）。

縁起を記したのは、義仲の右筆《ゆうひつ》（書記役）として高名を馳せた大夫坊覚明《かくみょう》、その人であった。とするならば、「武威を九夷の外に」「策略を天下に施し」などの表現には、相当なリアリティあり。ということができるのではあるまいか。

さらにいえば、霊峰白山の美濃国側と加賀側の登拝口にあたるそれぞれの寺社に、虚空蔵菩薩像ならびに獅子・狛犬像を、秀衡が寄進を志したのは、元暦元年（一一八四）の辺り、すなわち屋島合戦に先立つあたりだったとされている。してみれば、ここにおいても、秀衡の気持ちの高ぶりを看取することができるであろうか。わけても、美濃国側の登拝口たるべき石徹白の白山中居神社に寄進された虚空蔵菩薩像には、威厳と緊張感にあふれて、秀衡その人のそれを想わせるような雰囲気が漂っていた。口絵にて、大きく紹介させていただいた次第である。

いずれにしても、それらの寄進・奉納の行為が、秀衡の意図するところを天下に知らしめるのにあわせて、頼朝の心胆を寒からしめたであろうことには、間違いがない。

そういえば、鎌倉の側でも、江ノ島大弁財天の御前にて、「鎮守府将軍藤原秀衡」を調伏するための秘密の祈禱が始められて、頼朝みずからが臨席する。というような光景がみられた（『吾妻鏡』養和二年四月五日条）。けれども、気宇壮大ということにかけては、秀衡のパフォーマンスには及ばない。とみなされても、しかたがない。

義仲・義経の没落

京都方面では、さまざまな噂が交わされた。わけても、義仲が入京した寿永二年（一一八三）七月以後には、義仲に提携して、秀衡が頼朝の背後を突くという希望的観測によるものが目立っている。秀衡が「数万の勢を率いて」、すでに「白河関」を越えた。などとするものさえあった（『玉葉』寿永二年閏十月廿五日条ほか）。

そして、実際に、義仲に提携して、「陸奥・出羽両国の軍兵」を率いて、頼朝を「追討」すべしとの院庁下文が、「鎮守府将軍」秀衡に対して発給されることになった。同年十二月のことである（『吉記』)。

確かに、京都の義仲に提携して頼朝を突くべしという誘いかけは、魅力的なものに映った。うまい話しに想われた。けれども、秀衡には、まだまだ、動きだす気持ちが湧きあがってこない。

そうこうしているうちに、寿永三＝元暦元年(一一八三)の正月には義仲が没落し、その入れ替わりに、義経・範頼らが入京することになる。さらには、義経・範頼らのはたらきによって、西国方面における平家の勢力が殲滅させられることになる。一の谷・屋島・壇ノ浦合戦を経過した、元暦二＝文治元年(一一八五)の三月のことである。

こうなってしまえば、頼朝の背後を突くどころの話ではない。平家の差し金によって就任した陸奥守のポストにも、いられなくなってしまう(同年十月)。けれども、義仲が没落し、平家が滅亡してしまったいま、正面から頼朝に対抗すべき勢力として残されているのは、秀衡だけである。という現実から逃れるわけにはいかない。

そのうえに、頼朝に離反した義経が、都から逃れることになる。あまつさえ、義経を差し出すべしとの院宣までもが、発給されることになる。元暦二＝文治元年(一一八五)の十一月のことである。頼朝側の圧力によるものであった。

秀衡の出家・入道

秀衡が出家して、入道の姿になるのは、そのあたりのことであった。そして、翌年四月には、鎌倉側によっても、「秀衡入道」と呼ばれることになる(『吾妻鏡』)。

その出家の契機は、なにか。壇ノ浦における平家の滅亡か。すなわち源平争乱の落着か。それとも義経の没落か。はたまた、なにかしら未知の出来事か。分からない。

もしかすると、義経の没落は、秀衡にとって決定的な打撃になったのではあるまいか。すなわち、秀衡には、公家側に擁立された義経と連携して、鎌倉の頼朝に対抗する。すなわち、平泉・京都・鎌倉によって天下を三分する戦略によって、みずからの安泰を計る。という心算があったのではあるまいか。とするならば、秀衡出家の理由は、義経の没落のほかには、ありえない。ということになるのかもしれない。

これまで、秀衡出家の理由については、真正面から問いかけられないままに打ち過ぎてきた。けれども、秀衡の評伝を書くということになれば、触れないで済ませるわけにはいかない。そのために、あえて憶測めいたことを記させていただくことにしたのである。確信があってのことではない。これからも、考え続けさせていただくことにしたい。

いずれにしても、義経が天下の寵児となってから、その正反対に天下の御尋ね者になって平泉に戻ってくることになるまでの二年近くの間、秀衡の胸底には、期待と幻滅ほか、さまざまな想いが去来していた。そのことには、間違いがない。

奥六郡主と東海道惣官

その間に、「奥御館《おくのみたち》」秀衡のもとには、頼朝から直々の書状が届けられていた。その書状の冒頭には、「御館は奥六郡の主なり、予は東海道の惣官なり。もっとも、魚水の思いをなすべし」とする、友好の呼びかけが記されていた。けれども、その続きがよろしくない。「貢馬《くめ》・貢金《くきん》のごときは、国の土貢として、予いかでか管領せざらんや、当年より、早く予が伝進むべし、かつがつ勅定の趣を守るところなり」と、記されている。

これまでは、朝廷に対する貢馬・貢金のつとめは、奥州のトップ・リーダーとして、秀衡が直々に果たしてきた。それなのに、これからは、頼朝の管領にしたがうべし。すなわち、馬・金は鎌倉に届けさえすればよい。そこから先、京都までは、頼朝が「伝進」してやろうぞ。というわけである。

これでは、秀衡の面目は、まるつぶれである。「奥御館」秀衡が、「東海道惣官」たるべき頼朝の下風に立つことを、天下に明らかにするようなものではないか。簡単には、受け入れがたい。

けれども、「勅定の趣を守る」、すなわち朝廷の意向にしたがって、と記してあるからには、にべもなく拒絶するわけにもいかない。そのうえに、頼朝との直接対決に踏み切るまでの覚悟は、まだまだ、できていない。

苦渋の選択であった。やむなく、秀衡は、頼朝の要求にしたがって、馬・金を鎌倉に届けることになった（『吾妻鏡』文治二年四月廿四日条）。

出家する以前の秀衡ならば、すなわち義経が没落する以前の秀衡ならば、断固として、要求をはねつけることができたかもしれない。けれども、いまは、それほどの元気はない。ということであったろうか。

研究者のなかには、この段階で、平泉は鎌倉の下風に立つべきことが決定されたとする向きがないではない。その逆に、この段階で、秀衡は頼朝との対決を決意したとする意見もないではない（斉藤利男『平泉――北方王国の夢』）。けれど、それらは、いずれも、速断に過ぎるのではあるまいか。秀衡としては、つらいが、ここの所は、妥協しておいて、様子を見たい。さらにいえば、義経の行方が定まるまでは、判断を先送りにしたい。ということだったのではあるまいか。

高橋富雄氏によれば、このような秀衡の選択は、「名を捨てて実を取った」ものであった。すなわち、「平泉側が鎌倉の上級権力を承認する代わりに、その代償として」、「相互不可侵」の約束を取りつけようとする。ないしは、「鎌倉の乗ずる隙を機敏に防」ごうとする。「賢明な」判断であった（『奥州藤原氏四代』『平泉』）。その通りかもしれない。

「奥六郡主」のキーワードには、公家側から補任された代官にはあらず、みずからの武力のみによって立つ主権者として、地域に君臨する存在をあらわす語感が込められていた。その意味では、頼朝が武力によって勝ち得た「東海道惣官」のキーワードに、すなわち公家政権側に帰属した「国土高権」の一部を奪取することによって勝ち得た広域的な統治権者としての存在をあらわすキーワードに、変わるところがない。

というよりは、むしろ、「奥六郡主」の方にこそ、そのような広域的な統治権者としての存在をあらわすキーワードとして、日本史のうえで最初に登場した栄誉が与えられるべきものかもしれない。すなわち、「奥六郡主」は、「東海道惣官」のプロト・タイプにあたる言葉だったのかもしれない。

とするならば、頼朝によって、それらの言葉が、ならび用いられることになったのは、歴史的な必然だったのかもしれない。

けれども、頼朝によって、その言葉が用いられている文脈においては、奥州全域にわたる主権者にはあらず、奥六郡に限った主権者として、秀衡の存在感を値切ろうとするかのような語感がなきにしもあらず。秀衡が、それに気がつかなかったはずはない。すでに、奥州全域にわたる主権者としての地位を確立するに至っていた秀衡のことである。「奥六郡主」呼ばわりを不快に思わなかったはずがない。にもかかわらず、平静を装わざるをえなかった秀衡の心境はいかに。想像にまかせるしかない。

義経を再び迎え入れて

そして、山伏や「児童」（稚児《ちご》）の姿に身をやつした義経・河越女子らの一行が、平泉に到着したのは、文治三年二月十日のことであった（同当日条）。

義経一行が住まいすることになったのは、基成の衣河館《このもがわのたち》の一角に構えられた旧宅であった。ただし、そのような具体的な情報が鎌倉側に伝えられるまでには、相当な日時を要することになった。その間に、鎌倉側では、さまざまな噂が交わされていたらしい。

たとえば、義経が「秀衡入道の結構」によって奥州にありとする噂にもとづいて、義経の身柄を召し尋ねるべきことを、京側に申し入れる。それにたいして、ご沙汰あるべしとの返答が示される。などのことがあった（同三月五日条）。

同じく、義経の在所を求めて、鶴岡八幡ほかの社寺に祈禱させるなどのこともあった（同四月四日条）。

八月に入ったあたりには、頼朝側からの要請にしたがって、京都側の使節が派遣されて、秀衡の本心を問いただすことになる。そして、九月上旬には、京都側の使節に同行した頼朝側の密偵（「雑色《ぞうしき》」）が鎌倉に帰参して、かの使節と秀衡と問答のありさまを報告することになる。それによれば、義経を「扶持《ふち》」して「反逆」をおこそうとしているのではないかとする疑いに対する秀衡の返答は、「異心なし」というものであった。けれども、密偵の見立てによれば、「すでに用意のことあり」。すなわち「反逆」に向けた準備が着々と進められている。というものであった。早速に、その旨を、頼朝は京都側に伝達することになる（同九月四日条）。

どうやら、この辺りには、義経を擁立して、奥州に「独立王国」を樹立しようとする秀衡の思惑が、鎌倉側においても、漠然とした疑いの域にはあらず、かなりの確度をもって認識されるまでになっていたらしい。

けれども、この段階においても、義経一行が平泉入りしたのが、二月十日であった。山伏や「児童」（稚児）の姿にて、「妻室男女」を具しての一行であった。など、具体的な情報が鎌倉側に伝えられていたのか、どうか。疑わしい。それよりも、後になってから、平泉側の関係者の口を介して伝えられたのに違いない。

すなわち、二月十日、義経が平泉に至るとする具体的な情報は、かなり後になって鎌倉側に伝えられた。けれども、『吾妻鏡』の編纂にさいしては、その情報が伝えられた日時にはあらず、その出来事があった時点に遡って、二月十日条に挿入されることになったのに違いない。

それなのに、二月十日義経の平泉入りが分かっているのに、鎌倉側で義経の在所を求める祈禱をさせるなどしているのは、矛盾を来《きた》している。『吾妻鏡』は、混乱している。などとする向きがないではない。だが、それは、『吾妻鏡』を始めとする記録類の編纂における「切り貼り」の手法、すなわち後日に判明した情報であっても、それが発生した客観的な日付に遡って位置づけるという通有の手法を忘れた錯覚によるものにほかならない。

秀衡の決断

秀衡は、思案する。「義経」の本名を剝奪され、「義顕《よしあき》」の仮名をもって呼ばれながら、逃避行を続けてきた天下の御尋ね者を迎え入れるとなれば、秀衡もまた、天下を向こうに回す反逆者ということにならざるをえない。すなわち、頼朝ばかりか、公家側も敵に回すということにならざるをない。

けれども、義経を擁立して、頼朝に対するならば、頼朝といえども、うかつに手出しができないのではあるまいか。そのうえに、公家社会に根強く生き続けている義経贔屓の感情にはたらきかけるならば、義経の身柄差し出しの院宣を撤回させることができるのではあるまいか。

そのうえに、国内的にみても、秀衡に対する反発をやわらげることができるのではあるまいか。すなわち、会津にまで出兵する、さらには国府官人にまで指揮権を及ぼして、行政一般にまで介入しようとする、などの前代未聞の振る舞いに対する世論の反発を和らげることができるのではあるまいか。具体的には、秀衡の下風に立つことを潔《いさぎよ》しとはしない国府官人や中・南奥の武士団のなかにも、義経の金看板をもってするならば、言うことを聞いてくれるものが出てくるのではあるまいか。三好俊文氏の表現にしたがうならば、「急速に膨れあがった武士団に、あらたな求心力を与え」ることができるのではあるまいか（「藤原秀衡」）。というわけである。

秀衡は決断した。その時期は、意外に早かったのかもしれない。頼朝側が派遣した密偵によって、「すでに用意のことあり」。すなわち義経を擁立して、「反逆」に向けた準備が着々と進められている。という報告がもたらされたのは、九月四日のことであった（『吾妻鏡』九月四日条）。してみれば、そのあたりまでには、決断がなされていたのかもしれない。いいかえれば、義経を金看板にして、秀衡が主導する臨戦態勢を構築して、頼朝を迎え撃つための準備が始められていたのかもしれない。

5 秀衡の遺言

義経を大将軍として、国務せしむべし

義経を迎え入れてから一年にもならない冬十月のあたり、秀衡は病の床にあった。そして二十九日、臨終の間ぎわにあって、息子泰衡らに向かって、驚くべき遺言を、秀衡は発した。

これからは、「伊予守義顕《よしあき》」（義経）を「大将軍」として、「国務」せしむべし。すなわち、義経を擁立して、陸奥・出羽両国の取りしきりに当たらせるべし。という驚くべき内容である（『吾妻鏡』文治三年十月廿九日条）。

その知らせは、鎌倉側にばかりではない。同じく、京都側にも伝えられて、公家の日記に書き止められることになった。それによれば（『玉葉』文治四年正月九日条）、義経を「主君」として、国衡・泰衡の両人が「給仕」すべし。すなわち、両人が義経に仕えて、奉公に励むべし。とする遺言であった。それによって、義経・国衡・泰衡の三人は、「一味」（一致団結）して、「頼朝を襲うべき疇策《ちゅうさく》を廻《めぐ》らす」ことになったとする記事も、つけ加えられていた。

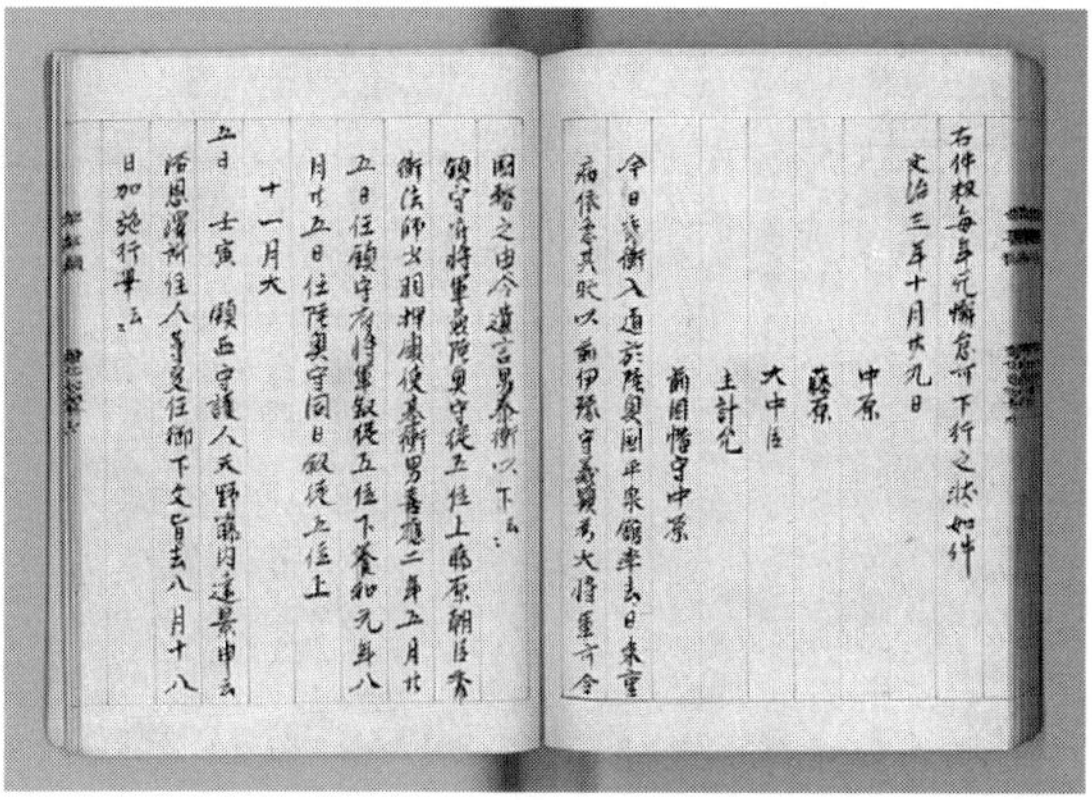

『吾妻鏡』文治３年10月29日条

他腹の嫡男と当腹の太郎

そのように、三人の「一味」をかたちづくるためには、国衡・泰衡の兄弟の間で、秀衡の後継をめぐる争いが起きることを、なんとしても、避けなければならない。

国衡は、秀衡が正妻を娶る以前に生まれた息子であった。恐らくは、信夫佐藤の女子から生まれた息子であった。それに対して、泰衡は、正妻たるべき基成女子から生まれた息子であった。「兄は、他腹の嫡男なり」、「弟は、当腹の太郎なり」と、公家の日記などに記されている通りである。ないしは、それぞれに、「父太郎」「母太郎」と、記されている通りでもある（『愚管抄』）。

普通に考えるならば、正妻の息子たるべき泰衡が後継者として選ばれるのに、なんの妨げもない。けれども、国衡には、武勇の誉れが高かった。「武者柄《がら》、ゆゆしくて、合戦《いくさ》の日にも、抜け出て、あはれ、ものやと、見えけるに」、と記されている通りである（同）。そのうえに、代々にわたる後見かつ乳母たるべき信夫佐藤の女子から生まれた息子となれば、身内の人びとから寄せられる親近の情は、尋常のレベルに止まらない。

その両人が争うことなく、「一味」して、頼朝に立ち向かうことができるためには、どうすればよいのか。いつの世にも、息子らの争いが起きるのではないかと心配する父親最期の光景が絶えることはない。けれども、秀衡のばあいには、息子らの母親が違っている。そのうえに、鎌倉側との合戦が差し迫っている。という特別の事情にあった。その心配は、いかほどのレベルにあったのか。容易には、察知しがたい。

さまざまな思案の挙句に、秀衡が到達した結論は、これまた、驚くべきものであった。それは、なんと、正妻の息子たるべき泰衡を後継者に選ぶ見返りとして、「他腹の嫡男をもって、当時の妻を娶らしむ」。すなわち国衡をして、「当時の妻」たるべき基成女子を娶らせる。というものであった。

基成女子は、秀衡なきあとには、後家として、一族の束ねたるべき役割を期待されていた。その基成女子が、国衡の妻ということになれば、国衡の面目、これに勝るものはない。そればかりではない。実質的な局面においても、一族の内部統制に、わけても軍事的な取りしきりに関しては、国衡の手に委ねられることになったのに違いない。それに対して、泰衡には、一族を代表して外部との交渉に臨む「顔」としての役割が委ねられることになったのに違いない。

これは、泰衡にとっては、不本意な決定だったのかもしれない。わけても、国衡が兄にして、義理の父親にもなる。という辺りにたいしては、違和感が生じることがあったかもしれない。けれども、鎌倉側との合戦が差し迫る非常時にあっては、多少の違和感などに拘っている余裕はない。

その驚くべき提案にしたがって、両人は「兄弟和融」の誓いを立てることになった。具体的には、たがいに「異心」あるべからずと記した「祭文《さいもん》」（起請文《きしょうもん》）を、神前にて燃やして、その灰を呑み交わすことになった。あわせて、同席の義経もまた、「異心」あるべからずとの祭文を記すことになった。その誓いの言葉に背くならば、神罰てきめん。というわけである。これでよし、秀衡は、安心して、目をつぶることになった。

思い切った手段であった。それ以外には、兄弟「一味」して鎌倉側に立ち向かう手段が見いだせないことからする、ウルトラCともいうべき手段であった。

秀衡後家の立場

けれども、「大殿」基成にとっても、ほかの選択肢を想いうかべる術はなく、その提案に対しては、内諾のゴーサインをしめしていたのに違いない。それによって、基成の最高政治顧問としての立場が継承されるのならば、いな、それどころか、強化されるのならば、何の問題もない。ということであったろうか。

問題は、基成女子である。秀衡と死別する間際に、たとえ義理の間柄とはいえども、息子の妻になるべし、という決定が下される。かの女の心境は、いかばかりであったのか。そもそも、かの女は、事前に話を聞かされることがあったのか。そのうえで、内諾に及ぶようなことがあったのか。分からない。

このように一族の政治的な地位を維持するために、これに似たようななかたちで、女子を再嫁させようとすることは、京都方面にあっても、皆無というわけではなかった。

たとえば、高倉天皇の中宮（后）になっていた平清盛の女子（徳子）は、天皇が急死した後に、天皇の父親にあたる後白河法皇に再嫁させられそうになっている（『玉葉』）。頼朝の挙兵を皮切りとする全国的な争乱のはじまりに危機感を覚えた平家側の思惑によるものであった。具体的には、後白河法皇と間に生じた溝を埋めて、なんとしても、密接な連携を再構築しなければ、という思惑によるものであった。保立道久氏によって指摘されている通りである（『義経の登場』）。

三人一味して、頼朝を襲うべし

それにしても、義経を「大将軍」として、国衡・泰衡らが「一味」して、「頼朝を襲う」とは、尋常ではない。

研究者のなかには、それを文字通りに受け止めて、秀衡の存命中から、鎌倉を襲う計画が立てられていた。さらには、義経は海路から鎌倉に進撃するプランがあった。などとする向きもないではない。けれども、それほどまでに、具体的な計画が立てられていたのか、どうか。分からない。もしかしたら、頼朝を襲うべしとの文言は、正確な伝聞にはあらず、京都側による一方的な観測によって生み出されたものだったのかもしれない。

どちらかといえば、まずは奥羽両国を固めて、とするような着実な戦略が構想されていたのかもしれない。のちに記すように、南奥方面との境界線上に、阿津賀志山《あつかしやま》の長大な防塁が構築されることになる。そのほかの情報を勘案するかぎり、そのような戦略だったとする方が、よいのかもしれない。

いずれにしても、秀衡を失ったことは、平泉にとって大きな打撃となった。そのことには変わりがない。

秀衡の遺体

秀衡の遺体は、中尊寺金色堂に安置されることになった。具体的には、偉大なご先祖さま、清衡の遺体の眠る、ご本尊さまの真下の中央壇の脇に、新たに設けられた西北壇の内部に安置されることになった。父親の基衡の遺体は、その反対側の西南壇に安置されていたから、基衡・秀衡の父子が、祖父の清衡の左右に控える。というかたちになっている。

秀衡の行年は六六歳。その死亡年齢については、『結城系図』ほかの記載を参考にしてかたちづくられている通説によっている（高橋富雄『奥州藤原氏四代』ほか）。

遺体から復元された秀衡像

一九五〇年に実施された「中尊寺御遺体学術調査」の結果として、その血液型は、A型。太く短い首につづいて、よく発達した胴は、肩と胸幅が広く、腰から下が比較的小さいので、全体として、肩幅を底辺として、足を頂点とする逆三角形をなしている。いかにも栄養がよかった。長期にわたって病臥し、衰弱した状態で死去したとは考えられない。とされている（鈴木尚「藤原四代の遺体」）。
それらのデータにもとづいて復元像が製作されてもいる。その身長は、一六四・八センチメートルを計る。

ただし、秀衡と基衡の遺体については、逆に考える意見がないわけではない。中尊寺にも、そのような伝承が存在していた。清衡の眠る中央壇の側から見るならば、西北壇が「左壇」になるので、そちらの方に、父親の基衡の遺体が安置されているのに違いないという理屈である。けれども、最近では、建築学ほかの所見が加味された結果、西北壇に安置されているのは、秀衡の遺体なりとする新しい寺伝が確定するに至っている。したがって、小論においては、その新しい寺伝に即したかたちで、記させていただいている。具体的には、西北壇に安置されてきたのは基衡の遺体なりとする伝承に即して記載された鈴木氏の所見を、秀衡のそれなりとする新しい寺伝に即するようなかたちで、読み替えさせていただいている。とりあえずの措置ということでご理解をいただきたい。その間に思わぬ錯誤があるかもしれない。くわしくは、『中尊寺御遺体学術調査最終報告書』を参照されたい。

第八章　義経を金看板とする広域軍政府の誕生

1　奥羽両国の吏務を自由に抑留する

狭義における平泉政権

秀衡の遺言にしたがって、義経・国衡・泰衡の三人は、早速に、鎌倉方との決戦に備えて、態勢固めに乗り出すことになった。

そのありさまについては、義経の身柄を差し出すべきことを命令した宣旨や院庁下文など、鎌倉側との調整のうえで、京都側の発給になる文書類に詳しい。

たとえば、義経は、以前に下された「頼朝を討つべし」との宣旨などを、その後に撤回されたのにもかかわらず、これ見よがしに振りかざして、「辺民」に呼びかけ、「野戦」に及ぼうとしている。

そればかりか、基成・泰衡らも、奥羽両国を「虜掠」して、「国衙・庄家の使者」を追い出している。ないしは、両国の「吏務《りむ》を、自由に抑留して、使者を追却」している。と記されていた（『吾妻鏡』四年四月九日条）。

宣旨や院庁下文の文面ばかりではない。実際にも、京都側から派遣された人物が、出羽国にて、義経の「軍兵」との合戦に敗れて逃げ帰ってきた。さらには、義経その人が出羽国に駐留している。などの情報がもたらされている（『玉葉』『百錬抄』）。

今日ならば、岩手・宮城・福島・山形県庁を接収して、県政を自分勝手に取りしきる。あわせて、中央省庁から派遣の幹部職員を追放してしまう。さらには、大手企業の現地事務所・工場を接収して、東京本社から派遣の幹部職員を追放してしまう。という強権的かつ超法規的なしわざである。それによって、どれほどの悲鳴があがり、いかほどの血が流されることがあったのか。分からない。

まさしく、陸奥出羽両国にわたる広域軍政府の誕生である。義経を金看板とする軍事政権の誕生である。真実かつ十全なレベルにおける、すなわち狭義における平泉政権の誕生は、この瞬間にあり。と言っても、差支えがないのかもしれない。

大略虜掠

その兆しは、頼朝の挙兵によって全国的な争乱が始まったあたりには、すなわち中央政府の側から出兵要請が届けられるあたりには、すでにあらわれていた。養和元年（一一八一）、秀衡が陸奥守に任命されるのにさいして、かの国は（奥州）「もとより、大略虜掠《りょりゃく》」と記されていることが、そのなによりもの証拠である。

だが、その当初においては、金看板たるべき義経は鎌倉に出ていて、平泉には不在であった。陸奥守に任命されたとはいっても、その二年後には秀衡とは無縁の公家に交替させられてしまっている。

したがって、内外にわたって兵を動かす。国府官人らを従わせる。などの既成事実の積重ねはあれども、中央政府や後任の陸奥守、それに国府官人らに対する遠慮の気持もあって、国衙を接収するなど、あからさまなレベルにまでは至ることがなかった。

けれども、天下の御尋ね者たるべき義経を擁立することになった今においては、中央政府や陸奥守、それに国府官人らの顔色をうかがってばかりいるわけにはいかない。それならば、思い切って、やってしまえ。ということだったのに違いない。

奥州羽州省帳田文已下文書

たとえば、泰衡によって炎上させられることになる「平泉館」の政庁には、「奥州羽州省帳《しょうちょう》田文《たぶみ》已下文書」が備えつけられていた（『吾妻鏡』文治五年九月十四日条）。両国の統治のための根本の帳簿・土地台帳類のことである。本来は、多賀国府の政庁に備えつけられていたものに違いない。それなのに、平泉館にあるということは、国府官人らの抵抗を押し切って、なかば強制的に移管させてきたものに違いない。

そのなかには、「両国絵図」「諸郡券契」も含まれていて、「郷里田畠、山野河海」のありさまが、詳細に記載されていた。その記載については、秀衡の側近に控える奉行人たるべき「豊前介実俊」「橘藤五実昌」兄弟が通暁していて、諳《そら》んじることができた。とするエピソードが伝えられている（同）。

多賀国府

その当時、多賀国府では、本来的な政庁から南側に下るスロープや階段に、雛壇上の平場が造成されて、掘立柱建物や井戸が設けられていた。その辺りからは、白磁碗や常滑三筋壺、京都系・在地系のカワラケが検出されている。ならびに、平地に下った新田遺跡の辺りでも、大邸宅の遺構にあわせて、平泉セットに合致する陶磁器類が検出されている。さらには、水沼窯（いまは石巻市）で制作され、北上川を遡上して、平泉にまで運ばれた陶器に共通する壺・甕類が検出されている。

それによって、秀衡の時期に至るも、多賀国府における統治機能は失われることなく、それなりの存在感を維持していたことが察知される。あわせて、千葉孝弥氏の表見にしたがえば（「考古学から見た多賀国府」二〇一四）、「多賀城跡・新田遺跡が平泉を中心とする奥州藤原氏の勢力下にあったこと」が察知される。

ただし、「奥州藤原氏の勢力下」とはいっても、秀衡が陸奥守になる以前、そして陸奥守に在任の期間、さらには義経の軍政府によって接収された期間など、それぞれの期間毎に、その浸透度における差異が、その色彩における濃淡があったことは、もちろんである。そのような微妙なところまで、考古学的な調査によって解明される日が待ち望まれる。

基成の院政

その広域軍政府の実質的なトップには、「大殿」基成が座っていた。基成は、一族の代表たるべき泰衡の外祖父であった。あわせて、一族の内部的な取りしきりたるべき国衡の岳父でもあった。さらには、「大将軍」義経を幼少より見守ってきた保護者ともいうべき存在でもあった。そのうえに、京都政界の表裏に精通していたというのだから、怖いものなしである。

したがって、その広域軍政府の実質は、基成の院政であったといっても、過言ではない。義経は

「大将軍」として、すなわち政権の金看板として盛り立てられてはいるが、全権を掌握していたわけではない。実質的には、基成・泰衡らの担ぐ御輿に載せられていたのに過ぎない。

2 いくつもの幕府

けれども、義経ばかりではない。頼朝も、義仲もまた、金看板として、擁立されていたのであった。すなわち、頼朝は、北条・三浦ほかの勢力によって。義仲は、乳母夫たるべき中原兼遠や信濃国の豪族、根井行親らの勢力によって。それぞれに支えられていたのであった。よく知られている通りである。

貴種と猛者

かれらばかりではない。頼朝の弟、五郎希義《まれよし》(「土佐冠者」)も、夜須《やす》行宗に擁立されて、土佐国に自立しようとしていた。その出鼻を平家方に察知されて殺害されることがなかったならば、四国一円に勢力を拡大して、頼朝のライバルになっていたかもしれない。

同じく、頼朝の叔父、鎮西八郎為朝もまた、薩摩国の豪族、阿多《あた》忠景《ただ》の女婿に迎えられて、九州一円に勢力を拡大している。その息子の「豊後冠者」義実《よしざね》もまた、南九州方面で自立の動きをみせていた。これまた、よく知られている通りである。

さらにいえば、下総国の豪族、千葉常胤のもとにも、源義家の七男義隆の息子(頼朝からすれば大叔父の息子)が養われていた。常胤が迷いに迷った末に、頼朝の側につくことを決断して、その身柄を差し出すことがなかったならば、その息子（頼隆）は、常胤に擁立されて、一方の旗頭になっていたのかもしれない（『吾妻鏡』治承四年九月十七日条、入間田「源頼朝が挙兵に成功したのはなぜか」）。

そのように、清和源氏の血統に属する貴公子は、「貴種《きしゅ》」と呼ばれた。それにたいして、かれらを擁立した地方の豪族は、「猛者《もさ》」と呼ばれた。

「貴種」には、カリスマ性はあれども、実力が伴わない。反対に、「猛者」には、実力はあれども、多数の支持を取りつけるだけのカリスマ性が欠けている。そのために、「貴種」の金看板のもとに、「猛者」が実質的な取りしきりにあたる。という軍政府のかたちが模索されたのであった。

城長茂

ただし、「猛者」のなかには、「貴種」の金看板にはあらず。自身の血統やカリスマ性を誇りとして、自立の道を目指そうとするものがみられた。たとえば、秀衡のライバルの一人、「白河御館」城長茂《じょうながもち》は、鎮守府将軍平維茂《これもち》の血統を誇りとし、「日本国主」の持物たるべき霊刀をひけらかして、人びとに臨んでいた（『吾妻鏡』文治四年九月十四日条）。そのうえに、「妙見菩薩」を祀って、「源家（頼朝）」を呪詛することがあった（同寿永元年九月廿八日条）。

その長茂が、「関東追討宣旨」を賜って倒幕の兵を挙げるべく、京都は後鳥羽院の御所に推参。あわせて、甥の資盛《すけもり》が越後国で挙兵、鳥坂城に立て籠もったのは、頼朝が死去しての間もなく、建仁元年（一二〇一）のことであった。いわゆる「城長茂の乱」の勃発である。それには、平泉藤原氏の生き残り、秀衡の四男たるべき隆衡も、加担していたというのだから、大変である。鎌倉幕府の屋台骨が、ぐらりと揺り動かされたかに見えた。

そのショッキングな出来事からしても、列島の各地に割拠して、機会があれば広域軍政府を立ちあげようとする「猛者」の志向性を、ないしは潜在的なパワーの存在を察知することができるであろうか。

平泉姫宮

金看板といえば、「平泉姫宮《ひらいずみのひめみや》」のこともあった。かの女は、後白河法皇が女房右衛門《うえもんの》佐《すけ》に生ませた、いわゆる「ご落胤」であった。保立道久氏によれば、かの女が、右衛門佐の母にともなわれて、平泉にやってきて、秀衡に「賞玩《しょうがん》」(歓待)されていた(『義経の登場』)。というのだから、驚きである。

ただし、保立氏によって、かの女が歓待され住まわされていたのが、秀衡の「常居所《つねのきょしょ》」たるべき「加羅御所《からのごしょ》」だったとされていることには、したがえない。いくらなんでも、そのような高貴な御方と住まいを同じくするわけにはいかない。やはり、基成や義経に同じく、衣川を隔てた「迎賓館」に住いしていただくのに越したことはない。ということだったのではあるまいか。

同じく、後白河法皇が女房右衛門佐に生ませた「伯耆王子《ほうきのおうじ》」が、「伯耆半国」(いまは鳥取県)にわたる軍政府を樹立した村尾海六成盛によって擁立されていたことも知られる。これまた、保立氏の解明された通りである。

さらにいえば、平家追討の令旨によって全国的争乱の時代の幕開けを宣言した以仁王《もちひとおう》の「三宮」(三男)、すなわち後白河法皇にとっては孫にあたる王子「北陸宮《ほくりくのみや》」が、木曾義仲によって擁立されていたことも知られている。

それらの天皇家に連なる姫宮や王子らが、京都から離れて、地方の軍事首長のもとに養われる。それによって、地方における軍政府が樹立されたあかつきには、その金看板としての役割を担わされる。それならば、天皇の息子らが各地の軍事首長に擁立されて、華々しい活躍をしめすという南北朝時代の予兆ともいうべきものが、その数世紀の以前に、すでに立ちあらわれていたのだ。といっても差し支えがないかもしれない。

保立氏が指摘するように、都鄙にわたる人びとの交流のレベルが、それほどまでに高まっていたということであったろうか。

いいかえれば、京都一極集中の時代が廃れて、地方の側にも、京都側から然るべき人物を引き寄せるだけの魅力的な基盤（ポテンシャル）がかたちづくられつつあった。ということでもあったろうか。さらには、そのような魅力的な基盤形成があったればこそ、秀衡のような軍事首長（「猛者」）が立ちあらわれることができたのだ。とも、痛感しないわけにはいかない。

幕府とは

幕府の本来は、陣幕（テント）に囲われた臨時の軍政府を意味する言葉であった。中国伝来の言葉であった。そのトップには、辺境派遣軍の司令官たるべき将軍が位置づけられていた。それにたいして、日本では、天皇の親衛隊長たるべき左・右近衛府《このえふ》大将の居所が、幕府と呼ばれていた。それを、頼朝をトップとする軍政府に援用したものが、鎌倉幕府の言葉にほかならない。

それならば、頼朝の軍政府ばかりではなく、平泉の軍政府も、「豊後冠者」義実の軍政府も、さらには六波羅や福原における平家の軍政府も、幕府と呼ばれたとしても、不思議でもなんでもない。いいかえれば、頼朝の鎌倉幕府だけを特別扱いにしていたのでは、さまざまな軍政府が競い立つ全国的争乱の状況を理解することができない。ということにもなるのではあるまいか。

最近に及んで、六波羅（福原）幕府・奥州（平泉）幕府などの言葉が、学界をにぎわすようになっているのは、そのような事情によるものであった。具体的には、高橋昌明『平家と六波羅幕府』、入間田『平泉の政治と仏教』ほかを参照されたい。

基成や義経の大邸宅は、衣川の北岸にあった。それならば、かれらの軍政府を、衣川幕府ということができるかもしれない。けれども、「平泉館」には、両国統治のための根本の帳簿・土地台帳類が備えつけられて、熟達の奉行人が実務を取り仕切っていた。それをも勘案するならば、衣川北岸地区も含めた大平泉ということで、平泉幕府という方が相応しいのかもしれない。

研究史を振り返って

これまでは、秀衡の死後、泰衡は直ちに変心して、義経の身柄差し出しの命令にしたがう気持ちに陥ったかのように理解されることが多かった。そのために、意志薄弱かつ親不孝者とするレッテルが、泰衡に貼りつけられることにもなった。鎌倉側からする、ないしは『吾妻鏡』による、泰衡を貶めるプロパガンダに追随するならば、そのようなことにならざるをえない。

けれども、秀衡が死去した文治三年十月から、泰衡が義経を討つことになる文治五年閏四月までには、一年と六か月ほどの間隔が存在していた。その間に、泰衡らは、秀衡の遺言にしたがって、義経を「大将軍」として、平泉幕府の実質をかたちづくる動きに出ていた。その歴史的な意義を見逃しにしてはいけない。

「平泉藤原氏の陸奥・出羽支配は、内乱期の各国に実在した地域的軍政府の中でも、もっとも進んだものであったろう」と喝破されたのは、大石直正氏によるものであった（「治承・寿永内乱期南奥の政治的情勢」）。そして、頼朝の「東海道惣官」にあらわされるような、複数の「国」を統括する広域的な地域権力が、すなわち土地所有の軍事化に照応する国土高権分割の指向性が、列島の全域を覆うにいたる時代の流れが鮮やかに描きだされたのは、保立道久氏によるものであった（「日本国惣地頭・源頼朝と鎌倉初期新制」）。

「平泉幕府」「奥州幕府」のキーワード、さらには「いくつもの幕府」のそれに、入間田が逢着したのは、そのような時代の流れに着目すればこそのことであった。すなわち、「地域的軍政府」「広域的な地域権力」の樹立を目指す秀衡の決断に着目すればのことであった。

具体的には、「全国各地の豪族が『貴種』を擁立して、または自身の血統を誇りにして、独立の政権づくりを目指していた」、「かれらによる熾烈なトーナメント・ゲームが進行するなかで、決勝戦とも言うべき段階まで生き残ることができたのは、秀衡に擁立された義経と、関東の豪族らに擁立された頼朝、という二人の『貴種』ばかりであった」と記している通りである（入間田『平泉藤原氏と南奥武士団の成立』）。

それなのに、秀衡には「平泉政権をもって鎌倉にかわる全国政権たらしめようとする意図あり」とすることが、入間田の主眼だったかのような受け止められて、斉藤利男氏による批判に供されている。それによって、北方世界（奥羽および蝦夷ヶ島）を領土とする自治王国としての「奥州幕府」構想が秀衡によって抱かれていたとする結論が。すなわち、全国各地の豪族による「地域的軍政府」「広域的な地域権力」の樹立に向けた動きとは質的に区別されるべき動きが、秀衡によってかたちづくられていたとする斉藤氏ならではの結論が導き出されている。

けれども、列島の全域における「地域的軍政府」「広域的な地域権力」の樹立を目指す動向とは区別された局面において、奥州のみにおいて、しかも内乱期に突入する以前から「北方世界を領土とする自治王国」の実質がなんとなくかたちづくられていた、とするかのような斉藤氏の発想には賛同しがたい。

斉藤氏によって強調されるように、北方交易の存在が、平泉政権を特徴づけていたことには間違いがない。大事の局面である。けれども、そのことをもって、内乱期列島の全域における「地域的軍政府」「広域的な地域権力」とは異質の存在として、平泉政権を位置づけることには、どのように考えても、無理があるのではないか。

ただし、秀衡と頼朝の対立を、トーナメント・ゲームの決勝戦に例えたことによって、無用の誤解を生じしめたことについては、反省しなければならない。お詫びを申しあげる。

そういえば、高橋富雄氏によっても、「将門以降の特に東国における武門の権力形成」は、「一つの内国における統一権力の相対化・地方化」「内国における辺境的事実」なのであって、平泉政権の形成にみるような「外国としての辺境的事実」とは、「同一視することはできない」と明記されていた（『奥州藤原氏四代』）。斉藤氏の発想のプロトタイプともいうべき、その明記にも賛同しがたいことは、もちろんである。

はじめにも記した通り、平泉政権を「蝦夷」「外国」の側に位置づけようとする志向性には、千年の伝統が具えられていた。けれども、それは実態的な認識にはあらず。あくまでも、中央側からする一方的かつ差別的な認識に過ぎないものであった。だからといって、そのような一方的かつ差別的な認識を克服するための戦いが無意味であった、ということにはならない。その戦いのために、平泉側によって、どれほど精神的かつ物質的な資源が費やされなければならなかったのか。見てきた通りである。それならば、「蝦夷」認識との戦いこそが、平泉政権を特徴づけるものだった。ということにならざるをえない。すなわち、平泉政権は、実態としては、「蝦夷」「外国」の政権にはあらず。列島の全域における「地域的軍政府」「広域的な地域権力」のなかにあって、「蝦夷」認識との戦いをもって異彩を放つ特別な存在だった。ということにならざるをえない。

けれども、高橋氏のばあいには、そのような枠組にもかかわらず、平泉政権を鎌倉幕府と対等とするような見地が、しっかりと確保されていた。たとえば、「藤原秀郷の嫡流として」「鎮守府将軍の号を汲む」平泉藤原氏の地位は、「頼朝の武門の棟梁としての地位に何ら遜色を見ない」。「平泉に原理的に言えば、鎌倉殿とその御家人制とにほぼ対揚と目されるうる関係が尋常に形成されていた」。など、大事のコメントを参照されたい（同）。一筋縄では治まらない。なんという懐の広さよ。と感嘆しないわけにはいかない。その千年来の枠組にはあらず、その懐の広さの方を、すなわちユニークな「平泉柳営（幕府）」論として結実させられることになるような高橋氏の方向性（『平泉の世紀』）を、本書が継承しようとしていることについては、繰り返すまでもない。

そういえば、高橋氏にも、秀衡の陸奥守就任ならびに「国衙行政権」の掌握をもって、「治承という歴史的な時期の特殊な客観情勢」の所産なりとする指摘があった（『奥州藤原氏四代』）。さらには、三好俊文氏によっても、「奥羽両国を上から掌握し、指揮する軍政府」とする大石直正氏の表現を踏まえつつ（「治承・寿永内乱期南奥の政治的情勢」）、「内乱の勃発によって展開した地方豪族の急速な権力の伸長と、それに伴う国衙機構の掌握という全国的な動向のなかで、秀衡の多賀国府掌握」を理解すべしとする指摘がなされていた（「藤原秀衡」）。

それにつけても、頼朝の挙兵に対抗すべく、中央政府から諸国の豪族に向けて出兵要請が発せられたことの歴史的な意義を痛感せずにはいられない。それは、通常かつ既存の統治システムにはあらず、軍事的かつルール破りの強力によって、それぞれの地域を広域的に統括すべしという前代未聞かつ苦渋の政治的意向の表明にほかならない。いわば、頼朝の挙兵によってかたちづくられた非常事態における、中央政府から諸豪族に向けての大幅な権限移譲の表明にほかなない。すなわち、諸豪族による広域軍政府形成（中央政府側からみれば「虜掠」）の動きにスイッチ・オンする表明にほかならない。

中央政府による鎮守府将軍や陸奥守ほか、官職の任命は、そのような諸豪族に対する権限移譲のプロセスにおいて、やむなく採用されることになった便宜的かつ形式的な措置にほかならない。

けれども、研究者のなかでは、そのような頼朝の挙兵に始まる歴史の文脈を無視して、鎮守府将軍や陸奥守ほか、官職の任命そのものばかりに着目して、それによって諸豪族による大胆な勢力拡大が始めて可能になったとするような理解のしかたが絶えることがない。たとえば、頼朝挙兵に先立つこと一〇年以前における、秀衡初度の鎮守府将軍任命をもって、奥羽両国の実質的な統括の始まりとするようなことさえも見うけられる。そのような官職至尊かつ上目遣いの考えかたをもってしては、列島の各地から湧きあがる歴史のエネルギーを感じ取ることができない。

いずれにしても、大石・保立両氏の論考、さらには大先達たるべき石母田正氏のそれにあらわされる戦後歴史学の達成に、あらためて学び直すことにならざるをえない。

そのうえで、一言するならば、内乱期列島の各地に簇生《ぞくせい》した広域軍政府のなかにあって、平泉幕府のそれを異彩あらしめたものは、「蝦夷」認識との戦いのみにはあらず。それを可能にさせた「北の辺境」のパワー、ないしは京都一極集中の歴史に転換を迫った「北からのうねり」であった。石井進『中世のかたち』、入間田「北から生まれた中世日本」『藤原清衡』を参照されたい。

その「北からのうねり」をかたちづくる大きな要因として、京都から最僻遠の立ち位置に加えて、北方世界との交易があげられるべきことは、もちろんである。その意味では、斉藤氏ほかの「北方王国」説に賛同すべき点が少なくない。けれども、平泉藤原氏の立ち位置そのものが、日本国の外側にあったとすることまでには、賛同することができない。すなわち、京都から最僻遠の地とはいえども、日本国の内側にあった。そのことを忘れてはならない。

けれども、内乱期のどさくさのなかで、秀衡・泰衡らが採用するにいたった「地域的軍政府」樹立の路線は、それまでに採用してきた清衡以来の「仏教立国」路線には馴染まないものであった。そのことを認めないわけにはいかない。

悲惨な光景

それまでは、中尊寺供養願文にみられるように、法皇を頂点とする国家的な枠組のなかで、すなわち「鎮護国家」のレトリックのなかで、地域における仏教的なリーダーとしての立ち位置をアピールする。という路線によって、平泉藤原氏の台頭がかたちづくられてきた。

それは、中央政界における平氏の台頭に軌を一にするものであった。得長寿院ほか、平氏による王家御願寺の造営をもって、清衡による王家御願寺たるべき中尊寺の造営に対比するまでもない。

けれども、頼朝の旗揚げによって火ぶたを切られた内乱期のどさくさによって、そのような仏教がらみのレトリックをかなぐり捨て、むき出しの暴力をもってする覇権争いに参入せざるをえないことになった。

秀衡その人にとっては、勢力の飛躍的な拡大をもたらしてくれる絶好の機会の訪れであったのかもしれない。

けれども、もしかすると、秀衡その人にとってさえも、ためらいのようなものがあったのではないか。同じく、平氏の側にさえも、そのような軍事優先路線の採用に対する逡巡のようなものがあったのではないか。すなわち、これまでの路線をかなぐり捨て、これまでの既得権を失う危険を冒してまで、未知の領域に踏み出すことには、相当な不安感があったのではないか。

それに対して、頼朝の側には、ためらうべき何物もなかった。無一物のなかからする命がけの旗揚げであった。したがって、どれほどの犠牲があったとしても、軍事優先路線を突き進んで、「地域的軍政府」の樹立をめざすほかはない。

そのような逡巡・ためらいの気持の有無が、平泉や平氏側の敗北、そして頼朝の勝利を決定づけることになったのかもしれない。

だが、それは、ある意味では、悲惨な光景の始まりでもあった。たとえば、秀衡による会津進駐、義経・泰衡らによる奥羽両国衙接収ほかに始まって、義経・泰衡らの最期にいたる戦乱のなかで、どれほど多くの命が失われることになったのか。数を知らない。

奥羽ばかりではない。武者だけではない。大勢の民衆が動員され、逃げ惑い、どれほどの生命・財産を奪われることになったのか。全国的にみても、数を知らない。

そのようなかたちにおける武人政権の立ちあげは、東アジア世界における例外、しかも不幸な例外であった。それは、東アジア世界の辺境ならではの悲惨な光景であった（入間田「守護・地頭と領主制」「比較領主制論の視角」）。

すなわち、既存の国家的なレトリックのなかで、然るべき立ち位置をかたちづくるというのが、東アジア世界における武人政権の通常のありかたであった。高麗王朝における類例をあげるまでもない。そのような通常のありかたに比べるならば、頼朝の旗揚げに始まる内乱期における軍事優先路線の突出が、すなわち列島の各地における「いくつもの幕府」の立ち上げが、わけても頼朝による本格的な

「地域的軍政府」の立ち上げが、同時代の人びとに及ぼした被害の大なることを、あらためて痛感することにならざるをえない。あわせて、それらの事象が列島の歴史に及ぼした偏《かたよ》りと翳《かげ》りの大なることに、すなわち「その民、多く武を習い、少なく文を習う」（「坤《こん》輿《よ》万《ばん》国《こく》全《ぜん》図《ず》」）と、国際的に評されることになるような偏りと翳りの大なることに想いをいたすことにならざるをえない（入間田『武者の世に』）。

さらには、軍事優先路線の復活がささやかれる昨今において、その偏りと翳りの歴史に対して自覚的に対峙することに対して、なによりもの重きを置くことにならざるをえない。

第九章　文治五年奥州合戦

1　義経の首を差し出す

巧妙そのもののレトリック

基成・泰衡らが義経に「同心」「同意」している罪状を責めるのにあわせて、義経の身柄を差し出すのならば、その「勲功」にしたがって、「恩賞」を与えよう。とするような趣旨をもって、宣旨・院庁下文が発給されたのは、文治四年春二月のことであった（『吾妻鏡』当年四月九日条）。

そして、趣旨を同じく宣旨・院庁下文が重ねて発給されたのは、同年秋十・十一月のことであった（同十月廿五日・十二月十二日条）。

巧妙そのもののレトリックであった。「大将軍」義経は、基成・泰衡らによって担がれた御輿《みこし》のうえに載せられているのに過ぎない。という実質を見透かしたような誘いのレトリックであった。義経を差し出しさえすれば、基成・泰衡らの罪は問わない。それどころか、「恩賞」を与えよう。ということならば、基成・泰衡らは応じてくるのに違いない。というわけである。

それに対して、基成・泰衡らの「請文《うけぶみ》」が京都に届けられたのは、年を越した春三月のことであった。そこには、義経を「尋ねまいらすべし」、すなわち義経の行方を尋ねて、捕まえたならば召しまいらせることにしましょうとする曖昧（のらりくらり）な文言《もんごん》が書きつけられていた（同文治五年三月廿日条）。それでもって、しばらくの間は、やり過ごすことができるかもしれないという判断であったのに違いない。

けれども、その「請文」の内容を知らされた頼朝は、そのような「自由」（わがまま）な言い分では、許し難い。それを容認するかのような京都側の態度にも、がまんがならない。甘すぎる。このうえは、今すぐに、義経追討の宣旨を発給していただきたいと、強硬そのものの申し入れに及んでいる（同三月廿二日・閏四月廿一日条）。

このままでは、義経の追討にあわせて、基成・泰衡らの追討を内容とする宣旨が発給されることにもなりかねない。

平泉側にとっては、想定外の緊急事態の発生である。こうなってしまっては、これ以上に言い逃れを続けていることは許されない。そのような宣旨が発給されるのを食い止めるためには、義経の身柄を差し出すならば、「恩賞」をあたえようという京都側の意向にしたがって、義経との関係を断ち切るほかにはない。さらにいえば、それによって、義経の追討をという頼朝側の強硬姿勢を和らげるほかにはない。黒幕の基成らが、そのように判断したとあっては、義経の命運は尽きたのも同然である。

義経の最期

基成の衣河館の一角に設けられた義経の邸宅を、泰衡の軍勢、数百騎が襲ったのは、文治五年（一一八九）は閏四月三十日のことであった。義経の「家人」らが防ごうとしたが、適わず。義経は、持仏堂に入って、二二歳の妻と四歳の女子を殺害した後に、「自殺」に及んだ。義経の享年は三一歳であった（『吾妻鏡』『百錬抄』ほか）。なお、義経の防衛にあたった「郎等」は二十余人。とする別伝も残されていた（『尊卑分脈』）。

この記事によれば、火災は発生していない。『義経記』によって、義経自害の後に、その「御所」が炎上させられたとされていることには、なんの根拠もない。

同じく、後代における伝説にもとづいて、義経が最期を迎えたのは「高館《たかだち》」山上の館なりとすることにも、なんの根拠もない。

さらにいえば、基成の衣河館にて義経が最期を遂げたとすることには同意しながらも、「高館」説を捨てがたく、幽閉されるなり、隠れるなりして、基成館に仮宿していたところを、泰衡に襲われたとするような折衷的な見解もないではない。けれども、妻子とともに、持仏堂に籠った。ないしは「家人」「郎等」らが奮戦した。とする『吾妻鏡』の記事をもってすれば、義経の本来的な居所が衣川北岸にあったことは、疑うべくもない。そのうえに、衣川北岸が、貴人の住まいする迎賓館的な施設が建ちならぶ特別の場所だったことを想えば、なおさらにということにならざるをえない。

義経の遺体は、しっかりと確かめることができた。そのうえで、黒漆櫃《ひつ》に納め、美酒に浸した義経

義経妻子の墓

の首は、鎌倉郊外は腰越浦《こしごえ》まで届けられて、実検に供えられることになった。その現場に立ちあった人びとは、みな涙を拭い、両「衫」(袖)を湿らす。というありさまであった(『吾妻鏡』文治五年六月十三日条)。

したがって、泰衡の追及を逃れた義経が、北方をめざしたなどの伝説が流布されていることには、なんの根拠もない。

義経と最期を共にした妻は、河越重頼の女子であった。すなわち、頼朝の乳母、比企尼の孫娘だということで、義経に嫁がされてきた女性であった。義経にとっては、押しつけられた妻であった。河越女子にしても、好んで嫁いできたということではなかったのに違いない。

したがって、頼朝と断絶した瞬間に、河越女子を離別するというような判断に、義経が及ぶ可能性はなかったとはいえない。その方が、当然のなりゆきだったのかもしれない。ないしは、かの女の側から離別を申し出るというような可能性がなかったとはいえない。それなのに、なぜに、二人は離別することなく、奥州にまで逃れて、最期を共にすることになったのであろうか。

政略結婚に始まったのにもかかわらず、時を経るなかで、夫婦の情愛が育まれていたということであったろうか。もしかすると、河越女子には、それだけの人間的な魅力が具えられていたのかもしれない。義経の側にも、プレイボーイとの見立てにもかかわらず、実直な人間性が具えられていたのかもしれない。

常識的な判断

基成・泰衡らが、京都側の呼びかけに応じて、義経の首を差し出すことになったのは、きわめて常識的な判断によるものであった。

すなわち、義経を差し出しさえすれば、平泉政権の安泰を保障するとする宣旨や院庁下文のレトリックを疑うなどのことは、常識的には、ありえないことであった。頼朝が何と言おうとも、京都側では、そのレトリックの通りに、平泉の安泰を保障してくれるのではないか。そのように想うのが、これまでの京都中心かつ伝統的な国政のありかたに即応した常識的かつ大人の判断であった。

泰衡が、京都側に貢進すべく、馬・金・桑糸などを送り出したのは、文治四年五月のあたり（『吾妻鏡』当年六月十一日条）、すなわち義経の差しだしをめぐる京都側との交渉の真っ最中のことであった。そこからしても、京都中心かつ伝統的な国政のありかたに即応した常識的かつ大人の判断を察知することができるであろうか。

京都側にしても、そのようなレトリックの文字通りに、頼朝の暴走を抑止して、平泉の安泰を保障するつもりであったことは、さまざまな徴証からして、疑いを容れない。これ以上の争乱は、御免蒙るというのが、本音であった。たとえば、「今においは、弓箭《ゆみや》を櫜《おさ》めるべし」、「追討の儀は、猶予《ゆうよ》あるべし」、「追討の儀に及ばば、天下の一大事たるべし、今年ばかり猶予あるべし」などとする京都側の意向が、くりかえし鎌倉に届けられている（同六月八日・二十四日、七月十六日条）。だからこそ、平泉側でも、疑う気持にはなれなかったのだ。

それなのに、泰衡が義経の首を差し出したことをもって、秀衡の遺言に背いたことを難詰するのにあわせて、かれの不定見かつ意志薄弱を非難する声が絶えることがない。すなわち、鎌倉側の記載（『吾妻鏡』）に追随して、かれらを貶めるかのような人物評価に及ぶ声が絶えることがない。けれども、いつまでも、そのような上から目線の、かつ勝者側からする一方的な目線の人物評価が通用するとは考えられない。そろそろ、泰衡その人の身になって、冷静かつ沈着な人物評価に及ぶべきことが求められているのではあるまいか。

非常識なのは、頼朝の方なのであった。これまでの国政のありかたに逆らって、最終的には、宣旨や院庁下文がないにもかかわらずに、奥州に攻め込もうとしている。事実、義経の首が差し出されるより三か月も早い時期に、頼朝は南九州の果てにまで動員令を下して（「日本六十六ヵ国総動員令」）、御家人らを鎌倉に招集して、七月には奥州に出兵すべく、着々と準備にかかっていた（入間田「鎌倉幕府と奥羽両国」）。義経の首が、差し出されようと、出されまいと、断固として奥州に攻め込むという構えであった。さすがの「革命児」である。常識破りの実力行使によって伸し上がってきた桁外れの男である。まさしく、「頼朝は、そのような常識を打ち破る政治を実行するために歴史にきた」のであった（高橋富雄『平泉』）。

そのような頼朝の志向性を、平泉側が直ぐには想定しにくかったことは、不思議でもなんでもない。

けれども、さまざまな情報が飛び込んでくる。それによって、頼朝の恐るべき意図が次第に見えてくる。

2 阿津賀志山《あつかしやま》の合戦

長大な防塁の構築

いずれにしても、義経の身柄の差し出しを命ずる宣旨の裏側には、頼朝の猛烈な突き上げありとする認識を深めることによって、さらには頼朝側による総動員令発布の情報を耳にすることもあって、鎌倉勢による奥州侵攻が近いかもしれない。すなわち、京都側による抑止にもかかわらず、宣旨が出されないのにもかかわらず、頼朝が攻めてくるかもしれない。と、平泉側らが判断するに至ったことには間違いがない。

そのために、平泉側では急遽、南奥から中奥に越える要害の地に、具体的には奥大道が国見峠に差しかかる登り口の辺りに（いまは福島県国見町）、長大な空堀と土塁からなる防衛線を構築することになった。それが、阿津賀志山防塁である。

阿津賀志山《あつかしやま》の頂上付近から阿武隈川岸に至る、三・二キロメートルにわたって、上幅一〇メートルほどの空堀が二本（部分的には一本）、高さが二メートルほどの土塁が三本（部分的には二本）、それらを組み合わせた全体的な幅は五〇メートルにも及ぶような長大な防衛線が延々と構築されて、敵襲に備えられていた。わけても、騎馬の軍勢による攻撃に対して、有効性を発揮することが期待されていた。

『吾妻鏡』には、「二品（頼朝）の発向（出陣）のことを聞き」、「阿津賀志山に城壁を築き、国見宿と彼山との中間に、俄かに口五丈の堀を構えて、逢隈《あぶくま》河の流れを堰《せ》き入れて柵とした」と記されていた。「口五丈の堀」とは、上幅一五メートルにほかならない。「逢隈河の流れを堰き入れて」と記されている辺りには、錯誤を看取せざるをえないものの、全体的には信頼するに足りる内容であった。

小林清治氏による推定にしたがえば、その長大な防塁の構築に要した労働力は、延べ人数にして二五万人。それに大木戸の本営（司令部）ほかの土木工事の労働力を加えるならば、総計四〇万人に達する。伊達・信夫・刈田の三郡の成年男子五〇〇〇人を総動員したとしても、八〇日を要する大事業で

阿津賀志山の二重堀跡

あった（奥州合戦と二重堀）。

そのような巨大なプロジェクトの推進が可能になったのは、国・郡の行政機構を接収して、平泉の意のままに動かすという非常時の体制がかたちづくられていたからにほかならない。平泉幕府の立ちあげに至らない通常時にあっては、逆立ちしても、叶わないレベルの大事業であった。

さらにいえば、最近の発掘・調査によれば（木本元治「最近の発掘成果から見た阿津賀志山と石那坂の合戦」）、鎌倉方面から平泉に向かう「奥大道」（東山道）の幹線道路が、防塁を通過する開口部のあたりには、ことさらに厳重な備えが施されていた。それをもってしても、「交通遮断施設」としての防塁の本質が明らかである。川合康氏の指摘の通りである（『源平合戦の虚像を剝ぐ』）。

これまでは、二重堀に着目して、厨川柵や大鳥井山遺跡、ないしは柳之御所遺跡など、安倍・清原・藤原の居館における防御施設との関連性が取り沙汰されてきた。それによって、奥羽における「武士団の館の象徴」、「武士団のアイデンティティそのもの」とするような評価が付与されてきた（八重樫忠郎「阿津賀志山の二重堀」）。

けれども、長大な「交通遮断施設」ということになれば、北奥羽方面に前例を見いだすことはできない。それよりは、むしろ、「一の谷合戦」に備えて、平家が構築した生田森《いくたのもり》ほかの「交通遮断施設」（山陽道）との関連性が強かったのではあるまいか。これまた、川合氏の指摘の通りである。同じく、それらの施設によって守られた福原京の内部にも、大きな二重の堀が検出されている。そのことも、指摘されている。

防塁構築と義経殺害の間に

その土木工事が始められたのは、義経の首を差し出すことになる以前、三月から四月に至るあたりであったろうか。すなわち、頼朝による全国的な総動員令の発布を耳にして、京都側に対する「請文」の提出をもってしても、頼朝の暴走を食い止められないかもしれないという認識に至ったあたりであったろうか。それならば、八〇日という推定に背馳することがない。

したがって、防塁構築の巨大プロジェクトに着手した当初にあっては、「大将軍」義経の命令というかたちで、土木工事が推進されることになったのに違いない。

義経は、平家によって構築された一の谷ほかの「交通遮断施設」に立ち向い、それを突破した軍団の指揮官であった。それならば、阿津賀志山防塁構築は、義経その人の発案によるものだったのかもしれない。

けれども、その土木工事の最中にあっても、頼朝の暴走を食い止める可能性を、黒幕たるべき基成らは模索していたのではあるまいか。その最後の手段が、京都側にはあらず、鎌倉側に対して、義経の首を差し出すということだったのではあるまいか。

それによって、義経の追討という目的が達成されるならば、さすがの頼朝も奥州侵攻を強行することはできないかもしれない。すなわち、鎌倉側との和睦に持ち込むことができるならば、平泉の安泰がもたらされるかもしれない。ということだったのではあるまいか。

常識的にみれば、義経の首を差し出したのは、京都側の発給になる宣旨や院庁下文にしたがったものと考えられるかもしれない。小論においても、前段において、そのように記している。けれども、義経の首を京都側にはあらず、鎌倉側に。という辺りについて踏み込んで見るならば、京都側が頼朝に押されっぱなしになっている状況を変えるべくはない。それならば、いっそのこと、頼朝に対して直接に訴えかけるほかはない。鎌倉側との和睦に懸けるしかない。とするような切羽詰まったレベルにまで、基成・泰衡らが追いつめられていた。そのために、義経の首を鎌倉に届けたのだ。と考えることもできるのかもしれない。

将軍の令を聞けども、天子の詔を聞かず

頼朝みずからが率いる鎌倉勢が、阿津賀志山防塁の前面に姿をあらわしたのは、文治五年（一一八九）は秋八月七日のことであった（『吾妻鏡』当日条）。七月十九日、鎌倉を出発してから数えて十九日後のことであった。

出発に先立って、頼朝の胸中に、ためらいの気持がなかったわけではない。けれども、二月に発した総動員令によって集まってきた諸国の武士が、鎌倉中に溢れかえっている。いまさら、止めたりすれば、どんな騒ぎになるやもしれない。

そのうえに、古老の大庭景能《おおばかげよし》が頼もしいことを言ってくれている。「軍中では、将軍の令を聞けども、天子の詔《みことのり》を聞かず」。すなわち、いざ戦争となったならば、将軍の命令が絶対で、天皇の意向を顧慮する必要はない。という格言がございます。そのうえに、「奥州征伐」の意向は、予《かね》てより天皇側に奏聞してあるのですから、その許しを待つことなく、出兵したところで、御咎めはありますまい。さらにいえば、泰衡は「累代御家人の遺跡を継ぐもの」、すなわち代々源家に仕えるべき御家人のはしくれにすぎません。それを、主人の側が「治罰」（処罰）するというのに、いちいち、天皇の許し（「綸旨」）を願い出たりする必要はありません。というわけである。それらにあわせて、鎌倉中に「群集する軍士ら」による、これ以上は待てないとする声に配慮すべきことが語られていたことは、もちろんである（同六月卅日条）。

これで、吹っ切れた。そのあとには、なんらの迷いもなく、頼朝は出陣の準備に邁進することになった。

たしかに、頼朝側にしてみれば、「奥州征伐」のための戦争であった。そのために、「奥州征伐」のキーワードをもって、この戦争を呼ぶ習わしがかたちづくられてきた。けれども、平泉の側からすれば、頼朝による「侵略」戦争にほかならない。そのために、最近では、どちらにも偏ることなく、「文治五年奥州合戦」など、第三者的かつ客観的な表現が用いるべきことが提案されて（入間田「鎌倉幕府と奥羽両国」）、一般に支持されるようになっている。

天下分け目の決戦場

阿津賀志山の防塁にて、一万数千騎に達する鎌倉勢の侵攻を待ち受けていたのは、国衡を「大将軍」とする「二万騎の軍兵」であった。

そのうち、阿津賀志山を背にして、堀と土塁を隔て、直接的に鎌倉勢と向きあうことになったのは、金剛別当秀綱の率いる「数千騎」であった。

国衡は、やや後方、「大木戸」の本営にて、全軍の指揮をとっている。あの遺言の通りに、秀衡の期待に違うことなく、泰衡との「一味」の盟約にもとづいて、国衡は、合戦の庭に、その雄姿をあらわしたのであった。

総大将の泰衡その人は、阿津賀志山防塁にはあらず。はるか後方に控えて、布陣していた。具体的には「国分原鞭楯《こくぶがはらむちだて》」（いまは仙台市宮城野区榴ヶ岡）の大本営に控えて、全局を観望していた。

合戦の矢合わせが開始されたのは、八月八日早朝の「卯剋《うのこく》」（六時）であった。そして、「巳剋《みのこく》」（十時）には、堀と土塁からなる防塁が突破されることになった。それによって、秀綱らは「大木戸」の本営にまで「退散」（後退）して、「大将軍」国衡に戦況を報告するとともに、今後の「計略」（善後策）を廻らすことになった。

畠山重忠の工兵隊が夜陰に紛れて、堀の一部を埋め、橋頭堡を築くという準備作業の効果もあって、意外に早い決着であった。

そして、国衡の陣取る「大木戸」の本営が陥落したのは、八月十日早朝のことであった。これまた、意外に早い決着は、後陣の山上から時の声を発し矢を飛ばすという鎌倉方の奇策によるものであった（菊池利雄「奥州合戦と阿津賀志楯」、入間田「阿津賀志山防塁と文治奥州合戦」ほか）。

ただし、金剛別当秀綱の率いる「数千騎」が布陣したのは、堀と土塁からなる堅固な防塁の内側にはあらず、防塁の外側であったとするような見立てが。すなわち、防塁の外側に出たところに布陣して、鎌倉勢を待ち受けていたのだとするような見立てがないわけではない。

それならば、秀綱らが敗れて、「大木戸」に「退散」した以後においても、堀と土塁の防塁は平泉勢によって確保されていたのだ。逆にいえば、防塁が突破されたのは、八月十日早朝「卯剋」、頼朝が「大木戸」本営の前面に姿をあらわす寸前における出来事だったのだ。すなわち、日の出から「卯剋」までのきわめて短時間の出来事だった。ということにならざるをえない。

十日早朝に、頼朝は「阿津賀志山を越え」て（防塁を越えるということであろう）、大軍をもって木戸口に迫った。鎌倉方は防塁（堀と土塁）を越えることに、さほど苦労していない。むしろ、国衡の本陣とおぼしき大木戸が、鎌倉勢にとって大きな障害になっていた。などと記されることになる所以である（柳原敏昭「奥州合戦」）。

けれども、秀綱らが防塁の外側に出たところに布陣したとすることには、どうしても、納得がいかない。合戦の詳細を記す記事に、「阿津賀志山前に陣す」（同八月八日条）。さらには京都側に戦況をしらせる頼朝の書状に、「厚加志楯前」にて合戦す。などと記されていることが、その根拠とされているのだが、いまひとつ、すっきりとしない。

原理的な物言いにしたがうならば、あれほどの労力をもって構築した防塁に頼ることなくして、防塁の外に出て戦うなど、ありえない。そのような無茶をするわけがない。

秀綱らが数時間に及ぶ激戦に敗れた後に、「大木戸」にまで「退散」したとあるからには、その時点で、すなわち八日の内に、防塁は鎌倉方の手に落ちていたのに違いない。それなのに、十日早朝まで、防塁が平泉方によって保持されていたとすることなど、できるはずがない。

さらには、根拠とされる文言、「阿津賀志山前に陣す」、「厚加志楯前」にて合戦す、などについても、肝心の「阿津賀志山」「厚加志楯」が、堀と土塁からなる防塁そのものを指しているとする確証がない。同じく、十日早朝に頼朝が「阿津賀志山を越え」ての文言について、「防塁を越えるということであろう」と解釈されていることについても、確証がない。

それよりは、むしろ、「阿津賀志山」の言葉は、防塁と大木戸との中間に位置する峠道のピークから阿津賀志山の頂上を望む辺りを指しているのではあるまいか。同じく、「厚加志楯」についても、堀と土塁からなる防塁そのものにはあらず、国衙の「大木戸」本営を含めた防御施設の全体を指していたのではあるまいか。

あれや、これやで、秀綱らが「阿津賀志山前に陣す」とは、阿津賀志山を背にして、土塁の内側に陣する。それによって、堀と土塁を隔て、直接的に鎌倉勢と向きあうことになる。と記させていただくことになった。すなわち、八日の内に、防塁（堀と土塁）が鎌倉方の手に落ちていたとする通説の通りに記させていただくことになった。そこのところを、理解していただきたい。

それにつけても、「阿津賀志山」を越えた先にあったとされる「大木戸」本営の遺跡が判明していないことが、気にかかる。堀と土塁の防塁に関する調査の進展ぶりに比べて、著しい立ち遅れを痛感しないではいられない。すなわち、今後における調査の進展を、心から願わずにはいられない。

阿津賀志山は、文治五年奥州合戦における最大の激戦地となった。その天王山ともいうべき要衝における敗戦によって、泰衡は、多賀国府の近くに構えた「国分原鞭楯」の大本営を放棄して、平泉に逃れることになった。さらには、平泉にも安住することをえず、「平泉館」に火を放ち、夷《えぞ》が島（北海道）方面をめざして、北走することになった（入間田「阿津賀志山防塁と文治奥州合戦」ほか）。

この間において、どれほどの被害が村々の住民に及ぼされることになったのか。計り知れない。「あるいは子孫を失い、あるいは夫婦を別ち、残るところは、また、山林に交わる」と記されている通りである。たとえば、都市平泉から山間に分け入った中尊寺領の小村（骨寺村）でも、避難した住人らが、しばらくの間、帰還できなかったことが知られる（『吾妻鏡』当年九月十日・十三日条）。

そして、「甚雨暴風」（台風）のさなか、「平泉館」の地に、頼朝が立つことができたのは、八月二十二日の夕方「申剋《さるのこく》」（四時）のことであった。

辺り一面に焼け野が原の光景が広がっていた。残るは、南西の一角に建つ「一宇の倉廩《そうりん》」のみ。「泰衡倉庫」「平泉高屋」とも呼ばれる、その高床式の倉庫には、前にも記している通り、「泰衡父祖代々の重宝」がぎっしりと詰め込まれていた。それらの重宝が、主立った御家人らに分け与えられることになったことは、いうまでもない（同当年八月廿二日、建久四年七月三日、建暦元年五月十日条）。

南奥方面との境界線上に

それにしても、なぜに、阿津賀志山が選ばれることになったのか。その要害の地に相応しい地形的な条件が念頭にあったとしても、なぜに、白河関にはあらず、阿津賀志山が選ばれることになったのか。疑問に想われるかもしれない。

けれども、阿津賀志山から南方に横たわる広大なエリアにおいては、すなわち南奥方面においては、平泉に直結する主従制のネットワークの展開が不十分であった。岩城・岩崎や石河の豪族の子弟を「近習」として取り込むことができたとしても、ないしは内乱のどさくさに乗じて会津を掌握することができたとはいっても、さらには義経を大将軍とする特別の軍政をしくことができたとしても、多くの武士団を心服させるだけの実質を備えるまでには至っていなかった。すなわち、南奥方面には、平泉の威風を十分に吹き渡らせるまでには至っていなかった。

それならば、南奥方面との境界線上に長大な防塁を構築することによって、阿津賀志山の手前のエリアを、すなわち慣れ親しんでいる中奥・北奥方面を確保するという戦略を採用する方が、実際的かつ堅実である。ということであったのに違いない。

信夫佐藤氏が築いた石那坂の防御陣地

ただし、南奥方面の武士団とはいっても、信夫佐藤氏のそれだけは格別で、かれらが阿津賀志山のはるか前方に、すなわち奥大道が福島盆地の入り口に差し掛かる辺りに布陣して、鎌倉勢を待ち構えていたことを見逃してはいけない。その「石那坂《いしなざか》」の要害（いまは福島市南部）にも、空堀が構築されていた。けれども、「常陸入道念西《ねんさい》子息」（伊達氏の先祖）らによる搦《から》め手からの奇襲攻撃によって、攻め落とされている。阿津賀志山防塁が突破されたのに同じく、八月八日のことであった。

さすがである。鎌倉勢を迎え撃つ最初の楯として華々しく散ろうとする覚悟だったのに違いない。代々にわたって後見の任にあってきた家柄ならでは、と痛感せざるをえない。

そういえば、前九年合戦においても、安倍一族の立て籠もる「衣関」の本営の前方に「柵」を構えて、最初の楯の役割を果たしたのは、「宗任《むねとう》腹心」「藤原業親《なりちか》」であった（『陸奥話記』）。『吾妻鏡』には、「琵琶柵」「貞任後見」「成通」の文字が用いられているが（文治五年九月廿七日条）、同一の実態をあらわすものに違いない。いずれにしても、後見の家柄には、それなりの覚悟がもとめられていた。そのことには変わりがない。

由利八郎維衡の弁明

けれども、奥州に攻め込んできたのは、頼朝が率いる大手軍だけではない。同時に、「東海道大将軍」千葉介常胤らに率いられた軍団が太平洋沿岸を北上して、さらには「北陸道大将軍」比企《ひき》藤四郎能員らに率いられた軍団が日本海沿岸を北上して、平泉をめざしていた。そのことを、忘れてはいけない。

そのうち、比企能員らの軍団が、念種関《ねずがせき》（いまは山形県鶴岡市鼠ヶ関）の堅陣を突破して、出羽国に打ち入ったのは、八月十三日。すなわち、阿津賀志山の堅陣を大手軍が突破してから三日後の、そして千葉常胤らの軍団が、「逢隈湊《おうくまのみなと》」（いまは宮城県亘理郡阿武隈河口）を渡って、大手軍に合流してか

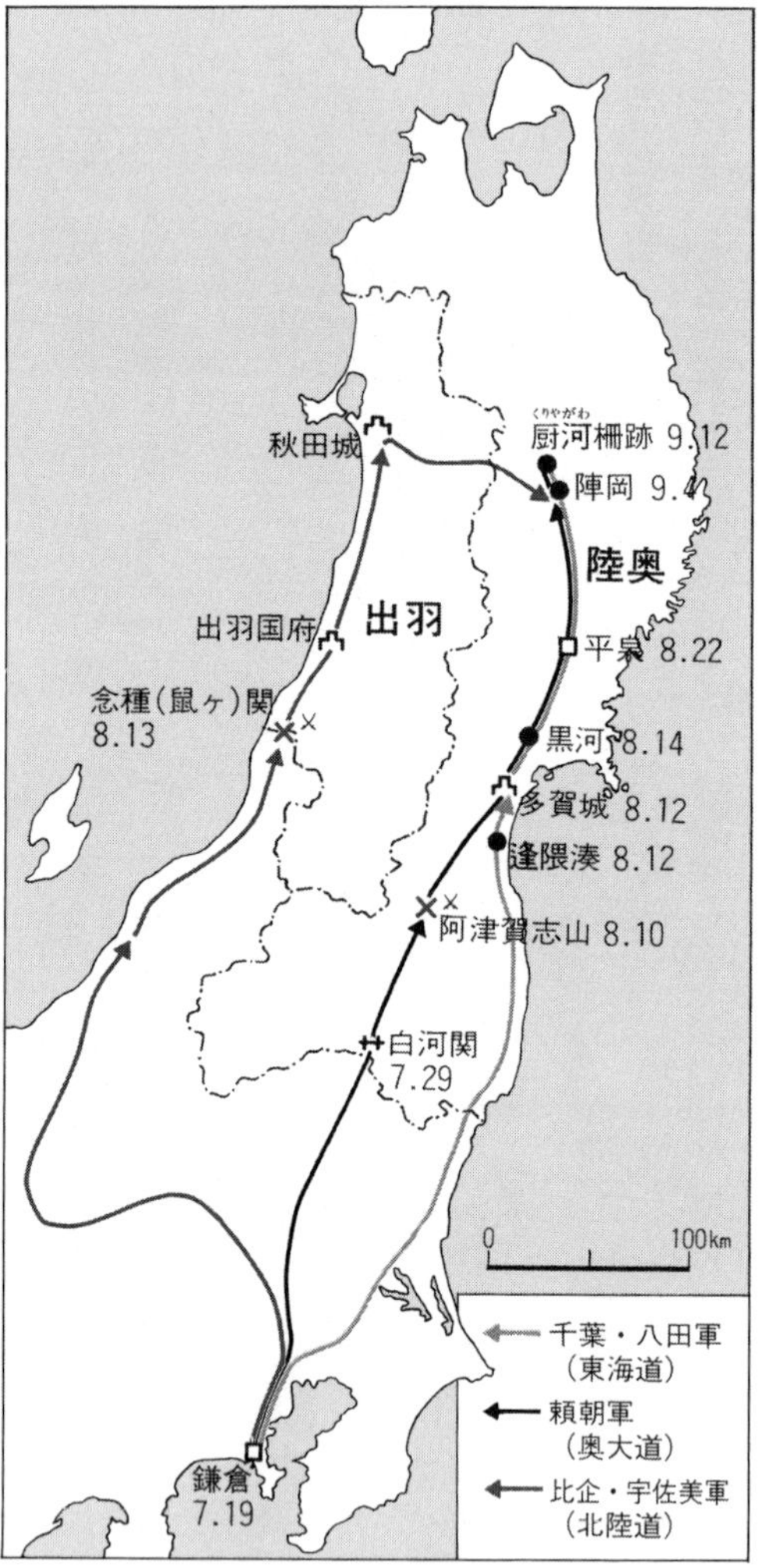

文治五年奥州合戦における鎌倉勢の進路

ら一日後のことであった。

その合戦では、田河太郎行文・秋田三郎致文《むねぶみ》ら、田河郡（いまは鶴岡市）・秋田郡方面の名立たる豪族（「泰衡郎従」）が捕えられて、「梟首《きょうしゅ》」（さらし首）の刑に処せられている。

けれども、由利《ゆり》郡（いまは秋田県由利本荘市）方面における名立たる豪族（「泰衡郎従」）たるべき由利八郎維衡《これひら》だけは、「梟首」されることなく、脊梁山脈を越えて、頼朝の駐屯する陣が岡（いまは岩手県矢巾町）まで連行されることになった。九月六日、すなわち平泉を捨て北走した泰衡の首が届けられた翌日のことであった。

その八郎維衡が、梶原景時の尋問に対して、さらには頼朝の発言に対して、臆することなく、所信を申し述べている。その命を引き換えにしての大胆きわまりない言葉が記録されている（『吾妻鏡』当日条）。

まず、景時の尋問に対しては、「故御館（泰衡は）、秀郷将軍嫡流の正統として、三代にわり、鎮守府将軍の号を汲む」。すなわち、高野山側によって、秀衡が「将帥累葉の家に生まれ」と記されたのに響きあうような泰衡の人物像を押し出している。

そして、泰衡を貶めるような頼朝の発言に対しては、すなわち「両国（奥羽）を管領して、十七万騎の貫主たりながら、百日も支えきれず、二十日のうちに、一族みな滅亡するにいたった。大したことがない奴だ」とするような発言に対しては、「所々の要害に、壮士を分遣」せざるをえなかった、すなわち大勢かつ多方面からの敵襲に備えるために兵力の分散を強いられたことによる結果であり、やむをえない。弱かったのではない。と応えている。

そのうえで、源義朝が平治合戦に敗れたことを皮肉って、お父上は「海道十五か国を管領しながら、一日も支えきれずに、零落しているではないか。そのうえに、数萬騎の主たりながら、長田庄司のために、簡単に誅せられてしまっているではないか。それに対して、泰衡の側は、わずかに両州（国）の勇士を従えるだけで、数十日にわたって持ちこたえているではないか」と応えている。

これには、さすがの頼朝も、いいかえすことができず、会見を打ち切ってしまった。そのうえで、八郎の身柄は、畠山重忠に預けられて、「芳情を施す」べきことが命じらることになった。その命令が言葉だけでなかったことは、その後、八郎が御家人として取り立てられていることからして、明らか。といわなければならない。

大したものである。威風堂々の言葉である。頼朝の政権に勝るとも劣らない「平泉政権の正統証明」の言葉として、ないしは「中央史への抵抗」の言葉として、「極めて注目すべき歴史的な弁明」にほかならない。まさしく、高橋富雄氏の指摘の通りである（『奥州藤原氏四代』）。これほどの大人物が、平泉の陣営に存在していたとは。驚きである。不思議でもある。

「平泉幕府」の威風が、それほどまでに、具体的には出羽国側に属する外様ともいうべき豪族（「郎従」）の胸底までに届くほどに、強く広く吹き渡っていた。ということであろうか（入間田「御館は秀郷将軍嫡流の正統なり」）。

3　鎌倉殿頼朝の奥州統治構想

難しい判断

泰衡を追って北上した頼朝のもとに、泰衡（三五歳）の首が届けられたのは、九月六日のことであった。すなわち、夷が島方面をめざして北走の途中、「肥内郡贄柵《ひないぐんにえのさく》」（いまは大館市）にて、河田次郎の裏切によって、泰衡が殺害されてから数えて、三日後のことであった。そして、泰衡を追討せよとの宣旨・院宣が届けられたのは、九月九日のことであった。それらの宣旨・院宣が発給された日付は、七月十九日。頼朝が鎌倉を進発した当日にあたっていた。頼朝出陣の知らせを受けて、大慌てで、日にちを遡って発給されたものに違いない。柳原氏の見立ての通りである。それによって、宣旨・院宣の発給にしたがって、頼朝が出陣したというかたちが整えられて、京都側の面子《めんつ》がかろうじて保たれることになった。頼朝側からすれば、今回の出陣が、私の合戦にはあらず、公の合戦として追認されることになった。

けれども、頼朝の北上は止むことなく、九月十三日、厨河柵の遺跡に至るまで継続されることになった。先祖の源頼義が安倍一族を亡ぼした、その前九年合戦の遺跡にて、しかも、その記念日にあわせて、

泰衡の首桶

偉大な先祖頼義の後継者たるべき自身の立ち位置を、頼朝は列島の全域に向けてアピールすることになった。川合康氏の指摘の通りである（「奥州合戦ノート」ほか）。

そこから南下して、九月二十二日、都市平泉（「平泉保」）に戻った頼朝は、十日間の逗留に及んだ。それによって、諸方面の視察やら、今後における奥州統治の基本方針の策定やら、さまざまな政治課題に取り組むことになった。

たとえば、中尊・毛越両寺、無量光院ほか、都市平泉の堂塔は、そっくり、そのままに残されていた。高屋のランドマークにしても、また然り。中尊寺ほかの衆徒等によって、頼朝のもとに提出された、例の「寺塔已下注文」に明記されているとおりである。

泰衡によって炎上させられたのは、「平泉館」の辺りばかりであった。泰衡は、敗軍の将が採るべき作法にしたがって、みずからの住まいを焼くこと、すなわち「自焼」することによって、敵側による辱めを封じるという行動に及んだのであった。したがって、中尊寺ほかのランドマークに放火するような意図があったはずがない。

これまで、なんとなく、都市平泉の全体が炎上させられたかのようなイメージが流布されてきたことには、なんの根拠もない。

その都市平泉の取りしきりを、これからは鎌倉幕府が継承して、やっていかなければならない。同じく、中尊・毛越両寺、無量光院ほかの存続についても、「関東御祈禱所《ごきとうしょ》」として、すなわち鎌倉幕府の直轄寺院として、バック・アップしていかなければならない。

それにつけても、どのような人物を選んで、それらの責務を担わせればよいのか。難しい判断に、頼朝は迫られることになった。

黒幕基成の処遇

気になるのは、基成の存在である。「黒幕」として政権の取りしきりにあたっていたのにもかかわらず、泰衡の北走に同行するにはあらず。基成は衣河館から離れることがなかった。そして、「手を束《つか》ね、降人として」、三人の子息を具して、頼朝の面前に登場したのは、八月二十五日。「平泉館」が炎上させられてから、三日後のことであった（『吾妻鏡』当日条）。

もしかすると、基成の側には、これまでのように、「黒幕」として取りしきりにあたるべきことを、頼朝の側から依頼されるのではないか。とするような期待のようなものがあったのかもしれない。頼朝の側にしても、そのような可能性が脳裏をかすめることがなかったとはいえない。

けれども、そのような選択には及ばず。さればといって、基成父子四人は、「指せる勇士にはあらず」ということで、捕虜として鎌倉に連行されることもなく、しばらくの間、「宥《なだ》め置かれる」ことになった。あわせて、その旨が京都側に伝達されることになった。高度に政治的な判断であった。曖昧かつ微妙な判断であった。九月二十六日、頼朝が厨川方面から平泉に戻ってから数日後のことであった（同）。

平泉姫宮の処遇

あわせて、「姫宮」のこともあった。女房右衛門佐の母にともなわれて、平泉にやってきていた、あの後白河法皇の息女のことである。秀衡による「賞玩」ぶり（下にも置かぬ「もてなし」）は、「奥州住人一同」に知れ渡っていた。

その「姫宮」が、基成に同じく、頼朝の面前に登場したのである。これまた、平泉を飾る金看板として、これまでのような「もてなし」を受けるべきことを期待する気持があったのかもしれない。これまた、対処に迷わせられる事案であった。

思案の末に、「王胤ならば、田舎に居住せしめるの條、その恐れあるべし」ということで、姫宮の身柄を京都側に送り届けて、その処置を委ねることに、頼朝は決した。

けれども、京都側からは、姫宮は「王胤にはあらず」。身柄の受け取りには及ばす。というにべもない返答である。それにたいして、頼朝は、「狂惑」の咎をもって、顔面に疵をつけたうえに、追放に処すか。さもなければ、阿波国守護佐々木経高《つねたか》に身柄を預けることにするか。どちらかに決めて欲しいとする逆提案を公家側に申し入れることになった（『吾妻鏡』建久元年六月廿三日条）。

非常識の人

基成といい、姫宮といい、平泉の黒幕・金看板などとして、もてなされてきた京都側の人物であった。それらの貴人を、これまで通りに、もてなすことによって、奥州統治のスムーズな継承を期すことができるのではあるまいかとするような、常識的な判断がありえなかったわけではない。けれども、そのような判断にしたがうという結論に、頼朝が到達することはなかったのである。さすがの「非常識人」である。

そういえば、「泰衡追討」の報告を受けて、京都側から「勧賞」の意向が表明されたさいにも、具体的には頼朝を按察使《あぜち》に任命すべし。御家人らについても、然るべき官職に任命すべし。とするような意向が表明されたさいにも、頼朝は固く辞退している（同文治五年十一月七日条ほか）。常識的には、喜んで、お受けする。というべきところである。ここにおいても、「非常識の人」ならではの面目躍如の感を抱かずにはいられない。公家側の思惑に対する警戒感が、それほどまでに強かった。ということでもあろうか。

秀衡後家の処遇

さらにいえば、秀衡の後家のこともあった。基成の女子にして、秀衡死去の後、国衡に再嫁させられ、一族の束《たば》ねとして期待された、かの女のことである。かの女は、基成の衣河館の大邸宅の一角に、ずうっと、そのままに、住まいし続けていたらしい。すなわち、義経夫妻が殺害され、基成父子四人が「降人」として引き立てられていくというような悲劇的な事件を目の当たりにしながらも、そのままに、住まいし続けていたらしい。

この人に限っては、下にも置かず、丁重にもてなすべきことを、頼朝は繰り返し命じている。たとえば、泰衡の死後、数か月を経て、その残党たるべき大河兼任《おおかわかねとう》らが決起して、都市平泉を一時的に占領することになったさいには、かの女の身柄を奪われないように、鎌倉にまで避難させるという措置を講じさせてもいる（『文治六年日次記』鶴岡八幡宮）。

その兼任らは、決起にさいして、「伊予守義経」を、ないしは「左馬頭義仲嫡男朝日冠者」を、さらには「秀衡入道男（息子）」を自称して、七千余騎を結集することに成功している（『吾妻鏡』文治五年十二月廿三日、六年正月六日条）。そのうえに、秀衡の後家尼までが、かれらの手中に入って、格好の旗印として祭りあげられるようなことがあったならば、どのような状況になっていたのか。分からない。

あらためて、秀衡後家のシンボリックな立ち位置を痛感することにならざるをえない。義仲・義経らについても、また然り。

さらにいえば、かれら源氏の貴公子のばあいには、死して後にも、金看板としての輝きを失うことがなかった。より具体的に、義経のばあいに踏み込んでいうならば、平泉幕府の盟主として奥羽両国に君臨した威風堂々のイメージが、いまだに消えやらず。すなわち、秀衡が抱いた平泉幕府の構想のインパクトが、それほどまでに東北人の心底に浸透していた。いうことであろうか。、後々にまで、義経不死の伝説が語り伝えられることになった発端は、そのあたりに求められるのかもしれない。

秀衡後家は、秀衡・泰衡らの一族の生き残りとして、内外にわたって注目されるべき人物であった。そのようなシンボリックな人物を粗末にあつかうならば、どのような反発が生じることになるのか。計り知れない。ましてや、兼任側に奪われるようなことになったならば、抵抗勢力の金看板として、絶大な効果をもたらすことになるのに違いない。いずれにしても、幕府による人心の掌握、占領地行政の円滑化を期すためには、かの女を丁重にもてなすに越したことはない。ということだったのに違いない。

それにしても、想定外に次ぐ想定外の連続であった。秀衡の死後、本来ならば出家入道すべきところを、義理の息子国衡の妻にさせられる。そして、国衡・泰衡らの滅亡後には、頼朝によって丁重にもてなされる。かの女の心境は、いかばかりであったのか。分からない。

ただし、「彼女は義子にあたる国衡の妻にもなったであろう。屍《しかばね》のように生きて、今また敵将

（頼朝）に、このようなあわれみをうけながら、彼女は平泉の没落を弔ってやがて自らも逝くのである」。と記されているほど（高橋富雄『奥州藤原氏四代』）に、かの女の生き方が消極的なものだったのか。さらには、頼朝から受けた「あわれみ」は文字通りのものだったのか、どうか。分からない。

そういえば、前九年合戦が終わった後に、藤原経清の妻が、すなわち清衡の母が、安倍一族の生き残りとして、清原武貞の側に、すなわち敵将の側に、妻として再嫁させられて、丁重にもてなされた。という歴史があったことも知られる。いつの時代にも、敗将の妻・女子を丁重にもてなすことは、人心の掌握、占領行政の円滑化につながる。ということであったろうか。

葛西清重

それら、もろもろの課題に対処して、占領地行政の円滑化に邁進すべき「重職」（大役）をまかせられたのは、下総国の御家人、葛西《かさい》三郎清重《きよしげ》であった。

清重は、早くに頼朝側に属し、妻を接待に差し出すなどして、頼朝の信頼をえていた。あの阿津賀志山の合戦にさいしても、大木戸口に先頭を切って攻めかかるなどの活躍をみせている。それにしても、そのような大役をまかせられるとは。大抜擢の人選であった。

そのために、清重にたいしては、「平泉郡内検非違使所事を管領《かんれい》」して、「郡内において、諸人の濫《らん》行《ぎょう》を停止《ちょうじ》し、罪科を糾断」すべしとする頼朝の下文が発給されることになった（『吾妻鏡』文治五年九月廿四日条）。これすなわち、平泉の特別都市圏内における警察長官としての権限付与にほかならない。

清重の宿館（役所）は、秀衡・泰衡らの平泉館の廃墟（柳之御所跡）から外れた、花立《はなだて》の山麓。どちらかといえば、無量光院や観自在王院の近辺に設営されていたらしい。近世に伝わる「葛西屋敷」の地名は、その名残だったのかもしれない（羽柴直人「平泉の葛西氏館」）。

平泉館の廃墟を踏襲するのでは、縁起でもない。秀衡・泰衡の怨霊が怖い。さればといって、その辺りから大きく離れるわけにはいかない。という心理がはたらいていたのかもしれない。さらにいえばその後、長期間にわたって、平泉館の廃墟に立ち入る人がなく、近世にまで及んだあたりにも、同じような心理が介在していたのかもしれない。

あわせて、平泉の特別都市圏をかたちづくる特別のエリアに関わる、すなわち磐井・胆沢・江刺・牡鹿・気仙の五郡に興田《おきた》・黄海《きのみ》の二保を加えた特別のエリアに関わる地頭職を給与されて、行政一般の取りしきりにあたることになった（『吾妻鏡』文治五年九月廿四日条、入間田「郡地頭職と公田支配」）。

それらの五郡・二保のうち、牡鹿郡だけは、平泉から離れて、北上川の河口部に位置している。そのために、平泉の特別都市圏内にありとすることはできないとするような疑問が生じかねない。けれども、その河口部に位置する牡鹿湊が、都市平泉に物資を供給する海からの玄関口としての役割を担っていたことを忘れてはいけない。それならば、牡鹿郡が平泉の特別都市圏内に算入されていたとしても、不思議でも、何でもない。

さらには、中尊・毛越両寺、無量光院ほか、都市平泉の堂塔を修理すべきこと。ならびに今に存生する「秀衡入道後家」に対して「憐愍」（憐憫）を加え、大切にもてなすべきことが、あらためて清重に命じられることになった。『吾妻鏡』には、それらの配慮が、「奥州惣奉行」としての清重の任務の最たるものだったとするような記載さえもが見えていた（同建久六年九月三日・廿九日条）。幕府による人心の掌握、占領地行政の円滑化にとって、それらの配慮が、いかに重要視されることがあったのか。あらためて、痛感せずにはいられない。

そのうえに、「陸奥国御家人」のことを「奉行」すべきことも、清重に命じられている。すなわち、

葛西清重が給与された「五郡二保」

奥州合戦の後、頼朝の傘下に属することになった「国御家人」を束ねるべき役割も、清重に付与されることになった。かれら「参仕の輩」が鎌倉殿に申しあげたいことがあれば、「清重に属して、子細を啓《もう》すべし」との文言がしるされていた（同文治五年九月廿二日条）。

かれら「国御家人」の多くは、本来的には、平泉の傘下に属していたのに違いない。わけても、頼朝の挙兵に始まる内乱期のどさくさにあっては、会津にまで至る大部分のエリアにおける武士団が、「平泉幕府」の統制下に繰り入れられていたのに違いない。とするならば、平泉の有する絶大な権限の全般的な継承者たるべき清重が、そのような在来の武士団に対する統制の役割を付与されることになったのは、不思議でも、何でもない。当然のなりゆきであった。

伊沢家景

けれども、都市平泉にならんで、奥州統治のもうひとつのセンターともいうべき、すなわち「楕円形のもう一つの中心」ともいうべき地位にあった多賀国府の存在を無視するわけにはいかない（大石直正「陸奥国の荘園と公領」）。内乱期のどさくさのなかで、「奥州羽州省帳田文已下文書」ほかを平泉へ移管せよ。阿津賀志山防塁構築のための行政的な手立てを講ぜよ。などと、迫られることによって、従属的な立場に陥れられることになったとしても、多賀国府の官人らに体現されてきた本来的かつ潜在的なマンパワーを無視するわけにはいかない。

そういえば、阿津賀志山合戦の後、多賀国府に到着した頼朝は、「いくさたち」（軍勢）の立ち入りを許さず、距離を隔てた「陣の原」（いまは仙台市泉区陣原）に駐屯させている。あわせて、「かまへて、かまへて、狼藉すな」とする厳命を発している（『島津家文書』文治五年八月十五日頼朝書状、三好俊文

「仙台市域北部の奥州合戦」)。それをもってしても、国府の本来的かつ潜在的なマンパワーを無傷のままに温存して、来るべき奥州統治のセンターとして役立てようとする頼朝の心算が明らかであろうか。

その多賀国府の長官として、すなわち留守所《るすどころ》のトップとして、鎌倉殿の意のままに、民事・行政方面の取りしきりにあたるべく、伊沢家景が任命されることになったのは、文治六年(一一九〇)三月一五日のことであった。本来的には、「本留守」「新留守」の父子が、その役に任じられるべきものであった。けれども、あの大河兼任の決起に同調したことによって、父子は追放されてしまった。その空席を埋めるべく、行政的手腕に優れた人物として、御家人中から抜擢されたのが、家景なのであった。

家景には、もうひとつのセンターたるべき都市平泉に駐留する葛西清重に連携して、奥州統治の実務にあたるべきことが期待されることになった。

たとえば、平泉寺塔の修理や「秀衡入道後家」の保護を命じられるにさいしても、清重ばかりではなく、家景の名前が連記されていた。

そのために、平泉の葛西氏、そして多賀国府の伊沢氏の両者は、鎌倉幕府による奥州統治の駐在奉行として、「奥州惣奉行」と呼びならわされることになった。さらにいえば、伊沢氏は、留守所のトップたるべき職掌ゆえに、留守氏とよびならわされることにもなった。

だが、そのように、都市平泉と多賀国府をセンターとして、葛西・伊沢(留守)氏の駐在奉行をもってする奥州統治のラインが、すべてであったわけではない。

もうひとつ、それぞれの郡・荘・保における地頭として入部することになった鎌倉御家人をもってする統治のラインがあった。それを忘れてはいけない。

胆沢城鎮守府の旧跡にて、それぞれの郡・荘・保における地頭職が、奥州合戦に活躍した御家人らにたいする論功行賞として分与されることになったのは、文治五年九月二十日。都市平泉にて、奥州統治の課題に、頼朝が本格的に取り組むことになる直前の節目のことであった。それにあわせて、「奥州・羽州」統治の始めを飾る「吉書始《きっしょはじめ》」の儀礼が執り行われている。「田村将軍」（坂上田村麻呂）所縁の鎮守府八幡宮に対する奉幣が執り行われている。などのことからしても、節目の認識が裏づけられるであろうか（『吾妻鏡』文治五年九月廿日・廿一日条、高橋富雄「『吾妻鏡』と平泉」）。

郡・荘・保の地頭職

それによって、それぞれの郡・荘・保において職権を行使してきた郡司・荘司・保司らは、平泉の余党として追放され、その代わりに、鎌倉御家人が地頭として乗り込んでくる。いまならば、それぞれの市・町・村長のすべてが解任されて、その代わりに、新任の市・町・村長が鎌倉から乗り込んでくる。というような大変革である。

たとえば、行方《なめかた》・亘理《わたり》・高城《たかぎ》・好島《よしま》ほか、浜通り方面における郡・荘・保は、千葉常胤の手に委ねられることになった。同じく、会津四郡（会津・大沼・河沼・耶麻《やま》）は三浦義澄に、名取郡は和田義盛に、菊田・白河・長江ほかの郡・荘は下野国御家人小山・結城・長沼の一統に、それぞれ委ねられることになった。磐井・伊沢・江刺・牡鹿ほかの五郡二保が葛西清重に、宮城郡府中の高用名《こうゆうみょう》が伊沢家景に。ということも、それらの措置に連動していたことは、いうまでもない。

そして、「羽州」（出羽国）方面においても、置賜盆地一円に寒河江荘を加えた広域エリアの郡・荘・保が大江広元に、大泉荘が武藤資頼に。などの措置が取られたことが知られる。

それらの郡・荘・保における統治に関しては、葛西・伊沢（留守）の両奉行の手を経ることなく、それぞれの御家人のもとに直接的に、鎌倉幕府の命令が届けられることになった。具体的には、都市鎌倉に常住する御家人らを介して、それぞれの郡・荘・保に駐在する代官のもとに届けられることになった（入間田「奥州惣奉行ノート」）。

そのように、旧来の郡司・荘司・保司から鎌倉御家人の地頭への交替という大変革が、奥州ほどに徹底して遂行された事例はみられない。これまでにも、西国方面において、平家や義仲ほかの余党ということで、そのような交代劇がみられなかったわけではない。けれども、それは部分的なものに止まっていた。域内の武士団のなかには、鎌倉方として参戦するものがあり、すべての武士団を平家ほかの余党として追放するというわけにはいかなかったからである。それにたいして、奥州のばあいには、域内の武士団の大多数が鎌倉方にはあらず、平泉の余党として追放されることになってしまった。そのために、鎌倉幕府による地頭制度が満面開花したモデルケースともいうべき状態に、奥州は陥れられることになってしまった。ある意味では、鎌倉幕府地頭制度にともなう痛みを、もっとも激しく味わうことを余儀なくされることになってしまった。少なくとも、奥州側から見る限りは、そのように言わざるをえない（入間田「守護・地頭と領主制」）。

いずれにしても、奥州統治の大枠は、胆沢城の旧跡を経て都市平泉に駐留するに及んだ頼朝、その人によって、決定されることになった。そのことには、疑いを容れない。

それにしても、大胆きわまりもない決定であった。これまでの国・郡の行政システムに捉われることなく、国司にも、中央政府にも相談することなく、勝手に任命した葛西（のちに伊沢を加える）の駐在奉行のラインを通じて、さらには勝手に任命した郡・荘・保の地頭の主従制的なラインを通じて、統治の実質を確保しようとしている。これでは、国司による統治の実質は、無きも同然である。

そのような大胆きわまりもない両国統治の実質を、総体として、中央政府側に追認させるべく、頼朝側が持ち出してきたのが、「奥州羽州地下《じげ》管領」というキーワードであった。中央政府側による「勧賞」の申し出をにべもなく断る一方で、そのキーワードに即応する実質を容認させるべく、頼朝側では、懸命な交渉に及んでいる。「明春には、沙汰《さた》あるべきか」とする希望的観測があったことが記されている（『吾妻鏡』文治五年十二月六日条）。

それが、ほどなくして達成されたことは、「陸奥・出羽両国を知行せしむべきのよし、勅裁を蒙る。これ、泰衡管領の跡たるによるなり」と後に記されていることからしても（同宝治二年二月五日条）、明らかといわなければならない（入間田「郡地頭職と公田支配」）。

その通りである。頼朝による大胆きわまりもない両国統治の実質は、「泰衡管領の跡たるによるなり」。すなわち、秀衡によってかたちづくられ、泰衡によって継承・発展させられてきた軍事的・強権的かつ超法規的な取りしきりがあったればこそ、可能とされるていのものであった。中央政府側に対するレトリックとしてのレベルには止まらず、実質においても、泰衡から頼朝へ、という継承関係が確実に存在していたのであった。

すなわち、国司による統治の実質を無きものにするという大胆きわまりもない両国統治の実質は頼朝が初めてにはあらず。治承～文治内乱のどさくさのなかで、秀衡・泰衡らによって予《あらかじ》めかたちづくられていたのであった。具体的には、多賀国府を接収して、その官僚制的なラインを活用する。あわせて、郡司・荘司・保司らを傘下に組み入れて、その主従制的なラインを通じて、統治の実質を確保しようとする。などのことがあったのだ。

奥羽両国統治のありかたは、鎌倉幕府による諸国統治の理想型であった。その理想型は、秀衡・泰衡らによる先駆的な取りしきりを継承することなくして、すなわち攻め滅ぼしたはずの相手側から学ぶことなくして、形成されることがありえなかったのである。なんという、歴史のいたずらであろうか。

それにしても、「管領」のキーワードは、効果覿面《てきめん》であった。公家側からすれば軍事的・強権的かつ超法規的な取りしきりが、そのキーワードからすれば「虜掠《りょりゃく》」「押領」などの実質が、「管領《かんれい》」なる武家好みのキーワードによって、よしとされる。なんという、言葉のマジックであろうか。

いまにして想えば、治承から文治の争乱は、武家側による前例なき取りしきりの実質について、公家側は「虜掠」「押領」「抑留」「謀反」ほかの言葉をもって非難する。武家側は「管領」「伝領」「知行」ほかのそれをもって抗弁する。そして、最後には、武家側の勝利をもって終わるという言葉戦いの連続であった。

これまでは、奥州・羽州地下管領権については、奥六郡の管領権に同じく、清衡によって掌握されていた。それが基衡へ、さらには秀衡・泰衡へと伝領されたのだ。とするような高橋富雄氏の見立てが(『奥州藤原氏四代』)、なんとなく受け入れられてきた。大石直正氏や入間田によって、内乱期における「大略虜掠」のキーワードに着目する論文が公表された後に至っても、そのような流れが変わるような気配は感じられない。

けれども、内乱期ならではの特別の事態を、なんとなく過去にまで遡及させるような理解のしかたが、すなわち武家側によってかたちづくられた言説を鵜呑みにするような理解のしかたが、いつまでも許容されていてもよいということには絶対にならない。ここいら辺りで、思考の枠組の抜本的な見直しが求められているのではあるまいか。

ただし、その奥州・羽州地下管領権が頼朝によって継承されて、統治構想の基本に据えられることになった。そのことに言及する高橋氏の舌鋒には尋常ならざるものがあった。本書が、その点における後継者たるべきことは、いうまでもない。

もうひとつ、つけ加えるならば、武家側から発せられたキーワードだけではない。同じく、公武の言葉戦いにおいて公家側から発せられたキーワードに対処するにさいしても、それを鵜呑みにすることなく、冷静かつ客観的な基準をもってするべきことがもとめられている。これまた、いうまでもない。

終章　平泉の置きみやげ

秀衡・泰衡の先例を守るべし

秀衡・泰衡から頼朝へと、両国「管領」の実質が継承されるとはいっても、葛西・伊沢の両駐在奉行が任命され、郡・荘・保の地頭が乗り込んでくるということになれば、大変な事態である。その否定的な影響も小さくはないというように想われるかもしれない。たしかに、表面的には、その心配があたっているかのようにも想われる。

けれども、裏面では、別の事態も存在していたのである。たとえば、郡・荘・保の地頭が乗り込んでくるといっても、具体的には、地頭の正員にはあらず、小人数の代官が。というのが普通であった。余所者のかれらだけでは、在地の事情に疎くて、何ごとにも対応しきれない。そのために、追放されたはずの地域のリーダーが取り立てられて、「所務代官」「又代官」などとして、実務を取り仕切ることになる。そのようにして、地域における旧来の秩序が温存される。さらには、地域のリーダーが「国御家人」として取り立てられる。ということになった（入間田「陸奥国案内者佐藤氏について」）。

さらにいえば、岩城・岩崎、石川など、南奥武士団のなかには、奥州合戦ないしは大河兼任の決起にさいして、当初より鎌倉側に与して、所領を安堵され、旧来の地位を保持することができた人びとがあった（大石直正「治承・寿永内乱期南奥の政治的情勢」、入間田『平泉藤原氏と南奥武士団の成立』、七海雅人「平泉藤原氏・奥羽の武士団と中世武家政権論」、「鎌倉御家人の入部と在地住人」）。

そのうえに、郡・荘・保の地頭に対しては、「国郡を費やし、土民を煩わすべからず」、すなわち官・民いずれのレベルにおいても、権力を笠に着て、迷惑を及ぼすべからず。いいかえれば、「国中のことは、秀衡・泰衡の先例に任せて、その沙汰をいたすべし」との命令が下されている。同じく、「出羽・陸奥は、夷《えびす》の地たるによって、度々の新制にも除かれおわんぬ、偏に古風を守って、さらに新儀なし」とする原則が強調されてもいる（入間田「鎌倉幕府と奥羽両国」）。

具体的には、「秀衡らの知行の時には、境ごとに札を懸けて」、所領の境界をめぐる争いを防ぐ措置が講じられていた。秀衡らによる取りしきりが、それほどの深みにまで及んでいたとは。驚きである。そのうえに、鎌倉幕府によっても、その境の札（標識）を勝手に動かすべからずとの命令が下されている。あわせて、「秀衡・泰衡の旧規」を守るべしという頼朝の命令が、くり返されている。二代将軍頼家は正治二年（一二〇〇）のことであった。

都市平泉と多賀国府を、奥州統治の二大センターとして活用するという鎌倉殿の構想にしても、また然り。秀衡・泰衡によって、それらの二大センター活用の実績がかたちづくられていたことなくして、そのような構想が立てられることはできなかったのに違いない。

たとえば、多賀国府に陸奥国留守職伊沢家景が乗り込んできて、取りしきりに当たろうとするにさいして、最初に訪れたのは、在庁官人の長老たるべき佐藤氏の執務室であった。すなわち、トップの本留守・新留守の両人が大河兼任の反乱に加担して解任された後に、残存の在庁官人らの大勢を束ねるべき大ベテランの執務室であった。

そこで、家景は着任のあいさつにあわせて、国府の実務（「宮城の沙汰」）については佐藤氏に委ねるべきことを言明している。さらには、佐藤氏を持ちあげて、「御父（おんちち）」と呼ぶことさえもあった。

それにしたがって、佐藤氏は伊沢氏（のちに留守氏）の「執事」として、代々にわたって、国府の実務を取りしきり、室町期に及ぶことになった。あわせて、「御父」と呼ばれ続けることにもなった。これでは、実質的には、どちらが主人なのか。分からない。

この一事をもってしても、鎌倉殿による奥州統治が、秀衡・泰衡の時代に形成されていた統治の実質を継承しなければ、何事も始められなかった。そのことが明らかであろうか（入間田「陸奥国案内者佐藤氏について」）。

自然治国

そのように内乱期にかたちづくられていた既成事実を踏まえることなしには、占領行政さらには通常統治への移行を円滑に進めることができない。という根本的な事情は、奥羽両国のみにはあらず、鎌倉御家人が守護・地頭などとして進駐した西国方面にも、共通していた。三好俊文氏によって具体的に考察されている通りである（「『奥州惣奉行』体制と鎌倉幕府の列島統治」）。

そのために、守護・地頭ほかの御家人に対しては、権力を笠に着て、既存の秩序を侵害すべからざることが、くり返し命じられている。そのような侵害行為を野放しにするならば、抵抗勢力の決起によって、立ちあげられたばかりの幕府統治の土台は、瞬時にして崩壊させられるのに違いない。そのような懸念があったのかもしれない。

無理押しすることなく、ギクシャクすることなく、あくまでも、「自然《じねん》」の装いを維持しながら。ということであったろうか。すなわち、三好氏によって、「自然治国《ちこく》」と名づけられているような施策のことであったろうか（「守護と在地武士団」、入間田編『兵たちの登場』高志書院、二〇一〇年）。けれども、奥羽両国のばあいには、そのような「自然治国」の施策が、諸国にも増して、特別に強調される。ということがあったのではないか。

その理由について、「夷の地たるによって（中略）、偏《ひとえ》に古風を守って」、「このくに（国）は、きわめてしむこく（神国）なり、かまへてかまへてらうせき（狼藉）すな」などと、頼朝は説明している（『島津家文書』文治五年八月十五日頼朝書状）。

だが、しかし、本当のところは、秀衡・泰衡らによって積みあげられてきた既成事実の存在感が、それほどまでに大きかった。ということだったのではあるまいか。

鎌倉永福寺二階大堂　そういえば、「泰衡管領の精舎《しょうじゃ》」のうち、十体の阿弥陀仏を祀る二階大堂（中尊寺大長寿院）を模して、鎌倉に二階大堂（永福寺《ようふくじ》）の建立が開始されたのは、頼朝が凱旋して間もなくのことであった（菅野成寛「平泉文化の歴史的意義」）。

さらにいえば、その大堂の扉や仏後壁に描きだされた「畫図」は、「秀衡建立の円隆寺」（毛越寺）のそれを模したものであった。平泉の寺々の輝きは、それほどまでに大きく、頼朝を魅了することがあったのだ。すなわち、宗教・文化の方面においても、秀衡・泰衡らは、頼朝の先輩ともいうべき位置に坐していたのだ。

鎌倉永福寺復元CG

それればかりではない。大蔵の地に設営された頼朝の御所（大倉幕府）の辺りには、三浦・八田・畠山・比企など、有力御家人の家宅・宿所が構えられていた。北条義時・大江広元らの亭・宿盧も、ほど近い。

あわせて、頼朝の父親に当たる義朝の遺骨を祀る廟所（勝長寿院《しょうちょうじゅいん》）は、南方の谷間に位置していた。南御堂《みなみみどう》とも称する。さらに、頼朝の死後には、その遺骨を祀る法華堂（墳墓堂）が北山の上に造営されて、堂内に掲げられた頼朝の画像が山下の幕府をしっかりと見守ってくれることになる。

そういえば、平泉では、西山の上に造営された中尊寺金色堂に安置された清衡・基衡らの遺体（ミイラ）が、秀衡の住まいする平泉館をしっかりと見守ってくれていた。

そのように、武士団の主要な構成員が集住するベース・キャンプの風景からしても、偉大な先祖の精霊による見守りの風景からしても、平泉の都市計画（プラン）を継承することによって、鎌倉のそれがかたちづくられた、すなわち都市平泉が都市鎌倉の兄貴分になることは、疑うべくもない。明々白々の事実であった（入間田「平泉館はベースキャンプだった」）。

さらに、「平泉セット」にあらわされる唐物《からもの》好みの文化が、都市鎌倉における宴席にも継承されて、中国渡来の陶磁器が武家社会における威信財として定着することになる。小野正敏氏によってコメントされている通りである。

それなのに、しばらく前までは、なんとなく、「小京都」などと称して、平泉が京都のローカル・バージョン（地方版）だったとするかのような印象がかたちづくられてきた。すなわち、鎌倉の兄貴分たるべきことには、注意が向けられないままに、打ち過ぎてきた。大いに、反省しなければならない。

秀衡・泰衡の怨霊

それればかりではない。秀衡・泰衡らに対して、大きな負い目ともいうべきものさえも、頼朝は感じることがあったらしい。

たとえば、平泉寺塔にたいして、ことに修理を加えるべきことが、葛西・伊沢の両奉行に命じられたのは、建久六年（一一九五）九月三日。すなわち、泰衡七回忌の当日であった。「泰衡は誅戮されるといえども、堂舎のことは、故（いにしえ）の如くに沙汰あるべし」との指示があったことが知られる（『吾妻鏡』当日条）。

甲冑法師の一人が、「尼御台所《みだいどころ》」（北条政子）の夢枕に立って、平泉の寺々の陵廃を恨み、御子孫のためにならないと称したのは、建保元年（一二一三）四月三日。すなわち、泰衡忌日の当夜であった。「三日は、秀衡法師帰泉日なり、もしくは、かの霊魂か」と、人びとは談じ合ったのは、その翌朝であった（ただし、秀衡法師は泰衡の錯誤か）。平泉寺塔修理の命令が出されたのは、その直後のことであった（同当日四日条）。

してみれば、泰衡が死去した九月三日はもちろん、毎月の三日にも、法要が営まれて、かれらの「霊魂」（怨霊）を宥めるために、平泉寺塔の修理に努めるべきことが意識されていた。それが、頼朝の死後にも継承されることがあったのに違いない。

さらには、北条時頼に対する「霊夢の告げ」によって、永福寺修理のことが命じられたのは、宝治二年（一二四八）二月五日。すなわち、「明年は、義顕（義経）ならびに泰衡一族滅亡の干支なり」と数えられる、その前年のことであった（同）。文治五年奥州合戦の直後に建立された永福寺は、義顕（義経）ならびに泰衡らの「怨霊《おんりょう》」を宥めるという目的が課せられていたのであった。その永福寺が荒廃しているとあっては、かれらの「怨霊」がなにをしでかすかもしれない。ということなのであった。

なぜに、それほどまで、「怨霊」を怖がるのかといえば、「義顕といい、泰衡といい、させる朝敵にはあらず、ただ、私の宿意をもって誅亡せしめる故なり」と記されてもいた。

これほどに、率直な記載は珍しい。義経・泰衡らを攻め滅ぼしたのは、「朝敵」追討の大義名分にはあらず、「私の宿意」による。すなわち頼朝によって抱かれた積年の個人的な意図による。というのである。

それならば、「怨霊」が怖い。というのは、当然である。その意味では、秀衡・泰衡らは、死して後にも、頼朝に対する脅威たるべきことを失うことがなかった。ということも、できるであろうか（入間田「中尊寺金色堂の視線」）。

あわせて、そのような「怨霊」にたいする恐怖の感情が、平泉寺塔の修理をもたらし、さらには中尊寺金色堂のいま現在に至るまでの存続を可能にすることになる。ひいては、平泉の世界文化遺産登録を条件づけることになる。すなわち、そのような文化財保護の効果を生み出すことになる。という、歴史の予期せぬ成り行きに対しても、注意しておくべきであろうか。

引用・参考文献

会津板下町教育委員会『陣が峯城跡』文化財調査報告書六〇集、二〇〇八年
青森市教育委員会『石江遺跡群発掘調査概報　新田⑴遺跡・高間⑴遺跡』調査報告書、二〇〇五年
石井　進『中世のかたち』日本の中世1、中央公論新社、二〇〇二年
石母田正『中世的世界の形成』伊藤書店、一九四六年、のちに『石母田正著作集』五巻、岩波書店、二〇〇一年（岩波文庫には、一九八五年）
――「平氏『政権』について」、『同著作集』九巻、岩波書店、一九八九年、初出は一九五六年
――「鎌倉政権の成立過程について」、同九巻、初出は一九五六年
――「平氏政権の総官職設置」、同七巻、初出は一九五九年
板橋　源『北方の王者』秀英出版、一九七〇年
井上　正「美濃国石徹白の銅造虚空蔵菩薩座像と秀衡伝説」、『佛教芸術』一六五号、一九八六年
入間田宣夫「郡地頭職と公田支配――東国における領主制研究のための一視点」、東北大学『日本文化研究所研究報告』別巻六集、一九六八年
――「鎌倉幕府と奥羽両国」、大石直正ほか編『中世奥羽の世界』東京大学出版会
――「守護・地頭と領主制」、歴史学研究会ほか編『講座日本歴史』三、東京大学出版会、一九八四年
――「奥州惣奉行ノート」、小林清治先生還暦記念『福島地方史の展開』名著出版、一九八六年、のちに入間

田編『葛西氏の研究』名著出版、一九九八年に再録
――「平泉館はベースキャンプだった」、入間田『平泉の政治と仏教』所収、初出は一九九一年
――「比較領主制論の視角」、荒野泰典ほか編『アジアのなかの日本史』Ⅰ、東京大学出版会、一九九二年
――「折敷墨書を読む」、平泉文化研究会編『奥州藤原氏と柳之御所跡』吉川弘文館、一九九二年
――「中尊寺金色堂の視線」、羽下徳彦編『中世の地域社会と交流』吉川弘文館、一九九四年、のちに入間田『中世武士団の自己認識』に再録、一九九二年
――「阿津賀志山防塁と文治奥州合戦」、福島県国見町教育委員会『阿津賀志山防塁保存管理計画報告書』一九九四年
――「源頼朝が挙兵に成功したのはなぜか」、入間田『中世武士団の自己認識』所収、初出は一九九五年
――「陸奥国案内者佐藤氏について」、入間田編『日本・東アジアの国家・地域・人間』、私家版、二〇〇二年
――「北から生まれた中世日本」、小野正敏ほか編『中世の系譜』高志書院、二〇〇四年
――「衣川館と平泉館」、入間田編『平泉・衣川と京・福原』、二〇〇七年、のちに入間田『平泉の政治と仏教』に再録
――「御館は秀郷将軍嫡流の正統なり」、藤木久志ほか編『奥羽から中世をみる』吉川弘文館、二〇〇九年、のちに入間田『平泉の政治と仏教』に再録
――「武家儀礼（宴会）の座列にみる主従制原理の貫徹について（ノート）」、『家具道具室内史』三号、二〇一一年
――「尊氏を支えた人びと」、峰岸純夫・江田郁夫編『足利尊氏再発見』吉川弘文館、二〇一一年
――「安倍・清原・藤原政権の成立史を組み直す――北方諸地域の差異に関する考古学的所見に学んで」、安斎正人・入間田監修『北から生まれた中世日本』、高志書院、二〇一二年、のちに入間田『平泉の政治と

仏教』に再録
――「平泉柳之御所出土の『磐前村印』をめぐって」、入間田『平泉の政治と仏教』、二〇一三年
――『武者の世に』日本の歴史7、集英社、一九九一年
――『中世武士団の自己認識』三弥井書店、一九九八年
――『都市平泉の遺産』日本史リブレット18、山川出版社、二〇〇三年
――『北日本中世社会史論』吉川弘文館、二〇〇五年
――『平泉藤原氏と南奥武士団の成立』歴史春秋社、二〇〇七年
――『平泉の政治と仏教』高志書院、二〇一三年
――『藤原清衡　平泉に浄土を創った男の世界戦略』ホーム社、二〇一四年
入間田編『平泉・衣川と京・福原』高志書院、二〇〇七年
――『兵たちの登場』高志書院、二〇一〇年
――『兵たちの生活文化』同、同年
――『兵たちの極楽浄土』同、同年
入間田・豊見山和行『北の平泉、南の琉球』中央公論新社、二〇〇二年
入間田・本澤慎輔編『平泉の世界』高志書院、二〇〇二年
入間田・坂井秀弥編『前九年・後三年合戦――11世紀の城と館』高志書院、二〇一一年
岩手県金ヶ崎町教育委員会編『鳥海柵跡』文化財調査報告書70集、二〇一五年
岩手県立博物館『比爪――もう一つの平泉』二〇一四年
岩手県埋蔵文化財センター『柳之御所跡』調査報告書、一九九五年
上杉和彦『源頼朝と鎌倉幕府』新日本出版社、二〇〇三年

遠藤基郎「基衡の苦悩」、柳原敏昭編『平泉の光芒』、二〇一五年
大石直正「中世の黎明」、大石ほか編『中世奥羽の世界』所収
――「治承・寿永内乱期南奥の政治的情勢」、豊田武博士古稀記念『日本中世の政治と文化』吉川弘文館、一九八〇年、のちに大石『奥州藤原氏の時代』に再録
――「陸奥国の荘園と公領――鳥瞰的考察」、東北学院大学『東北文化研究所紀要』22号、一九九〇年
――「地域性と交通」、岩波講座『日本通史』中世1、一九九三年
――「次子相続・母太郎」、『東北学院大学論集』歴史学・地理学三三号、二〇〇〇年、のちに『奥州藤原氏の時代』に再録
――「『人々給絹日記』を読み直す」、『中世北方の政治と社会』校倉書房、二〇一〇年
――『奥州藤原氏の時代』吉川弘文館、二〇〇一年
――『中世北方の政治と社会』校倉書房、二〇一〇年
大石・小林清治編『中世奥羽の世界』東京大学出版会、一九七八年
岡田清一「奥州藤原氏と奥羽」、上横手雅敬編『源義経　流浪の勇者――京都・鎌倉・平泉』文英堂、二〇〇四年
――『鎌倉幕府と東国』群書類従完成会、二〇〇六年
小川弘和「荘園制と『日本』社会」、安斎正人・入間田監修『北から生まれた中世日本』高志書院、二〇一二年
――「東アジア・列島のなかの平泉」、柳原敏昭編『平泉の光芒』二〇一五年
小野正敏「平泉、鎌倉、一乗谷――都市・館・威信財にみる武家権力」、『平泉文化研究年報』一五号、二〇一五年
川合　康「奥州合戦ノート」、川合『鎌倉幕府成立史の研究』校倉書房、二〇〇四年、初出は一九八九年

――『源平合戦の虚像を剥ぐ――治承・寿永内乱史研究』講談社選書メチエ、一九九六年
川島茂裕「藤原清衡の妻たち――北方平氏を中心に」、入間田ほか編『平泉の世界』高志書院、二〇〇二年
――「藤原基衡と秀衡の妻たち――安倍宗任の娘と藤原基成の娘を中心に」、『歴史』一〇一輯、二〇〇三年
菅野成寛「都市平泉の宗教的構造――思想と方位による無量光院論」、平泉文化研究会編『奥州藤原氏と柳之御所跡』所収
――「『延慶本平家物語』追討宣旨考――鎮守府将軍藤原秀衡宣旨の真偽をめぐって」、『岩手史学研究』七九号、一九九六年
――「天台浄土教建築と天台本覚思想――宇治・平等院鳳凰堂から平泉・無量光院へ」、『佛教文学』三五号、二〇一一年
――「平泉文化の歴史的意義」、柳原敏昭編『平泉の光芒』二〇一五年
菅野文夫「藤原高衡と本吉荘――平泉と東国の一断面」、『平泉文化研究年報』一一号、二〇一一年
菊池利雄「奥州合戦と阿津賀志楯」、国見町郷土史研究会『郷土の研究』二〇号、一九九〇年
木本元治「最近の発掘成果から見た阿津賀志山と石那坂の合戦」、『福島考古』五三号、二〇一一年
小林清治「奥州合戦と二重堀」国見郷土史研究会『郷土の研究』一〇号、一九七九年
五味文彦『王の記憶――王権と都市』新人物往来社、二〇〇七年
斉藤利男「境界都市平泉と北奥世界」、高橋富雄編『東北古代史の研究』吉川弘文館、一九八六年
――『平泉――よみがえる中世都市』岩波新書、一九九二年
――『奥州藤原三代――北方の覇者から平泉幕府構想へ』日本史リブレット23、山川出版社、二〇一一年
――『平泉――北方王国の夢』講談社選書メチエ、二〇一四年
佐々木邦世「よみがえる『信の風光』――秀衡の母請託『如意輪講式』を読む」、『中尊寺仏教文化研究論集』一

号、一九九七年
――『平泉中尊寺――金色堂と経の世界』吉川弘文館、一九九九年
鈴木　尚「藤原四代の遺体」、中尊寺『中尊寺御遺体学術調査最終報告書』、一九九四年
妹尾達彦「東アジアの都市史と平泉」、岩手県教育委員会ほか『アジア都市史における平泉』平成26年度「平泉の文化遺産」拡張登録に係る研究集会報告書、二〇一五年
高橋　崇『藤原秀衡――奥州藤原氏の栄光』新人物往来社、一九九三年
――『奥州藤原氏――平泉の栄華百年』中公新書、二〇〇二年
高橋富雄『奥州藤原氏四代』、吉川弘文館、一九五八年
――『藤原清衡』清水書院、一九七一年
――『平泉』教育社歴史新書、一九七八年
――「中尊寺と法華経――中尊寺建立の心」、『東北大学教養部紀要』三三号、一九八一年
――「『吾妻鏡』と平泉」、高橋編『東北古代史の研究』吉川弘文館、一九八六年、のちに『奥州藤原氏――光と影――』に再録
――『奥州藤原氏――光と影』吉川弘文館、一九九三年
――「奥州藤原氏の栄光と落日」『奥州藤原氏――光と影』序章、初出は一九六九年
――『平泉の世紀――古代と中世の間』NHKブックス、一九九九年
高橋昌明「平氏の館について――六波羅・西八条・九条末」、『神戸大学史学年報』一三号、一九九八年
――『清盛以前――伊勢平氏の興隆』平凡社選書、一九八四年
――『平家と六波羅幕府』東京大学出版会、二〇一三年
玉井哲雄「日本都市史の構築――アジアを視野に」、国立歴史博物館・玉井編『アジアからみる日本都市史』山

川出版社、二〇一三年
千葉孝弥「考古学から見た多賀国府」、平川新ほか編『講座東北の歴史』6、清文堂出版、二〇一四年
中尊寺『中尊寺御遺体学術調査最終報告書』、一九九四年
角田文衛「平泉と平安京の見すごされていた関係」、『芸術新潮』三七巻一〇号、一九八六年、のちに角田『薄暮の京』東京堂出版、二〇〇一年に改題・再録
中山雅弘「白水阿弥陀堂と徳尼伝説」、大竹憲治先生還暦記念『施檀林の考古学』二〇一一年
七海雅人「平泉藤原氏と中世武家政権論」、『季刊東北学』一六号、二〇〇八年
――「平泉藤原氏・奥羽の武士団と中世武家政権論」、入間田編『兵たちの登場』所収、二〇一〇年
――「鎌倉御家人の入部と在地住人」、安達宏昭ほか編『争いと人の移動』講座東北の歴史一巻、清文堂出版、二〇一二年
野口実編『治承~文治の内乱と鎌倉幕府の成立』清文堂出版、二〇一四年
野中哲照『後三年記の成立』汲古書院、二〇一四年
羽柴直人「平泉の道路と都市構造の変遷」、入間田ほか編『平泉の世界』所収、二〇〇二年
――「平泉の葛西氏館――鎌倉時代の平泉の様相」、葛飾区郷土と天文の博物館編『鎌倉幕府と葛西氏』名著出版、二〇〇四年
平泉文化研究会編『奥州藤原氏と柳之御所跡』吉川弘文館、一九九二年
――『日本史の中の柳之御所跡』同、一九九三年
藤島亥治郎『平泉建築文化研究』吉川弘文館、一九九五年
――「平泉中尊寺の構想と現実」、『建築史学』三〇号、一九九八年
細川重男「北条得宗家成立試論」、『東京大学史料編纂所研究紀要』一一号、二〇〇一年、のちに細川『鎌倉北条

氏の神話と歴史――権威と権力』日本史史料研究会、二〇〇七年に再録
保立道久「日本国惣地頭・源頼朝と鎌倉初期新制」、『国立歴史民俗博物館研究報告』三九集、一九九二年、のちに保立『中世の国土高権と天皇・武家』校倉書房、二〇一五年に再録
――「義経・基成と衣川」、入間田『平泉・衣川と京・福原』、二〇〇七年
――『義経の登場――王権論の視座から』NHKブックス、二〇〇四年
本澤慎輔「十二世紀平泉の都市景観の復元――現在の地形景観と発掘調査成果をもとに」、『古代文化』四五巻九号、一九九三年
誉田慶信「平泉・宗教の系譜」、入間田編『兵たちの極楽浄土』高志書院、二〇一〇年
――「日本中世仏教のなかの平泉」、『平泉文化研究年報』一三号、二〇一三年
――「平泉仏教の歴史的性格に関する文献資料学的考察」、同一四号、二〇一四年
――「院政期平泉の仏会と表象に関する歴史学的研究」、同一五号、二〇一五年
前川佳代『源義経と壇ノ浦』吉川弘文館、二〇一五年
丸山　仁『院政期の王家と御願寺』高志書院、二〇〇六年
三好俊文「『奥州惣奉行』体制と鎌倉幕府の列島統治」、入間田編『東北中世史の研究』高志書院、二〇〇五年
――「守護と在地武士団」、入間田編『兵たちの登場』所収、二〇一〇年
――「仙台市域北部の奥州合戦」、『市史せんだい』二一号、二〇一一年
――「藤原秀衡――奥の御館と幕府構想」、野口実編『治承～文治の内乱と鎌倉幕府の成立』所収、二〇一四年
元木泰雄「藤原信頼・成親――平治の乱と鹿ケ谷事件」、元木編『保元・平治の乱と平氏の栄華』清文堂出版、二〇一四年

森嘉兵衛「中尊寺遺体の文献的考証」、『中尊寺御遺体学術調査最終報告書』所収、一九九四年
八重樫忠郎「平泉藤原氏の支配領域」、入間田ほか編『平泉の世界』(前掲)、二〇〇二年
――「平泉藤原氏の蔵と宝物」、小野正敏ほか編『中世人のたからもの』高志書院、二〇一一年
――「考古学からみた北の中世の黎明」、安斎正人・入間田編『北から生まれた中世日本』、二〇一二年
――「阿津賀志山の二重堀」、柳原敏昭編『平泉の光芒』二〇一五年
――「平泉・毛越寺境内の新知見」、橋口定志編『中世社会への視角』高志書院、二〇一三年
――「中世の先駆け・渥美焼」、田原市博物館『渥美焼』、二〇一三年
――「掘り出された平泉」、柳原敏昭編『平泉の光芒』二〇一五年
柳原敏昭「奥州合戦」、柳原敏昭編『平泉の光芒』二〇一五年
柳原敏昭編『平泉の光芒』東北の中世史1、吉川弘文館、二〇一五年
山本信吉「中尊寺経」、藤島亥治郎監修『中尊寺』河出書房新社、一九七一年
横手市教育委員会編『大鳥井山遺跡』文化財調査報告書12集、二〇〇九年
吉村佳子「折敷墨書の服飾について」、平泉文化研究会編『日本史の中の柳之御所跡』、一九九三年

あとがき

やっとのことで、秀衡の側に寄り添いながら、等身大のスケールにて、その人物像を模索する作業に終止符を打つことができた。

あらためて、痛感せずにはいられない。秀衡は、蝦夷の王でもなければ、北方世界の王でもない。そうではなくて、兵とよばれる家から台頭してきた地方豪族の一人だったのだと。すなわち、時代の流れに向きあうなかで、さまざまな試行錯誤を経ながら、ないしは路線の転換を余儀なくされるなかで、「地域的軍政府」樹立のとぼくち（外面口）まで辿りつくことができた人物だったのだと。

北方世界に向きあう、辺境のなかの辺境ともいうべき地政学的な条件を最大限に生かすことによって、あわせて中央政権との対話と交渉を最大限に生かすことによって、人生を切り開くことができた稀有の人物だったということもできるかもしれない。

これまで、学界では、秀衡をもって、始めから、蝦夷の王だったとか、北方世界の王だったとかするような伝統的な志向性が、すなわち日本国の外側に根差した権力者だったとするような伝統的な志向性がもてはやされてきた。

それにともなって、秀衡の政権を、長城の外側に根差した北方異民族の国家たるべき遼や金に、さもなければ渤海や西夏になぞらえるような指摘がくりかえされてきた。

それに対して、本書では、あくまでも、日本国の内側における歴史の文脈のなかで、すなわち中央と地方の、ないしは首都と農村の対話・交流のなかで、いいかえれば古代から中世へ移行する時代の大きな流れのなかで（石母田正『中世的世界の形成』）、秀衡の人生を見すえる。あわせて、内乱のどさくさのなかで、想定外の事態に向きあうことによって、軍事優先路線への大胆な転換をよぎなくされるという秀衡晩年における決断のありかたについて、これまた石母田史学の基本に則りつつ、それを浮き彫りにする。という志向性によって貫かれた叙述を試みることになった。そのような試みが、それなりの成果をあげることができているのか、どうか。それについては、読者の判断を待つしかない。

そして、秀衡最期の枕頭にて、軍事優先路線への大胆な転換をあらわす言葉が、その口から発せられることになった。義経をして、「大将軍として、国務せしむべし」というのが、それである。本書では、その言葉をサブタイトルとして、採用させていただくことになった。あわせて、美濃国石徹白白山中居神社に秀衡が寄進の虚空蔵菩薩座像を口絵に揚げさせていただくことになった。けれども、それらの工夫が、秀衡の人生を象徴するのに、もっとも相応しいのか、どうか。同じく、読者の判断を待つしかない。

さいごのさいごに、石母田正・高橋富雄・大石直正・保立道久ほか、これまでに教えていただいた多くの先学に対して、ならびに柳之御所・接待館のほかの保存をめざす取りくみのなかで苦楽を共にした多くの同学に対して、心からの御礼を申しあげる。あわせて、本書執筆の機械を与えていただいた上横手雅敬氏に、さらには有益かつ適切なアドバイスによって編集作業を円滑裏に進めていただいた東寿浩氏に対して、厚く御礼を申しあげる。

二〇一五年十月二十九日　秀衡八二九回の命日のあたりに

入間田　宣夫

藤原秀衡略年譜

和暦	西暦	齢	関係事項	一般事項
永承　六	一〇五一		前九年合戦が始まる。	
永承　七	一〇五二			宇治平等院が、関白藤原頼通によって建立される。末法元年
天喜　四	一〇五六		藤原経清が安倍貞任の側に転じる。そのあたりに、清衡が生まれる。	
康平　五	一〇六二		前九年合戦が終わる。安倍氏は滅亡。経清は斬首される。	
康平　六	一〇六三		清原武則が鎮守府将軍に任じられる。そのあたりに、清衡の母は、清原武貞の妻に迎えられる。	
延久　元	一〇六九			荘園整理令が、後三条天皇によってだされる。
延久　二	一〇七〇		延久二年北奥合戦。北奥一帯が日本国の統治下に編入される。	
永保　三	一〇八三		後三年合戦が始まる。	

応徳 三	一〇八六			白河院政が始まる。
寛治 元	一〇八七		後三年合戦が終わる。清原氏は滅亡する。	
嘉保 二	一〇九五			延暦寺衆徒らが日吉神輿を奉じて入京を企てる（神輿動座のはじめ）。
康和 元	一〇九九			白河法皇の皇子、仁和寺宮覚行が親王となる（法親王のはじめ）。
康和 二	一一〇〇		このあたりに、清衡が「宿館」を、江刺郡豊田から磐井郡平泉に移す。それより本格的な国づくりを始める。	
長治 二	一一〇五		清衡が、一基の塔ならびに多宝寺（中尊寺最初院）を建立する。その前年のあたりに、基衡が生まれる。	
保安 三	一一二二	1	秀衡が生まれる。父の基衡は、一九歳か。	
天治 元	一一二四	3	清衡が、中尊寺金色堂を建立する。	
大治 元	一一二六	5	清衡が、中尊寺鎮護国家大伽藍（大釈迦堂）を建立する。	
大治 三	一一二八	7	清衡が死去する。行年は七三歳。	
大治 四	一一二九	8	清衡の二子（小館惟常・御曹司基衡）による合戦が始まる。	

大治　五	一一三〇	9	基衡が小館惟常を殺害する。その旨を、清衡の妻が上洛して公家側に奏する。	
長承　元	一一三二			平忠盛が、鳥羽上皇の御願寺として、得長寿院（三十三間堂）を造営する。
保延　三	一一三七	16	清衡の追善供養のため、千部一日経の書写事業を、基衡が開始する。	
康治　元	一一四二	21	信夫郡の検注をめぐって、基衡が陸奥国司と対立する。	
康治　二	一一四三	22	陸奥国司藤原基成が多賀国府に着任する。	
久安　三	一一四七	26	このあたりに、毛越寺伽藍のうち、円隆寺が建立される。	
仁平　元	一一五一	30	安達郡の看板が、安達保のそれに架け替えられる。	
仁平　三	一一五三	32	摂関家領五荘の年貢増額をめぐる、基衡と悪左府頼長との交渉が落着する。そのあたりに、秀衡は藤原基成の女子を娶る。	
久寿　二	一一五五	34	基成女子が泰衡を生む。	
保元　元	一一五六			保元の乱がおこる。
保元　二	一一五七	36	基衡が急逝する。行年は五四歳。	
保元　三	一一五八	37	このあたりに、観自在王院が建立されるか。	

平治 元	一一五九			平治の乱がおこる。
永暦 元	一一六〇	39	藤原基成が陸奥国に配流されて、平泉郊外の衣河館に住いする。	
長寛 二	一一六四			平清盛が、後白河法皇の御願寺として、蓮華王院（三十三間堂）を造営する。
仁安 二	一一六七	46	秀衡が寄進した馬二匹が、京都馬場御所の競馬に出走する。	平清盛が太政大臣になる。
嘉応 二	一一七〇	49	秀衡が鎮守府将軍に任命される。その就任を祝う盛大な儀礼が催されて、秀衡の息子らが主催者側の一員として参列する（「人々給絹日記」）。	
承安 三	一一七三	52	秀衡が高野山多宝塔建立を祝って、多大の寄進行為に及ぶ。	
承安 四	一一七四	53	源義経が平泉に迎えられる。	
治承 三	一一七九			平清盛が後白河法皇を鳥羽殿に幽閉する。
治承 四	一一八〇	59	秀衡が東大寺大仏殿再建のために、多大の寄進行為に及ぶ。義経が秀衡の制止を振り切って、頼朝のもとに向かう。	4・9平家追討を呼びかける以仁王の令旨が発せられる。8・17源頼朝が関東に挙兵する。
治承 五	一一八一	60	秀衡が、宣旨にしたがって頼朝を討つべきことを、	1・19平宗盛が、五畿内・伊

(養和元)			京都側に返答する。秀衡が会津を攻略する。8・15秀衡が陸奥守に任命される。	賀・伊勢・近江・丹波諸国惣官となる。閏2・4平清盛が死去する。
養和 二 (寿永元)	一一八二			4・5頼朝が、江ノ島大弁財天にて、秀衡調伏の祈禱をおこなう。
寿永 二	一一八三	62	秀衡が、筥根山神社に利剣を奉納する。それ以前には、銅製の神像の寄進もあり。	7・28義仲が入京する。平家は、西国に逃れる。閏10・17頼朝の命にしたがって、義仲を討つべく、義経が進発するという。12・15義仲に連携して頼朝を討つべしとの院庁下文が、秀衡に向けて発せられる。
元暦 元	一一八四	63	6月秀衡が東大寺大仏の滅金のために、金五千両を寄進する。この年秀衡が美濃国石徹白の白山中居神社に虚空蔵菩薩を寄進する。	1・20義経らが入京する。義仲は、琵琶湖畔にて討死。1・26頼朝に、平家追討の宣旨が下される。2・7一の谷合戦8・6義経が左衛門少尉・検非違使に任じられる。9・14河越重頼の女子が、義経のもとに嫁ぐべく、

元暦二（文治元）	一一八五	64	8月秀衡が、豊前介実俊を奉行として、長岡郡小林新熊野社を造営する。秀衡が出家・入道するのは、この年末あたりか。	京都に旅立つ。2・21屋島合戦。佐藤継信が、義経を庇って討死する。3・24壇ノ浦合戦。平家滅亡。4・27義経が院御厩司に任じられる。4・29頼朝が御家人の田代信綱に書状を送り、義経に従わないように命ずる。5・15義経が平宗盛らを連行して、相模国酒匂に到着。頼朝は、義経の鎌倉入りを禁ずる。24義経が腰越にて大江広元に宛てた書状（腰越状）を記して、心情を訴える。8・4頼朝が、源行家の追討を命じる。8・16義経が伊予守に任じられる。10・9頼朝が土佐房昌俊を派遣して、義経を討たせようとする。10・16義経が後白河法皇に対して、頼朝追討の宣旨を願い出る。11・3義経が

文治　二	一一八六	65	4・24秀衡が、頼朝の求めに応じて、奥州の貢金・貢馬については、鎌倉を経由して京進すべきことを約束する。9・22佐藤忠信が、京都中にて大勢に囲まれて自決する。
文治　三	一一八七	66	2・10義経・河越女子ら、山伏姿の一行が、平泉に到着する。9・4秀衡が義経を扶持して反逆を起こそうとしている。そのうえに、「すでに用意（反逆の）あり」とする情報が、鎌倉側から京都にもたらされる。9・29秀衡が、東大寺大仏滅金のために三万両の貢金を求められたのに対して、過分なりとして拒絶する。あわせて、近年は商人が多く入り込んできて砂金を売買するので大略を掘り尽くしたとする事情説明に及ぶ。10・29秀衡が死去する。源義経を大将軍に仰いで、国務せしむべし。との遺言あり。
文治　四	一一八八		2・12義経が出羽国にありとする情報が、京都にもたらされる。2・26義経の身柄差出を命ずる宣旨・院庁下文が発給される。そのなかで、義経が、いま出京して、西海方面に向かう。11・11義経追討の院宣が下される。

文治　五　一一八九

は無効とされている頼朝追討の宣旨などをひけらかして、人びとを語らい、野戦を企てようとしていること。ならびに、基成・泰衡らが、義経に味方して、陸奥出羽両州を虜掠し、国衙荘園の使者を追い出していることが、厳しく非難されている。10・12義経の身柄差出を命ずる重ねての宣旨・院庁下文が発給される。

2・25頼朝が、奥州に使者を遣わして、平泉側の形勢を偵察させる。平泉側による阿津賀志山防塁（二重掘）の構築は、このあたりに始まるか。3・9義経の身柄を尋ね進むべしとする、基成・泰衡の請文（承諾書）が、京都側に届けられる。閏4・30義経が基成の衣河館にて殺害される。6・13義経の首が鎌倉側に届けられ、実検に供せられる。6・26秀衡の三男、和泉三郎忠衡が、泰衡に殺害される。7・19頼朝が鎌倉を進発して、奥州に向かう。8・10阿津賀志山防塁が鎌倉勢によって突破される。8・14頼朝が多賀国府に入る。8・22頼朝が平泉に到来する。泰衡は、みずからの館を燃やして、北走する。平泉藤原氏滅亡。8・25衣河館の基成が降人として

2・9頼朝が、南九州島津荘の住人らに対してまで、奥州追討のために、七月十日以前に鎌倉に参着すべきことを命ずる（日本六十六ヵ国総動員令）。3・22、閏4・21頼朝が、義経にあわせて、泰衡らの追討を命ずる宣旨の発給を、京都側に求める。6・25頼朝が、なおも奥州を追討すべき宣旨の発給を、京都側に求める。11・7頼朝ならびに御家人らに対する勧賞授与の意向が京都側にあり。それを謝絶

出頭する。9・2頼朝が平泉を出て、厨河柵の旧跡（前九年合戦における）に向かう。その地にて、泰衡の首を獲るべきことを期す。9・3泰衡が比内郡贄柵にて河田次郎のために殺害される。9・9泰衡追討の宣旨・院宣（7・19発給）が、陣岡蜂社に駐留中の頼朝のもとに届けられる。9・14豊前介実俊・橘藤五実昌の兄弟が、厨河柵跡に駐留中の頼朝の面前に呼寄せられて、奥州羽州両国省帳田文已下文書を復元してみせる。9・17源忠已講・心蓮大法師らが、清衡已下三代造立の堂舎ほかのリストを、頼朝に提出する（寺塔已下注文）。9・20頼朝が、胆沢城鎮守府の旧跡にて、吉書始の儀礼を挙行。それによって、両国統治の開始を宣言する。ついで、御家人らの論功行賞に及ぶ。あわせて、国中仏神事については、先例をまもって勤仕すべきことを命ずる。9・22頼朝が、葛西清重に対して、陸奥国御家人取りしきりの奉行を命ずる。9・23頼朝が無量光院を視察する。その折に、「案内者」の豊前介実俊によって、平泉三代にわたる仏教立国の歴史が語られる。9・24頼朝が、葛西清重に対して、平泉郡内

する頼朝の意向が、使節大江広元によって伝達される。あわせて、奥州所務（統治）の既成事実が報告される。12・6頼朝が、京都側に対して、重ねて勧賞の授与を謝絶する。ただし、奥州羽州地下管領のことについては、勅裁あるべきことを申し入れる。12・9鎌倉永福寺（二階堂）の造営がはじめられる。

文治　六　一一九〇
（建久元）

検非違使所の管領を命ずる。あわせて伊沢・磐井・牡鹿ほか、五郡二保の地頭職を給与する。10・1頼朝が、鎌倉に帰還の途次、多賀国府にて、地頭らに対して、国郡を費やし、土民を煩わすべからざること。あわせて、国中のことは、秀衡・泰衡の先例に任せて、沙汰すべきことを命ずる。12・23大河兼任らが、義経ならびに義仲嫡男朝日冠者さらには秀衡の息子らの名前を語って、軍勢を集めて、平泉を奪還したうえに、鎌倉をめざす。本日、その第一報が鎌倉側に届く。

2・6多賀国府の本・新留守所が、兼任に与同の罪により捕えられ、過料を徴せられる。本日その知らせが鎌倉に届く。2・12大河兼任が、栗原一迫さらには衣河の合戦に敗れて、行方を晦ます。2・29秀衡の後家が、兼任の乱を逃れて、鎌倉に到着する。

3・10兼任が、栗原寺の辺りで殺害される。同。

3・15伊沢家景が、陸奥国留守職に任じられる。

6・23秀衡賞玩の姫宮の身柄について、顔面に疵をつけたうえで追放に処すか、阿波国に配流すべきことを、頼朝が、公家側に申し入れる。

建久　六	一一九五		9・3頼朝が、平泉寺塔に修理を加えるべきことを、葛西清重・伊沢家景に命ずる。9・29頼朝が、秀衡後家に憐愍を加えるべきことを、奥州惣奉行の両人（葛西清重・伊沢家景）に命ずる。

人名索引

ま　行

事項索引

た　行

な　行

は　行

ま　行

や・ら・わ　行

地名索引

あ 行

か 行

さ 行

《著者紹介》
入間田宣夫（いるまだ・のぶお）
1942年（昭和17年），宮城県涌谷町生まれ。1968年東北大学大学院文学研究科国史学専攻博士課程中退，同年東北大学文学部助手。山形大学助教授，東北大学助教授，東北大学東北アジア研究センター教授などを歴任し，2005年に東北大学名誉教授。東北芸術工科大学教授を経て2013年４月に一関市博物館長に就任。専門は日本中世史。
著書に，『百姓申状と起請文の世界――中世民衆の自立と連帯』東京大学出版会，『武者の世に』日本の歴史 7，集英社，『中世武士団の自己認識』三弥井書店，『都市平泉の遺産』日本史リブレット18，山川出版社，『北日本中世社会史論』吉川弘文館，『平泉藤原氏と南奥武士団の成立』歴史春秋出版，『平泉の政治と仏教』高志書院，『藤原清衡　平泉に浄土を創った男の世界戦略』ホーム社。
編著に，『東北中世史の研究』高志書院，『平泉・衣川と京・福原』高志書院。
共編著に，『平泉の世界』本澤慎輔共編，高志書院，『中世武家系図の史料論』上下巻，峰岸純夫・白根靖大共編，高志書院，『牧の考古学』谷口一夫共編，高志書院，などがある。

ミネルヴァ日本評伝選
藤《ふじ》原《わらの》秀《ひで》衡《ひら》
――義経を大将軍として国務せしむべし――

2016年１月10日　初版第１刷発行　〈検印省略〉

定価はカバーに
表示しています

著　者　入間田　宣　夫
発行者　杉　田　啓　三
印刷者　江　戸　孝　典

発行所　株式会社　ミネルヴァ書房
607-8494 京都市山科区日ノ岡堤谷町１
電話代表（075）581-5191
振替口座 01020-0-8076

共同印刷工業・新生製本

ISBN978-4-623-07576-8
Printed in Japan

刊行のことば

歴史を動かすものは人間であり、興趣に富んだ人間の動きを通じて、世の移り変わりを考えるのは、歴史に接する醍醐味である。

しかし過去の歴史学を顧みるとき、人間不在という批判さえ見られたように、歴史における人間のすがたが、必ずしも十分に描かれてきたとはいえない。二十一世紀を迎えた今、歴史の中の人物像を蘇生させようとの要請はいよいよ強く、またそのための条件もしだいに熟してきている。

この「ミネルヴァ日本評伝選」は、正確な史実に基づいて書かれるのはいうまでもないが、単に経歴の羅列にとどまらず、歴史を動かしてきたすぐれた個性をいきいきとよみがえらせたいと考える。そのためには、対象とした人物とじっくりと対話し、ときにはきびしく対決していくことも必要になるだろう。

今日の歴史学が直面している困難の一つに、研究の過度の細分化、瑣末化が挙げられる。それは緻密さを求めるが故に陥った弊害といえるが、その結果として、歴史の大きな見通しが失われ、歴史学を通しての社会への働きかけの途が閉ざされ、人々の歴史への関心を弱める危険性がある。今こそ歴史が何のためにあるのかという、基本的な課題に応える必要があろう。評伝という興味ある方法を通じて、解決の手がかりを見出せないだろうかというのも、この企画の一つのねらいである。

狭義の歴史学の研究者だけでなく、多くの分野ですぐれた業績をあげている著者たちを迎えて、従来見られなかった規模の大きな人物史の叢書として、「ミネルヴァ日本評伝選」の刊行を開始したい。

平成十五年（二〇〇三）九月

ミネルヴァ書房

ミネルヴァ日本評伝選

企画推薦
梅原　猛
ドナルド・キーン
佐伯彰一
角田文衞

監修委員
上横手雅敬
芳賀　徹

編集委員
石川九楊
伊藤之雄
猪木武徳
今谷　明
今橋映子
熊倉功夫
佐伯順子
坂本多加雄
武田佐知子
竹西寛子
西口順子
兵藤裕己
御厨　貴

上代

*俾弥呼　古田武彦
日本武尊　西宮秀紀
*仁徳天皇　若井敏明
雄略天皇　吉村武彦
*蘇我氏四代　遠山美都男
推古天皇　義江明子
聖徳太子　仁藤敦史
斉明天皇　武田佐知子
小野妹子・毛人　大橋信弥
*額田王　梶川信行
弘文天皇　遠山美都男
天武天皇　新川登亀男
持統天皇　丸山裕美子
阿倍比羅夫　熊田亮介
*藤原四子　木本好信
*柿本人麿　古橋信孝
*元明天皇・元正天皇　渡部育子
聖武天皇　本郷真紹
光明皇后　寺崎保広
*孝謙・称徳天皇　勝浦令子
藤原不比等　荒木敏夫
橘諸兄・奈良麻呂　遠山美都男
吉備真備　今津勝紀
*藤原仲麻呂　木本好信
道　鏡　吉川真司
*藤原種継　木本好信
大伴家持　和田　萃
*行　基　吉田靖雄

平安

*桓武天皇　井上満郎
嵯峨天皇　西別府元日
宇多天皇　古藤真平
醍醐天皇　石上英一
村上天皇　京樂真帆子
花山天皇　上島　享
*三条天皇　倉本一宏
藤原薬子　中野渡俊治
小野小町　錦　仁
藤原良房・基経　瀧浪貞子
菅原道真　竹居明男
*紀貫之　神田龍身
源高明　所　功
*安倍晴明　斎藤英喜
藤原実資　橋本義則
*藤原道長　朧谷　寿
藤原伊周・隆家　倉本一宏
藤原定子　山本淳子
清少納言　三田村雅子
紫式部　竹西寛子
和泉式部　ツベタナ・クリステワ
大江匡房　小峯和明
*阿弖流為　樋口知志
坂上田村麻呂　熊谷公男
*源満仲・頼光　元木泰雄
平将門　西山良平
藤原純友　寺内　浩
空　海　頼富本宏
最　澄　吉田一彦
円　珍　岡野浩二
*空　也　石井義長
奝　然　上川通夫
*源　信　小原　仁
慶滋保胤　吉原浩人
*後白河天皇　美川　圭
式子内親王　奥野陽子
建礼門院　生形貴重
*藤原秀衡　入間田宣夫
平時子・時忠　元木泰雄
平維盛　根井　浄
守覚法親王　阿部泰郎
藤原隆信・信実　山本陽子

鎌倉

源頼朝　川合　康
*源義経　近藤好和
源実朝　神田龍身
九条兼実　加納重文
九条道家　上横手雅敬
北条時政　野口　実
熊谷直実　佐伯真一
*北条政子　関　幸彦
北条義時　岡田清一
曾我十郎・五郎　杉橋隆夫
北条時頼　山本隆志
北条時宗　近藤成一
安達泰盛　山陰加春夫
平頼綱　細川重男
竹崎季長　堀本一繁
西　行　光田和伸
鴨長明　浅見和彦
藤原定家　赤瀬信吾
*京極為兼　今谷　明
*兼　好　島内裕子
重　源　横内裕人
*運　慶　根立研介
快　慶　井上一稔
法　然　今堀太逸
慈　円　大隅和雄
明　恵　西山　厚

親鸞　末木文美士
恵信尼・覚信尼　西口順子
覚如　今井雅晴
*道元　船岡誠
叡尊　細川涼一
*忍性　松尾剛次
*日蓮　佐藤弘夫
一遍　蒲池勢至
夢窓疎石　原田正俊
*宗峰妙超　竹貫元勝

南北朝・室町

後醍醐天皇　上横手雅敬
護良親王　新井孝重
*赤松氏五代　渡邊大門
*北畠親房　岡野友彦
楠正成　兵藤裕己
*新田義貞　山本隆志
*光厳天皇　深津睦夫
足利尊氏　市沢哲
足利直義　亀田俊和
佐々木道誉　下坂守
円観・文観　田中貴子
足利義詮　早島大祐
足利義満　川嶋將生
足利義持　吉田賢司
足利義教　横井清
大内義弘　平瀬直樹
伏見宮貞成親王　松薗斉
*山名宗全　山本隆志
細川勝元・政元　古野貢
日野富子　脇田晴子
世阿弥　西野春雄
雪舟等楊　河合正朝
宗祇　鶴崎裕雄
*満済　森茂暁
一休宗純　原田正俊
蓮如　岡村喜史

戦国・織豊

北条早雲　家永遵嗣
*毛利元就　岸田裕之
毛利輝元　光成準治
*今川義元　小和田哲男
*武田信玄　笹本正治
*武田勝頼　笹本正治
*真田氏三代　笹本正治
*三好長慶　天野忠幸
*宇喜多直家・秀家　渡邊大門
*上杉謙信　矢田俊文
島津義久・義弘　福島金治
長宗我部元親・盛親　平井上総
吉田兼倶　西山克
山科言継　松薗斉
*雪村周継　赤澤英二
正親町天皇・後陽成天皇　神田裕理
織田信長　三鬼清一郎
豊臣秀吉　藤井讓治
*北政所おね　田端泰子
*淀殿　福田千鶴
前田利家　東四柳史明
*黒田如水　小和田哲男
*蒲生氏郷　藤田達生
*細川ガラシャ　田端泰子
伊達政宗　伊藤喜良
*支倉常長　田中英道
*長谷川等伯　宮島新一
顕如　神田千里
教如　安藤弥

江戸

徳川家康　笠谷和比古
*徳川家光　野村玄
徳川吉宗　横田冬彦
*後水尾天皇　久保貴子
光格天皇　藤田覚
崇伝　杣田善雄
春日局　福田千鶴
宮本武蔵　渡邊大門
*池田光政　倉地克直
保科正之　八木清治
シャクシャイン　岩崎奈緒子
*田沼意次　藤田覚
*二宮尊徳　小林惟司
末次平蔵　岡美穂子
*高田屋嘉兵衛　生田美智子
*林羅山　鈴木健一
吉野太夫　渡辺憲司
中江藤樹　辻本雅史
*山崎闇斎　澤井啓一
山鹿素行　前田勉
*北村季吟　島内景二
伊藤仁斎　澤井啓一
貝原益軒　辻本雅史
松尾芭蕉　楠元六男
*ケンペル　B・M・ボダルト＝ベイリー
新井白石　大川真
荻生徂徠　柴田純
*雨森芳洲　上田正昭
石田梅岩　高野秀晴
白隠慧鶴　芳澤勝弘
前野良沢　松田清
平賀源内　石上敏
本居宣長　田尻祐一郎
杉田玄白　吉田忠
木村蒹葭堂　有坂道子
*大田南畝　沓掛良彦
菅江真澄　赤坂憲雄
*鶴屋南北　諏訪春雄
良寛　阿部龍一
*山東京伝　佐藤至子
*滝沢馬琴　高田衛
平田篤胤　山下久夫
シーボルト　宮坂正英
本阿弥光悦　岡佳子
小堀遠州　中村利則
狩野探幽・山雪　山下善也
尾形光琳・乾山　河野元昭
*二代目市川團十郎　田口章子
伊藤若冲　狩野博幸
鈴木春信　小林忠
*佐竹曙山　成瀬不二雄
葛飾北斎　岸文和
酒井抱一　玉蟲敏子
孝明天皇　青山忠正
*和宮　辻ミチ子
徳川慶喜　大庭邦彦
島津斉彬　原口泉
*古賀謹一郎　小野寺龍太
*永井尚志　高村直助
*栗本鋤雲　小野寺龍太
大村益次郎　竹本知行
西郷隆盛　家近良樹
*塚本明毅　塚本学

*月性 海原徹
*吉田松陰 海原徹
*高杉晋作 海原徹
久坂玄瑞 一坂太郎
ペリー 遠藤泰生
ハリス 福岡万里子
オールコック 佐野真由子
アーネスト・サトウ 奈良岡聰智
緒方洪庵 米田該典
冷泉為恭 中部義隆

近代

*明治天皇 伊藤之雄
*大正天皇 F・R・ディキンソン
*昭憲皇太后・貞明皇后 小田部雄次
大久保利通 三谷太一郎
山県有朋 鳥海靖
木戸孝允 落合弘樹
井上馨 伊藤之雄
*松方正義 室山義正
北垣国道 小林丈広
板垣退助 小川原正道
長与専斎 笠原英彦
大隈重信 五百旗頭薫
伊藤博文 坂本一登

井上毅 大石眞
*井上勝 老川慶喜
*桂太郎 小林道彦
渡辺洪基 瀧井一博
*乃木希典 佐々木英昭
星亨 小林道彦
*児玉源太郎 小林道彦
*高宗・閔妃 木村幹
山本権兵衛 室山義正
*金子堅太郎 松村正義
高橋是清 鈴木俊夫
小村寿太郎 簑原俊洋
*犬養毅 小林惟司
*加藤高明 櫻井良樹
加藤友三郎・寛治 麻田貞雄
牧野伸顕 小宮一夫
田中義一 黒沢文貴
内田康哉 高橋勝浩
石井菊次郎 廣部泉
平沼騏一郎 堀田慎一郎
鈴木貫太郎 小堀桂一郎
宇垣一成 北岡伸一
*宮崎滔天 榎本泰子
*浜口雄幸 川田稔
幣原喜重郎 西田敏宏
関一 玉井金五
水野広徳 片山慶隆

広田弘毅 井上寿一
安重根 上垣外憲一
*グルー 廣部泉
*永田鉄山 森靖夫
東條英機 牛村圭
今村均 前田雅之
蔣介石 劉岸偉
石原莞爾 山室信一
木戸幸一 波多野澄雄
*岩崎弥太郎 武田晴人
伊藤忠兵衛 末永國紀
五代友厚 田付茉莉子
大倉喜八郎 村上勝彦
*安田善次郎 由井常彦
渋沢栄一 武田晴人
益田孝 鈴木邦夫
山辺丈夫 宮本又郎
武藤山治 阿部武司・桑原哲也
池田成彬 松浦正孝
西原亀三 森川正則
小林一三 橋爪紳也
大倉恒吉 石川健次郎
大原孫三郎 猪木武徳
*河竹黙阿弥 今尾哲也
イザベラ・バード 加納孝代
*林忠正 木々康子
*森鷗外 小堀桂一郎

*二葉亭四迷 ヨコタ村上孝之
夏目漱石 佐々木英昭
徳冨蘆花 半勝英明
巌谷小波 千葉信胤
樋口一葉 佐伯順子
*島崎藤村 十川信介
泉鏡花 東郷克美
上田敏 小林茂
*有島武郎 亀井俊介
永井荷風 川本三郎
北原白秋 平石典子
菊池寛 山本芳明
芥川龍之介 高橋龍夫
*宮沢賢治 千葉一幹
正岡子規 夏石番矢
高浜虚子 坪内稔典
与謝野晶子 佐伯順子
*種田山頭火 村上護
*斎藤茂吉 品田悦一
*高村光太郎 湯原かの子
萩原朔太郎 エリス俊子
*原阿佐緒 秋山佐和子
*狩野芳崖・高橋由一 古田亮
*小堀鞆音 小堀桂一郎
竹内栖鳳 北澤憲昭
黒田清輝 高階秀爾

中村不折 石川九楊
横山大観 高階秀爾
*橋本関雪 西原大輔
小出楢重 芳賀徹
土田麦僊 天野一夫
岸田劉生 北澤憲昭
*山田耕筰 後藤暢子
松旭斎天勝 川添裕
中山みき 鎌田東二
佐田介石 谷川穣
*ニコライ 中村健之介
出口なお・王仁三郎 川村邦光
島地黙雷 阪本是丸
*新島襄 太田雄三
新島八重 佐伯順子
木下広次 冨岡勝
海老名弾正 西田毅
嘉納治五郎 クリストファー・スピルマン
柏木義円 片野真佐子
津田梅子 田中智子
*澤柳政太郎 新田義之
河口慧海 高山龍三
山室軍平 室田保夫
大谷光瑞 白須淨眞
*久米邦武 高田誠二
フェノロサ 伊藤豊
井上哲次郎 井ノ口哲也

三宅雪嶺　長妻三佐雄
*岡倉天心　木下長宏
志賀重昂　中野目徹
徳富蘇峰　杉原志啓
*竹越与三郎　西田　毅
内藤湖南・桑原隲蔵　礪波　護
廣池千九郎　橋本富太郎
岩村　透　今橋映子
*西田幾多郎　大橋良介
*金沢庄三郎　石川遼子
柳田国男　鶴見太郎
厨川白村　張　競
天野貞祐　貝塚茂樹
大川周明　山内昌之
西田直二郎　林　淳
折口信夫　斎藤英喜
辰野　隆　金沢公子
シュタイン　瀧井一博
*西　周　清水多吉
*福澤諭吉　平山　洋
成島柳北　山田俊治
福地桜痴　山田俊治
島田三郎　武藤秀太郎
田口卯吉　鈴木栄樹
*陸　羯南　松田宏一郎
黒岩涙香　奥　武則
長谷川如是閑　織田健志

*吉野作造　田澤晴子
山川　均　米原　謙
*岩波茂雄　十重田裕一
*北　一輝　岡本幸治
*穂積重遠　大村敦志
中野正剛　吉田則昭
満川亀太郎　福家崇洋
*北里柴三郎　福田眞人
高峰譲吉　木村昌人
田辺朔郎　秋元せき
*南方熊楠　飯倉照平
寺田寅彦　金森　修
石原　純　金子　務
*辰野金吾　河上眞理・清水重敦
*七代目小川治兵衛　尼崎博正
ブルーノ・タウト　北村昌史

現代

昭和天皇　御厨　貴
高松宮宣仁親王　後藤致人
*李方子　小田部雄次
吉田　茂　中西　寛
マッカーサー　柴山　太
石橋湛山　増田　弘
重光　葵　武田知己
市川房枝　村井良太
*池田勇人　藤井信幸
高野　実　篠田　徹
和田博雄　庄司俊作
朴正熙　木村　幹
竹下　登　真渕　勝
*松永安左エ門　橘川武郎
鮎川義介　井口治夫
*出光佐三　橘川武郎
松下幸之助　米倉誠一郎
渋沢敬三　井上　潤
*本田宗一郎　伊丹敬之
井深　大　武田　徹
*佐治敬三　小玉　武
幸田家の人々　金井景子
*正宗白鳥　大嶋　仁
大佛次郎　福島行一
*川端康成　大久保喬樹
*薩摩治郎八　小林　茂
太宰　治　安藤　宏
松本清張　杉原志啓
安部公房　鳥羽耕史
*三島由紀夫　島内景二
井上ひさし　成田龍一
R・H・ブライス　菅原克也
柳　宗悦　熊倉功夫

バーナード・リーチ　鈴木禎宏
イサム・ノグチ　酒井忠康
熊谷守一　古川秀昭
川端龍子　岡部昌幸
藤田嗣治　林　洋子
*井上有一　海上雅臣
*手塚治虫　竹内オサム
古賀政男　藍川由美
*吉田　正　金子　勇
武満　徹　船山　隆
*八代目坂東三津五郎　田口章子
*力道山　岡村正史
*西田天香　宮田昌明
安倍能成　中根隆行
サンソム夫妻　平川祐弘・牧野陽子
和辻哲郎　小坂国継
矢代幸雄　稲賀繁美
石田幹之助　岡本さえ
*平泉　澄　若井敏明
安岡正篤　片山杜秀
島田謹二　小林信行
田中美知太郎　川久保剛
前嶋信次　杉田英明
唐木順三　澤村修治
保田與重郎　谷崎昭男

*福田恆存　川久保剛
井筒俊彦　安藤礼二
佐々木惣一　伊藤孝夫
小泉信三　都倉武之
*瀧川幸辰　伊藤孝夫
矢内原忠雄　等松春夫
式場隆三郎　服部　正
*フランク・ロイド・ライト　大久保美春
*中谷宇吉郎　杉山滋郎
大宅壮一　有馬　学
今西錦司　山極寿一

*は既刊

二〇一六年一月現在